쉽게 배우는 새로운 코바늘 손뜨개의 기초

95가지 손뜨개 기호와 50가지 손뜨개 기법 & 멋진 손뜨개 작품 22점

일본보그사 지음 | 김현영 옮김

한스미디어

코바늘 손뜨개의 뜨개 기호

뜨면서 확인할 수 있는 편리한 색인!

	기호	뜨개 기법의 명칭	쪽수
기본 뜨개 기법	○	사슬뜨기	18
	＋✕	짧은뜨기	20
	₸	한길 긴뜨기	22
	T	긴뜨기	24
	●	빼뜨기	25
늘려뜨기	∨	짧은 2코 늘려뜨기(한 코에서)	53
	∨	짧은 3코 늘려뜨기(한 코에서)	53
	∨	짧은 2코 늘려뜨기(한 코에서·사이에 사슬 1코)	53
	∨	한길 긴 2코 늘려뜨기(한 코에서)	54
	∨	한길 긴 2코 늘려뜨기(코 아래에서)	54
	∨	한길 긴 2코 늘려뜨기(한 코에서·사이에 사슬 1코)	55
	∨	한길 긴 2코 늘려뜨기(코 아래에서·사이에 사슬 1코)	55
	∨	한길 긴 3코 늘려뜨기(한 코에서)	56
	∨	한길 긴 3코 늘려뜨기(코 아래에서)	56
	V	긴 2코 늘려뜨기(한 코에서)	58
	V	긴 2코 늘려뜨기(코 아래에서)	58
	V	긴 3코 늘려뜨기(한 코에서)	59
	V	긴 3코 늘려뜨기(코 아래에서)	59
	∨	한길 긴 5코 늘려뜨기(한 코에서)	60
	∨	한길 긴 5코 늘려뜨기(코 아래에서)	60
	∨	한길 긴 4코 늘려뜨기(한 코에서·사이에 사슬 1코)	61
	∨	한길 긴 4코 늘려뜨기(코 아래에서·사이에 사슬 1코)	61

	기호	뜨개 기법의 명칭	쪽수
모아뜨기	∧	짧은 2코 모아뜨기	62
	∧	짧은 3코 모아뜨기	62
	∧	짧은 2코 모아뜨기(가운데 1코 건너뜨기)	62
	∧	한길 긴 2코 모아뜨기	63
	∧	한길 긴 3코 모아뜨기	63
	∧	긴 2코 모아뜨기	64
	∧	긴 3코 모아뜨기	64
	∧	한길 긴 4코 모아뜨기	65
	∧	한길 긴 5코 모아뜨기	65
구슬뜨기	⊕	한길 긴 3코 구슬뜨기(한 코에서)	68
	⊕	한길 긴 3코 구슬뜨기(코 아래에서)	68
	⓪	긴 3코 구슬뜨기(한 코에서)	69
	⓪	긴 3코 구슬뜨기(코 아래에서)	69
	⓪	긴 3코 변형 구슬뜨기(한 코에서)	70
	⓪	긴 3코 변형 구슬뜨기(코 아래에서)	70
	⓪	한길 긴 2코 구슬뜨기	71
	⓪	긴 2코 구슬뜨기	71
	⓪	긴 2코 변형 구슬뜨기	71
	⓪	한길 긴 5코 구슬뜨기(한 코에서)	72
	⓪	한길 긴 5코 구슬뜨기(코 아래에서)	72
피코뜨기	⓪	피코뜨기	74
	⓪	짧은 피코뜨기	74
	⓪	빼뜨기의 피코뜨기(짧은뜨기에서)	75
	⓪	빼뜨기의 피코뜨기(한길 긴뜨기에서)	75
	⓪	빼뜨기의 피코뜨기(사슬뜨기에서)	75

STEP 3
기본 뜨개 기법을 응용해보자! ——— 52

- 코 늘려뜨기 ——— 53
- **Point** 기호를 보는 방법 '한 코에서'와 '코 아래에서' ——— 57
- 코를 많이 늘려뜨기 ——— 60
- 코 모아뜨기 ——— 62
- 코를 많이 모아뜨기 ——— 65
- **Point** 뜨개코의 기본을 알아두자 ——— 66
  왼손잡이인 사람은? ——— 67
- 구슬뜨기 ——— 68
- **Point** 2코 구슬뜨기 ——— 71
- 더 많은 코로 구슬뜨기를 할 때 ——— 72
- **Point** 뜨개바탕의 겉과 안 ——— 73
- 피코뜨기(장식뜨기) ——— 74

작품을 떠보자

- 도일리 뜨는 방법 ——— 76·78
- 모티브 숄칼라 뜨는 방법 ——— 77·79
- 삼각 숄 뜨는 방법 ——— 80·81
- **Point** 테두리뜨기를 하는 방법(코를 줍는 방법) /
  새 실을 어떻게 걸어요? ——— 82

STEP 4
플러스알파의 뜨개 기법 ——— 84

- 두길 긴뜨기 ——— 85
- 세길 긴뜨기 ——— 85
- 네길 긴뜨기 ——— 86
- 감아뜨기 ——— 86
- 이랑뜨기 ——— 87
- **Point** 여러 가지 이랑뜨기 ——— 89
- 걸어뜨기 ——— 90
- **Point** 걸어뜨기의 응용 기법 ——— 93
- 짧은뜨기의 응용 기법 ——— 94
- **이럴 때는?** 아직 뜨는 중인데 실을 다 썼어요! / 잘못 떴어요! /
  기초코를 너무 많이 떴어요! ——— 97
- 팝콘뜨기 ——— 98
- **Point** 팝콘뜨기의 특징(구슬뜨기와 다른 점) ——— 99
- 여러 가지 구슬뜨기 ——— 101
- 교차뜨기 ——— 102
- 장식뜨기 ——— 108
- 링뜨기 ——— 110
- 칠보뜨기 ——— 111

STEP 5
코바늘 손뜨개를 더욱 즐겨보자!
다양한 테크닉 ——— 112

비즈뜨기 동전 지갑 뜨는 방법	113·145
비즈 볼 목걸이 뜨는 방법	113·145
배색 무늬 가방 뜨는 방법	114·147
모티브 무릎 덮개 뜨는 방법	115·146
비즈뜨기	116
배색뜨기	118
Point 짧은뜨기의 배색뜨기에서 무늬를 예쁘게 뜨려면 / 니트 링을 사용할 때	119
줄무늬 뜨는 방법	122
모티브 연결하기 – 다 떠놓고 연결하기	123
모티브 연결하기 – 뜨면서 마지막 단에서 연결하기	126
꿰매기·잇기	131
마무리 장식 – 방울 장식·술 장식	134
단춧구멍과 단춧고리	135
끈을 뜨는 방법	136
뜨개바탕을 정리하는 방법 – 다림질·단추	138
단추로 여미는 스누드 뜨는 방법	139·144
핸드워머 & 레그워머 뜨는 방법	140·144
튜닉 뜨는 방법	141·148
구슬뜨기 베레모 & 코르사주 뜨는 방법	142·143
색인	150

* 일러두기
- 이 책에 실린 작품을 복제하거나 판매하는 행위는 금지합니다. 손뜨개를 배우고 익히는 데에만 이용하시기 바랍니다.
- 이 책에 실린 '뜨개코 일러스트'는 일본 보그사(Vogue社)에 저작권이 있습니다. 불법 복제와 무단 사용을 금합니다.

STEP 1
코바늘 손뜨개의 기본을 알아보자

코바늘 손뜨개에 필요한 도구를 비롯해서,
가장 기본이 되는 '사슬뜨기', '짧은뜨기', '한길 긴뜨기',
'긴뜨기', '빼뜨기'를 알아봅니다.
코바늘을 처음 접해보는 초보자는 STEP 1부터 시작하세요.
중급자는 복습하는 기분으로 꼼꼼하게 읽어보세요.
코바늘 손뜨개의 기본 지식과 뜨개 기법이 상세하게 나와 있어
그동안 몰랐던 새로운 팁을 발견할 수 있을 겁니다.

STEP 1 코바늘 손뜨개를 시작하기 전에 　준비

코바늘에 관하여

코바늘은 바늘 끝이 갈고리 모양으로 되어 있습니다. 이 갈고리에 실을 걸어 실 고리 사이로 빼내면 뜨개코가 만들어집니다.

바늘의 굵기는 호수에 따라 다르며, 굵은 실에는 굵은 바늘을 사용합니다. 0호 (레이스용 코바늘)가 기본이고, **숫자가 커질수록 바늘 굵기가 굵어집니다.** 바늘의 호수는 2/0호, 3/0호와 같이 표기합니다. 10/0호보다 굵은 바늘은 mm 단위로 표시하고, 이런 바늘은 점보 코바늘이라고 부릅니다.

2/0호보다 가는 바늘은 일반적으로 '레이스용 코바늘'이라고 부르며, 바늘을 쥐는 방법이나 뜨는 방법은 일반 코바늘(모사용 코바늘)과 똑같습니다.

코바늘은 대개 금속이나 플라스틱, 대나무 등으로 만듭니다. 여기에 한쪽에만 갈고리가 달렸거나 양쪽에 다른 호수의 갈고리가 달려 있기도 합니다. 편리하게 뜨기 위해 손잡이가 달린 펜 모양의 바늘도 있습니다. 손잡이가 달린 바늘은 손이 덜 피로해서 초보자에게 알맞습니다.

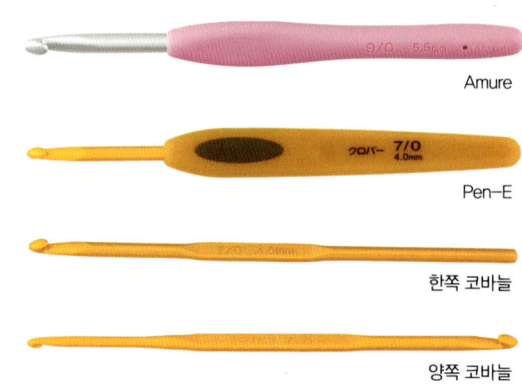

Amure
Pen-E
한쪽 코바늘
양쪽 코바늘

코바늘의 실물 크기 사진 ※ ( )안은 바늘의 굵기

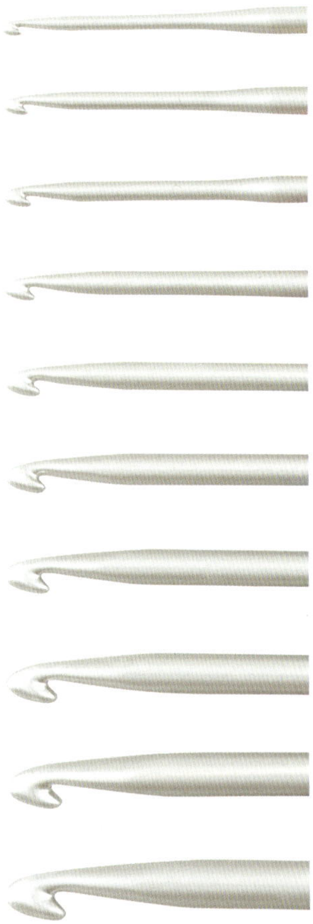

- 2/0호 (2.0mm)
- 3/0호 (2.3mm)
- 4/0호 (2.5mm)
- 5/0호 (3.0mm)
- 6/0호 (3.5mm)
- 7/0호 (4.0mm)
- 7.5/0호 (4.5mm)
- 8/0호 (5.0mm)
- 9/0호 (5.5mm)
- 10/0 (6.0mm)

점보 코바늘 ※ 실물 크기의 80%

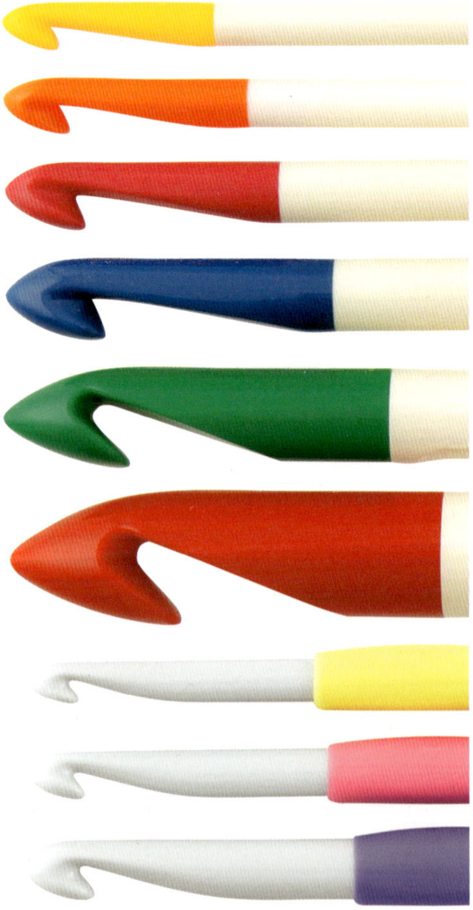

- 7mm
- 8mm
- 10mm
- 12mm
- 15mm
- 20mm
- 7mm (Amure)
- 8mm (Amure)
- 10mm (Amure)

※ 'Amure'와 'Pen-E'는 일본 클로버사(Clover社)에서 나오는 코바늘 제품의 이름입니다.

레이스용 코바늘

가느다란 코바늘을 '레이스용 코바늘'이라 부릅니다.
'레이스 뜨기'를 할 때 이 코바늘을 사용하며, 바늘의 사용법이나 뜨개 기법은 일반적인 '코바늘 손뜨개'와 다르지 않습니다. 0호가 기본이고 숫자가 커질수록 가늘어집니다.

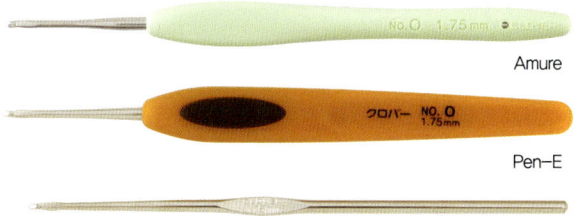

Amure
Pen-E
금속제 레이스용 코바늘

레이스용 코바늘
실물 크기 사진
※ ( )안은 바늘의 굵기

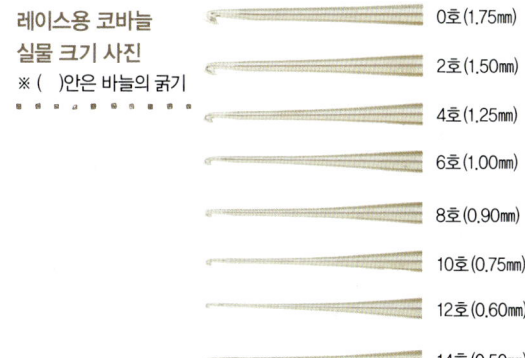

0호 (1.75mm)
2호 (1.50mm)
4호 (1.25mm)
6호 (1.00mm)
8호 (0.90mm)
10호 (0.75mm)
12호 (0.60mm)
14호 (0.50mm)

그 밖의 도구

실을 정리할 때 쓰는 돗바늘과 실을 자를 때 쓰는 가위는 필수품입니다. 그 밖의 도구들은 필요할 때에 구입합니다.

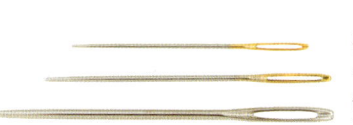

편리한 세트 상품도 있어요!

돗바늘
천을 꿰매는 바늘보다 훨씬 굵고 바늘 끝이 뭉툭해서 뜨개실이 상하지 않습니다. 실의 굵기에 맞추어 알맞은 크기의 바늘을 사용합니다. 코를 뜰 때 편하도록 일부러 끝을 구부려 놓은 돗바늘도 있습니다.

가위
끝이 뾰족한 수예용 가위가 좋습니다.

줄자(자)
작품 크기를 잴 때 사용합니다.

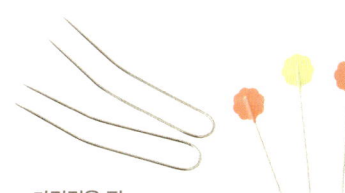

다림질용 핀
다림질을 위해서 뜨개바탕을 고정할 때 사용합니다. 끝이 구부러진 고리핀은 다림질에 걸리지 않아 편리합니다. 고리핀이 없다면 끝이 뭉툭한 시침핀을 사용하면 됩니다.

시침핀
손뜨개용 시침핀은 핀이 더 길고 그 끝이 뭉툭합니다. 작품끼리 고정해둘 때 사용합니다.

단수링(고리식)·단코표시핀(잠금식)
뜨개코에 걸어두면 단수와 콧수를 알아보기 쉽습니다.

실 끼우개
돗바늘에 실을 꿸 때 실 끼우개가 있으면 편리합니다.

돗바늘에 실을 꿰는 방법 돗바늘에 실을 꿸 때 실 끼우개가 있으면 편리합니다.

1 실을 반으로 접듯이 바늘에 겁니다.

2 접힌 실을 손으로 잡고 돗바늘을 빼냅니다.

3 실을 잡은 손가락 사이로 바늘귀를 누르듯이 넣습니다.

4 실이 들어가면 실 끝을 빼냅니다.

STEP 1

실에 관하여

뜨개실은 모섬유, 면섬유, 마섬유 등 그 소재가 다양합니다. 실의 모양도 스트레이트 얀, 트위드 얀, 모헤어 얀, 슬러브 얀, 로빙 얀, 루프 얀 등 여러 가지입니다. 감촉도 제각각이므로 실을 고를 때는 작품에 맞게 선택합니다.

아무래도 매끄러운 실이 잘 떠집니다. 초보자는 코를 알아보기 쉬운 스트레이트 얀으로 시작하는 편이 좋습니다. 반대로 넵 얀처럼 불규칙적으로 장식이 들어간 실이나 잘 갈라지는 실, 보풀이 일어나는 실 등 뜨개코를 알아보기 어려운 실은 손뜨개 난이도가 높습니다.

실의 굵기는 극세사, 합세사, 중세사, 합태사, 병태사 등으로 나뉩니다. 최근에는 실의 종류도 다양해지고 제조사마다 특징이 있어서 정확하게 구분하기가 어렵습니다. 초보자는 코바늘 5/0~6/0호를 사용해 병태사부터 시작해보세요.

실의 굵기(스트레이트 얀 / 실물 크기)

- 극세사 (4~0호·2가닥 2/0~3/0호)
- 합세사 (0~3/0호·2가닥 3/0~5/0호)
- 중세사 (2/0~4/0호)
- 합태사 (3/0~5/0호)
- 병태사 (5/0~6/0호)
- 극태사 (6/0~8/0호)
- 초극태사 (8/0호~10/0호)

실의 종류(실물 크기)

- 모헤어 얀
- 루프 얀
- 슬러브 얀
- 펠트 얀

코바늘과 그에 맞는 실의 굵기(표준)[※1]

코바늘 호수	
2/0	극세사[※2]
3/0	합세사
4/0	중세사
5/0	합태사
6/0	병태사
7/0	
7.5/0	극태사
8/0	
10/0	초극태사
7mm~	

※1 이 표준에 부합하지 않는 경우도 있습니다.
※2 극세사는 2가닥을 사용합니다.

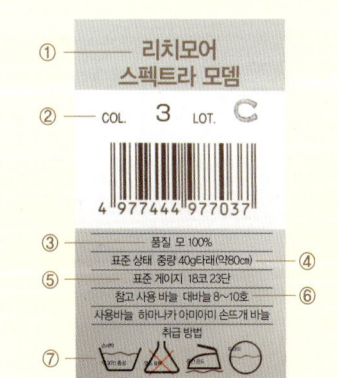

라벨 보는 방법 실타래에 붙어 있는 라벨에는 그 실에 관한 모든 정보가 담겨 있습니다. 작품을 완성할 때까지 버리지 말고 보관하는 것이 좋습니다.

① 실의 명칭
② 색 번호와 로트 색상 번호가 같더라도 로트 번호가 다르면 실 색깔이 미묘하게 차이가 납니다. 실이 모자라 더 구입할 때는 로트 번호를 꼭 확인해야 합니다.
③ 실의 소재와 품질
④ 실 1타래의 무게와 실의 길이 실의 무게와 길이의 관계를 보면 실의 굵기를 알 수 있습니다. 무게가 같을 경우, 길이가 긴 쪽 실이 더 가늡니다. '병태사'라는 식의 표기보다 이렇게 무게와 길이로 굵기를 유추하는 것이 더 정확합니다.
⑤ 표준 게이지 가로세로로 10cm 안에 들어가는 표준 콧수와 단수입니다. 다른 실과 굵기를 비교할 때 기준이 되기도 합니다. 특별한 표시가 없을 때는 메리야스뜨기(대바늘 손뜨개)로 뜬 경우를 말합니다.
⑥ 표준 바늘 그 실을 뜨는 데 알맞은 바늘의 굵기입니다. 그러나 뜨는 사람에 따라 뜨개코의 크기가 다르므로 반드시 지켜야 하는 사항은 아닙니다.
⑦ 실의 취급 방법 기성복과 마찬가지로 세탁과 다림질 등 취급 때의 주의 사항이 나와 있습니다.

실과 바늘의 관계

똑같은 도안을 보고 뜨더라도 실이나 바늘의 굵기가 다르면 작품의 크기가 달라집니다.
실의 촉감에 따라서도 작품이 여러 느낌으로 바뀝니다.

STEP 1 코바늘 손뜨개를 시작하기 전에 ● 실과 바늘의 관계

※ 이 모티브를 뜨는 방법은 79쪽의 모티브 1단과 같습니다.

STEP 1

시작해봅시다!

편안한 마음으로 시작하세요!

실타래에서 실 끝 찾기

도넛 모양의 실타래

도넛 모양으로 말린 모양의 실타래는 라벨을 벗기고 타래 속에 손을 넣어 실 끝을 찾아냅니다. 벗긴 라벨은 보관해둡니다(14쪽 참조).

딱딱한 심지가 들어 있는 실타래

딱딱한 심지에 감긴 실은 바깥쪽 실 끝을 사용합니다. 비닐에 넣어 사용하면 타래가 돌아가면서 더러워지는 것을 막을 수 있습니다.

라벨의 위나 아래를 가만히 잡고 **실타래 속에서** 실 끝을 찾아 그대로 뽑아냅니다. 실타래 바깥쪽에 있는 실 끝을 사용하면 뜨개바탕을 뜨는 동안 실타래가 구르면서 뜨기에 방해가 됩니다.

어떡하죠, 실 뭉치가 나왔어요!

1 실 뭉치가 나와도 괜찮습니다. 실 끝을 찾기 어려울 때는 이렇게 실 뭉치를 꺼내서 찾는 게 더 쉽습니다.

2 실 뭉치 속에서 찾은 실 끝을 엄지와 검지에 '8자' 모양으로 감습니다.

3 어느 정도 감고서 엄지의 실을 벗겨내 검지로 옮깁니다.

4 실 고리가 풀어지지 않도록 조심하면서 검지도 빼냅니다.

5 실 끝이 조금 나와 있는 상태에서 남은 실로 고리를 둘둘 감습니다.

6 이 작은 실타래 속에서 실 끝을 당겨 사용합니다.

실을 거는 방법 (왼손)

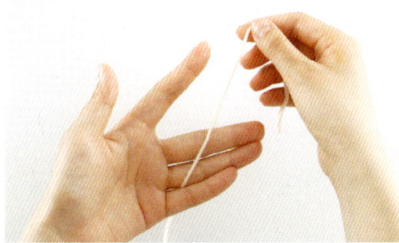

1 왼손의 손등 쪽에서 약지와 소지 사이로 실을 끼웁니다.

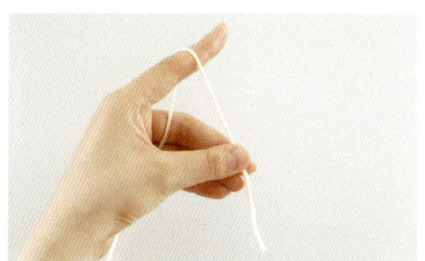

2 검지에 실을 걸고, 엄지와 중지로 실 끝 쪽을 잡습니다. 검지를 세워서 실을 적당히 당겨가며 뜹니다.

가는 실이나 미끄러지기 쉬운 실의 경우

실이 미끄러워서 잘 당겨지지 않을 때는 소지에 실을 감고 검지에 겁니다.

바늘을 쥐는 방법 (오른손)

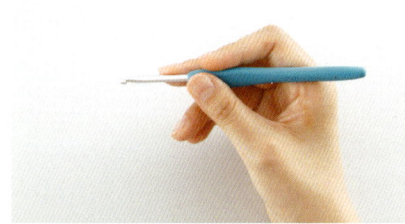

오른손의 엄지와 검지로 가볍게 축을 잡고, 중지를 자연스럽게 바늘에 댑니다. 중지는 바늘에 걸린 실을 누르거나 뜨개바탕을 지탱하거나 바늘의 움직임을 돕는 등 상황에 맞게 자유롭게 움직입니다. 바늘 끝의 갈고리는 항상 아래를 향해야 합니다.

왼손잡이일 때 바늘을 쥐는 방법 (왼손)

(왼손잡이인 사람은 67쪽을 참고하세요!)

뜰 때의 손놀림

평소에는 자주 하지 않는 동작이기 때문에 초보자는 다소 불편할 수 있습니다. 그러나 금방 익숙해지므로 힘을 들이지 않고 자연스럽게 뜰 수 있도록 연습해봅니다.

뜨개코의 세부 명칭

자주 나오는 명칭이므로 기억해두세요.

기초코 (또는 시작코)	뜨개바탕을 뜨기 위한 기초가 되는 코. 작품을 뜰 때는 이 기초코부터 뜨기 시작한다. 일반적으로 기초코는 1단이라고 세지 않는다.
기둥코	단의 처음에 뜨는 사슬코(27쪽 참조).
코의 머리	뜨개코의 위쪽으로 보이는 V자 부분. 사슬처럼 생겼다.
코의 다리	뜨개코의 머리를 제외한 부분.

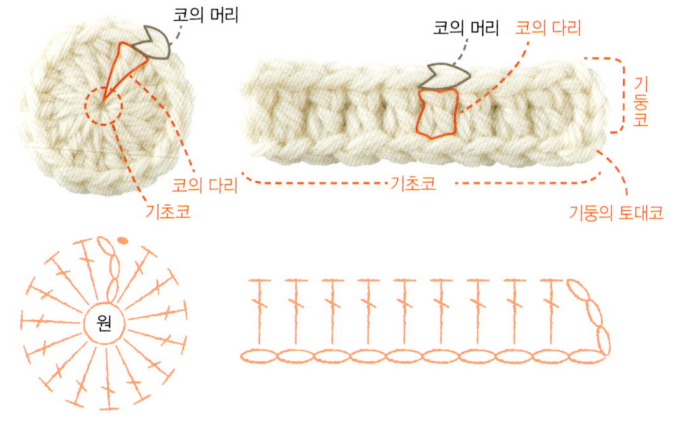

STEP 1 시작해봅시다 ● 실을 거는 방법 / 바늘을 쥐는 방법 / 뜰 때의 손놀림 / 뜨개코의 세부 명칭

STEP 1 | 우선은 기본 뜨개 기법부터 익혀보자!

꼭 알아두어야 할 기본 기법은 3가지인데, 여기에 2가지를 더해 총 5가지를 알아봅니다.
다른 기법은 이 기본 기법을 응용한 것들입니다.

◯ 사슬뜨기

코바늘 손뜨개에서 가장 기본이 되는 기법입니다. 다른 뜨개코의 기초코가 되기도 합니다.
뜨개코가 이어지면 사슬처럼 보이기 때문에 '사슬뜨기'라고 부르고,
뜨개코는 '사슬뜨개코', '사슬코', 혹은 간단히 '사슬'이라고 지칭합니다.

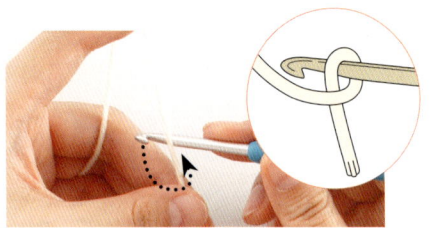

1 실 끝을 10㎝ 정도 남겨놓고, 코바늘을 실의 뒤쪽에서 앞쪽으로 누르듯이 빙 돌리면 실 고리가 만들어집니다.

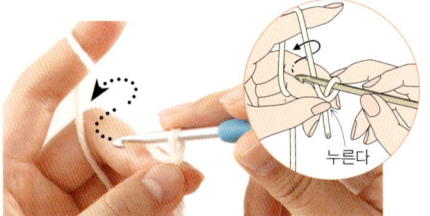

2 고리의 교차점을 누르고 바늘의 등으로 실을 누르듯이 움직여서 실을 겁니다.

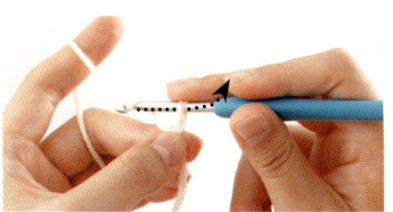

3 바늘에 걸린 실을 바늘 끝으로 당기듯이 실 고리 사이로 빼냅니다. 이때 손을 비틀지 않도록 주의합니다.

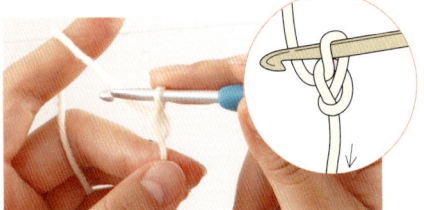

4 바늘을 빼낸 모습입니다. 실 끝을 당겨서 고리를 조입니다. 이것이 가장자리 코이고, 콧수에는 들어가지 않습니다.

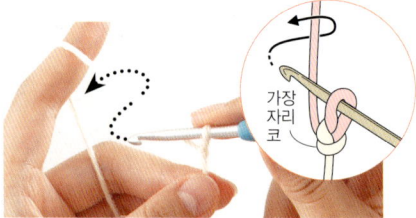

5 바늘을 실 앞에 두고, 바늘의 등으로 실을 누르듯이 움직여서 실을 겁니다 (바늘에 실을 걸 때는 항상 이렇게 바늘을 움직여야 합니다).

사슬의 뜨기 시작 (간단한 방법)

코바늘 손뜨개에 익숙하지 않을 때는 실이 미끄러워서 바늘 끝에 잘 걸리지 않을 수도 있습니다. 그럴 때는 이 방법을 써보세요.

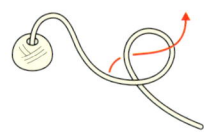

1 실을 교차시켜서 실 끝 쪽에 고리를 만들고, 실타래 쪽에 있는 실을 고리 사이로 빼냅니다.

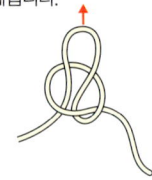

2 그대로 실을 당겨서 고리를 조입니다 (새 고리가 생깁니다).

실타래 쪽 실이 바늘 끝의 앞에 오도록!

3 실타래 쪽 실을 당겨서 고리의 크기를 조절하고, 코바늘을 넣습니다. 이로써 왼쪽의 **4** (가장자리 코 완성)까지와 같은 모양이 됩니다.

6 바늘에 걸린 실을 바늘 끝으로 당기면서 고리 사이로 빼냅니다.

바늘 끝은 아래로!

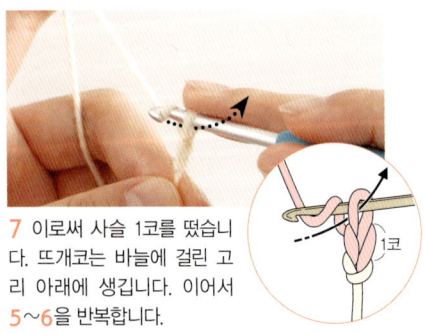

7 이로써 사슬 1코를 떴습니다. 뜨개코는 바늘에 걸린 고리 아래에 생깁니다. 이어서 **5~6**을 반복합니다.

8 3~4코를 뜰 때마다 왼손으로 누르는 지점을 이동하면서 뜹니다.

18

POINT

사슬코는 기초코가 된다

'기초코'는 뜨개코를 뜰 때 바탕이 되는 코를 말합니다.
사슬뜨기를 제외한 뜨개 기법들은 기초코와 같은 바탕이 없으면 뜰 수가 없습니다.

사슬의 겉과 안

사슬뜨기의 모양은 아래의 사진과 같습니다. 안쪽에는 마치 훅처럼 실이 불룩하게 나와 있는데, 이 훅을 '코산'이라고 부릅니다.

알아보기 쉽도록 색을 입혔어요.

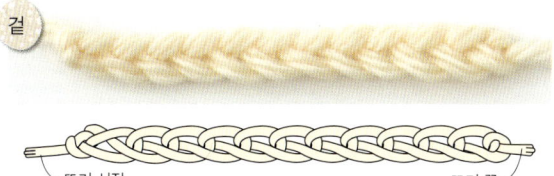

겉 — 뜨기 시작 / 뜨기 끝

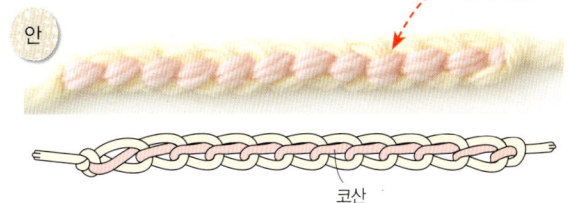

안 — 코산

사슬코를 줍는 여러 방법

사슬뜨기를 떠서 이를 기초코로 삼을 때 코를 줍는 방법은 3가지입니다.
각 방법마다 특징이 있으므로 차이점을 알아두면 좋습니다. 특별히 정해져 있지 않다면 뜨는 사람이 편한 방법으로 코를 주우면 됩니다.

1 사슬의 코산을 줍는다

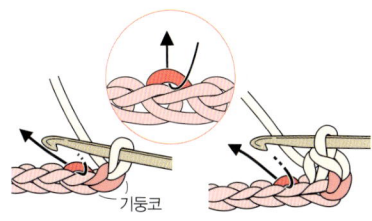

기둥코

코를 줍기는 좀 어렵지만, 사슬의 겉쪽이 남아 뜨개바탕의 가장자리가 깔끔해 보입니다. 나중에 테두리 뜨기를 하지 않을 경우에 알맞은 방법입니다. 코산은 겉쪽의 뜨개코와 위치가 조금 어긋나 있으므로 코를 주울 때 주의해야 합니다.

2 사슬의 반코와 코산을 줍는다

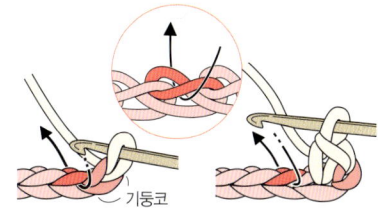

기둥코

코를 줍기도 쉽고 뜨개바탕이 튼튼해져서 안정감이 있는 방법입니다. 뜨개코를 몇 코씩 걸러서 주울 때나 가는 실로 뜰 때 알맞습니다. 2가닥의 실을 같이 줍기 때문에 기초코 부분이 조금 도톰해집니다.

3 사슬의 반코를 줍는다

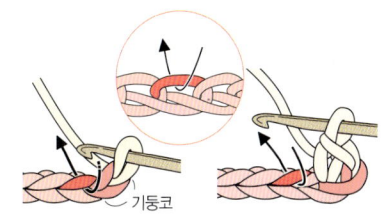

기둥코

줍는 위치도 알아보기 쉽고 줍기도 편한 방법입니다. 기초코에 신축성이 있어야 할 때나 기초코의 양쪽에서 코를 주워야 할 때 이 방법을 씁니다. 다만, 불안정한 반코를 주워나가기 때문에 뜨개바탕이 느슨해져서 틈이 벌어지기 쉽습니다.

사슬코의 크기

사슬뜨기는 모든 뜨개코의 기본이 되므로 뜨개코의 크기가 가지런해야 보기 좋습니다.
뜨개코가 너무 느슨하거나 빡빡하지 않도록 손의 힘을 조절하며 연습해보세요.

OK

느슨하다

빡빡하다

기초코로 사용할 때는 사슬을 당겨서 뜨개코를 뜨기 때문에 뜨개바탕보다 조금 굵은 바늘로 느슨하게 떠야 합니다(같은 호수의 바늘로 뜨면 기초코가 말려 올라갈 수도 있습니다). 바늘의 호수는 기초코에서 주울 뜨개코의 양에 따라 결정합니다. 뜨개바탕을 뜰 바늘로 느슨하게 떠도 상관이 없지만, 손의 힘을 조절하기가 어려우므로 초보자는 바늘의 호수를 바꿔서 뜨는 것이 좋습니다.

기초코에 알맞은 코바늘의 굵기

뜨개바탕의 종류	기초코를 뜰 코바늘의 굵기
짧은뜨기, 한길 긴뜨기	2호 굵은 바늘
모눈뜨기	1~2호 굵은 바늘
그물뜨기	똑같거나 1호 굵은 바늘
일반적인 구멍무늬뜨기	1~2호 굵은 바늘

※ 작품을 '뜨는 방법'에서는 기초코에 알맞은 바늘의 호수가 나와 있지 않습니다. 위의 표를 참고하여 코바늘의 호수를 선택하세요.

╋ (╳) 짧은뜨기
일반 기호   도안 기호

틈이 많지 않아서 뜨개바탕이 견고해지는 뜨개코입니다.
기둥코(→27쪽)는 사슬 1코이고, 이 기둥코는 너무 작아서 콧수에 포함되지 않습니다.

※ 짧은뜨기의 도안 기호는 'x'이지만, 일반적으로는 '+'를 사용합니다. 실제로 뜰 때는 알기 쉽게 '+'의 세로축이 코를 넣는 위치를 뜻하고, 가로축이 코와 코의 연결을 나타냅니다.

주의!
기초코는 뜨개바탕보다 2호 정도 굵은 바늘로 뜹니다(19쪽 참조).

2호 굵은 바늘 — 코를 줍기에 적당하다.
같은 호수의 바늘 — 기초코가 말린다.

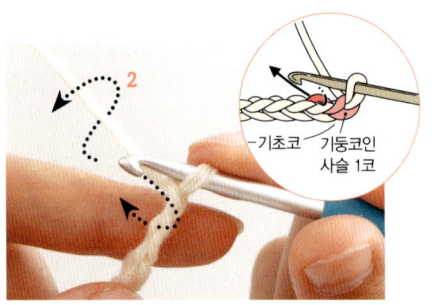

1 '기초코+기둥코인 사슬 1코'만큼의 사슬을 뜨고, 기초코의 가장자리 코에 바늘을 넣습니다(여기에서는 코산을 줍습니다).

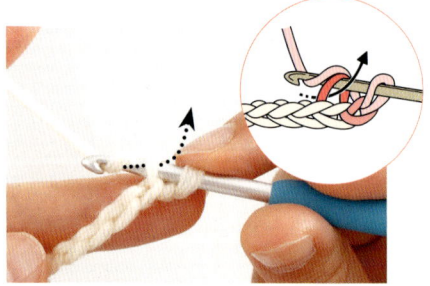

2 바늘의 등으로 실을 누르듯이 바늘 끝을 빙 돌려서 실을 걸고, 그대로 빼냅니다.

3 바늘을 빼낸 모습입니다. 한 번 더 화살표와 같이 바늘을 움직여서,

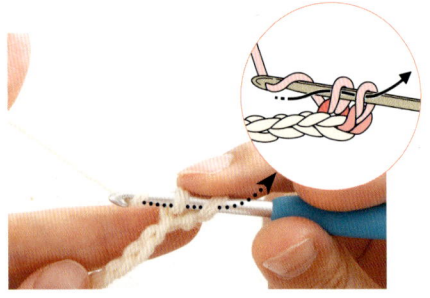

4 바늘 끝에 실을 걸고, 바늘에 걸린 2개의 고리 안으로 한 번에 빼냅니다.

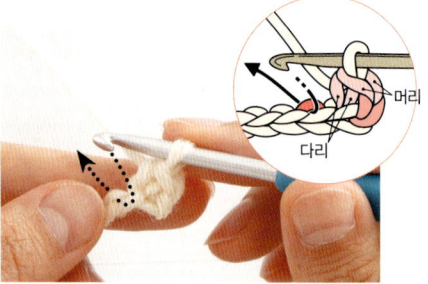

5 짧은뜨기를 1코 떴습니다. 이어서 다음 기초코의 코산을 주워서 2~5를 반복합니다.

6 1단을 뜬 모습입니다.

7 이어서 바늘에 실을 걸고 빼내어 다음 단의 기둥코인 사슬 1코를 뜹니다.

8 바늘은 그대로 두고, 뜨개바탕의 오른쪽 끝을 뒤쪽으로 누르듯이 돌려서 안쪽이 앞에 오도록 합니다.
* 다음 단의 기둥코를 뜨고 나서 뜨개바탕을 뒤집는 까닭은 그래야 뜨기 쉽고, 코가 느슨해지지 않기 때문입니다(뜨개바탕을 뒤집고서 기둥코를 뜨는 방법도 있습니다).

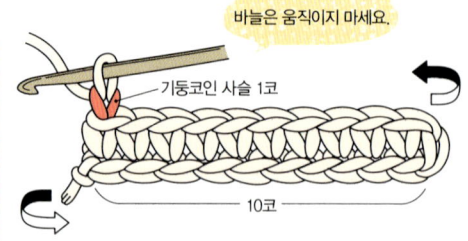

STEP 1

+ (X)

짧은뜨기

기둥코인 사슬 1코

2단 뜨개바탕을 뒤집어 안쪽을 보면서 2단을 뜹니다.

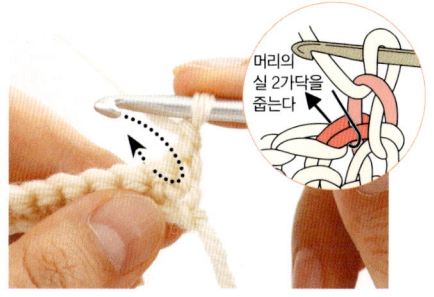

9 앞단 오른쪽 끝 짧은뜨기의 머리(실 2가닥, 위에서 보면 사슬모양)에 바늘을 넣고,

10 실을 걸어서 빼냅니다.

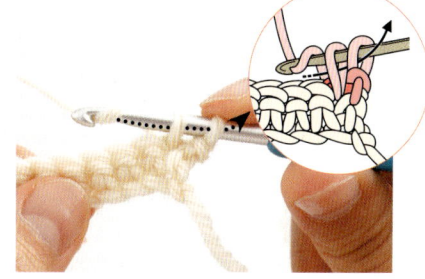

11 다시 한 번 바늘 끝에 실을 걸고, 바늘에 걸린 2개의 고리 사이로 한 번에 빼냅니다.

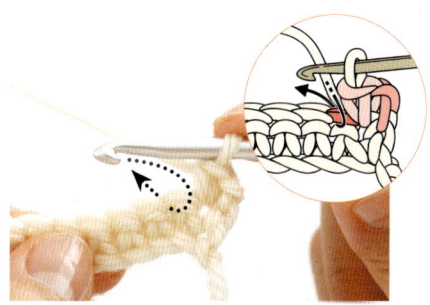

12 짧은뜨기 1코를 떴습니다. 계속해서 같은 요령으로 앞단의 머리(실 2가닥)를 주워가며 뜹니다.

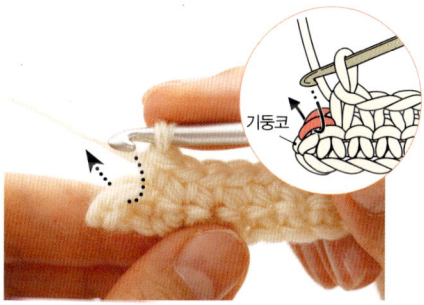

13 단의 끝에서도 앞단의 머리를 주워서 뜹니다. 그 아래쪽에 있는 **기둥코는 줍지 않아야 합니다.** 주의하세요.

14 2단을 떴습니다.

15 이어서 다음 단의 기둥코인 사슬 1코를 뜨고, 8~12를 반복합니다.

단의 끝

기둥코는 줍지 마세요! 이 코를 주우면 콧수가 늘어나요.

16 단의 끝에서는 13과 마찬가지로 앞단의 머리를(실 2가닥) 주워서 뜹니다.

* 짧은뜨기는 기둥코를 1코로 세지 않기 때문에 다음 단을 뜰 때도 줍지 않습니다.

STEP 1 한길 긴뜨기

짧은뜨기의 3배 길이를 한 번에 뜰 수 있는, 아주 많이 사용하는 기법입니다.
기둥코(→27쪽)는 사슬 3코이고, 기둥코도 1코로 계산합니다.

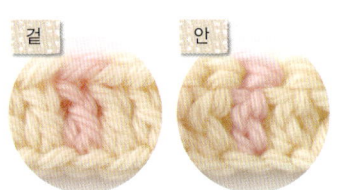
겉 / 안

주의!
기초코는 뜨개바탕보다 2호 정도 굵은 바늘로 뜹니다(19쪽 참조).
2호 굵은 바늘 / 같은 호수의 바늘
코를 줍기에 적당하다. / 기초코가 말린다.

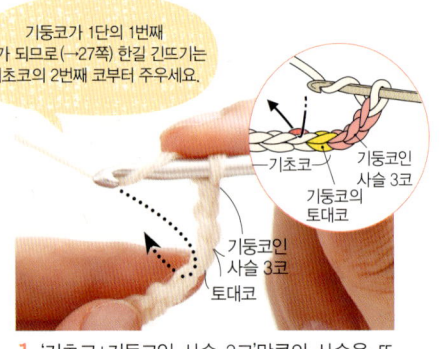

기둥코가 1단의 1번째 코가 되므로(→27쪽) 한길 긴뜨기는 기초코의 2번째 코부터 주우세요.
기초코 / 기둥코인 사슬 3코 / 기둥코의 토대코 / 기둥코인 사슬 3코 / 토대코

1 '기초코+기둥코인 사슬 3코'만큼의 사슬을 뜨고, 실을 바늘에 걸고서 기초코의 가장자리에서 2번째 코에 바늘을 넣습니다(여기에서는 코산을 줍습니다).

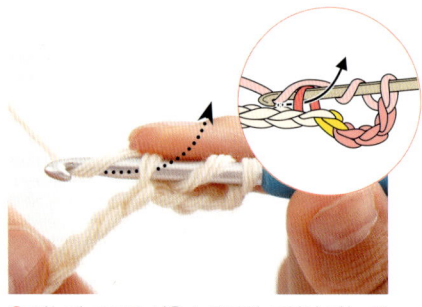

2 바늘의 등으로 실을 누르듯이 돌려서 바늘 끝에 실을 걸고, 사슬 2코만큼의 높이로 빼냅니다.

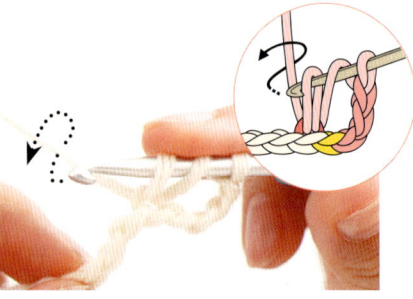

3 실을 빼낸 모습입니다. 다시 한 번 화살표와 같이 바늘을 움직여서(바늘의 등으로 실을 누르듯이 움직여서),

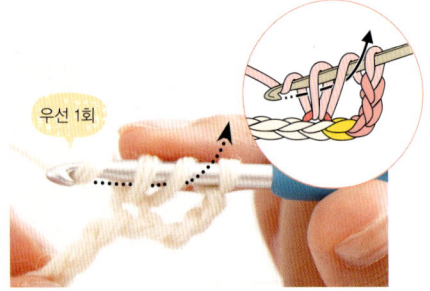
우선 1회

4 바늘에 실을 걸고, 바늘에 걸린 2개의 고리 사이로 빼냅니다.

5 빼낸 모습입니다. 다시 화살표와 같이 바늘을 움직여서,

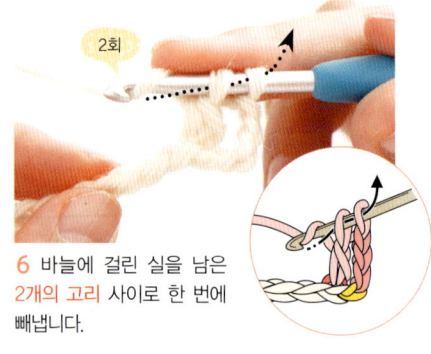
2회

6 바늘에 걸린 실을 남긴 2개의 고리 사이로 한 번에 빼냅니다.

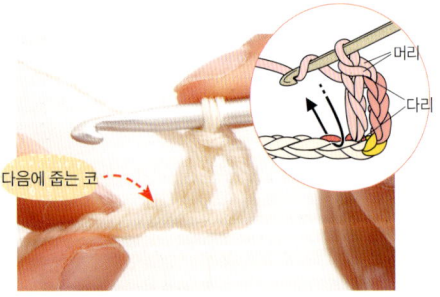
머리 / 다리 / 다음에 줍는 코

7 한길 긴뜨기 1코를 떴습니다. 기둥코도 콧수에 들어가므로(사슬 3코가 한길 긴뜨기 1코) 이로써 모두 2코를 떴습니다. 이어서 바늘에 실을 걸고서 1~6을 반복합니다.

8 1단을 떴습니다.

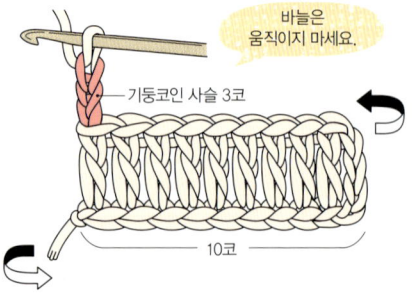
바늘은 움직이지 마세요. / 기둥코인 사슬 3코 / 10코

9 이어서 다음 단의 기둥코인 사슬 3코를 뜨고, 뜨개바탕의 오른쪽 가장자리를 뒤쪽으로 누르듯이 돌려서 안쪽을 앞에 둡니다.

2단
뜨개바탕을 뒤집어 안쪽을 보면서 2단을 뜹니다.

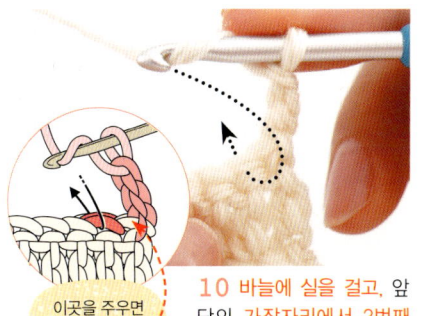

10 바늘에 실을 걸고, 앞단의 가장자리에서 2번째 코인 한길 긴뜨기의 머리에 바늘을 넣습니다.

이곳을 주우면 안 돼요!

11 한길 긴뜨기의 머리(실 2가닥, 위에서 보면 사슬 모양)를 주웠으면, 바늘에 실을 걸어 빼냅니다.

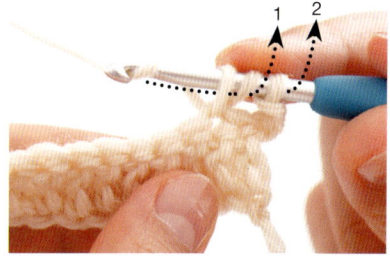

12 3~6을 반복하며 한길 긴뜨기를 합니다.

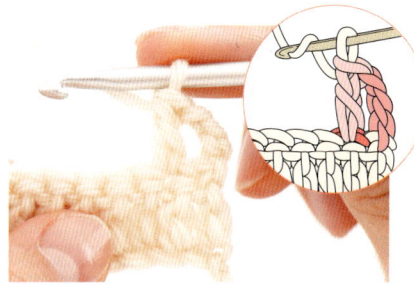

13 기둥코도 콧수에 들어가므로 이로써 2코를 떴습니다.

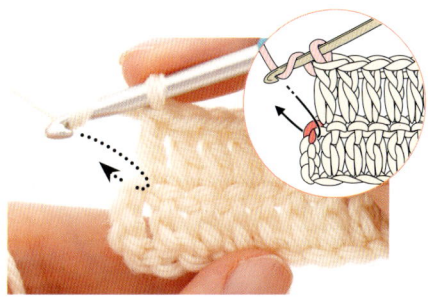

14 2단의 뜨기 끝에서는 앞단 기둥코의 3번째 사슬코에서 코산과 바깥쪽 사슬 반코를 줍습니다 (1단의 기둥코는 안쪽을 향해 있습니다).

15 2단을 떴습니다.

16 다음 단의 기둥코인 사슬 3코를 뜨고, 9와 같은 요령으로 뜨개바탕을 겉쪽으로 돌립니다.

단의 끝

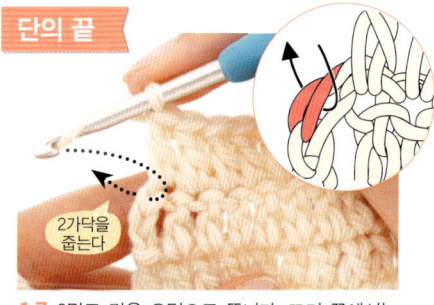

2가닥을 줍는다

17 3단도 같은 요령으로 뜹니다. 뜨기 끝에서는 앞단 기둥코의 3번째 사슬에서 바깥쪽 반코와 코산을 줍습니다 (2단 이후에는 기둥코가 겉을 향해 있습니다).

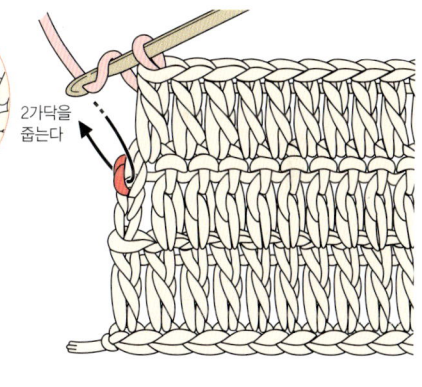

2가닥을 줍는다

⚠ 주의!

코를 줍는 위치에 주의하세요!!

짧은뜨기를 제외한 모든 뜨개코는 기둥코도 1코로 계산합니다. 따라서 코를 줍는 위치에 주의해야 합니다. 초보자는 1단을 뜰 때마다 콧수가 올바른지 확인하세요.

한길 긴뜨기 10코로 5단을 뜬 뜨개바탕

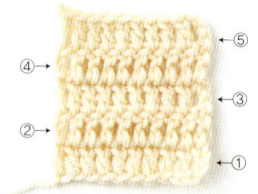

뜨개코가 늘어난 뜨개바탕

각 단의 뜨기 시작에서 기둥코의 토대 코까지 한길 긴뜨기로 떴네요!

뜨개코가 줄어든 뜨개바탕

2단 이후의 뜨기 끝에서 앞단의 기둥코를 줍지 않았네요!

STEP 1

한길 긴뜨기

T 긴뜨기

짧은뜨기와 한길 긴뜨기의 중간쯤 되는 높이의 뜨개코입니다.
뜨는 도중에 빼내기를 하지 않아서 뜨개바탕이 도톰해지고 실의 느낌도 잘 살아납니다.
그러나 짧은뜨기나 한길 긴뜨기에 비하면 뜨개코가 불안정해서 뜨개바탕에서는 보조적인 역할로 쓰일 때가 많습니다. 기둥코(→27쪽)는 사슬 2코로, 이 기둥코도 1코로 계산합니다.

STEP 1 · 우선은 기본 뜨개 기법부터 익혀보자 · 긴뜨기

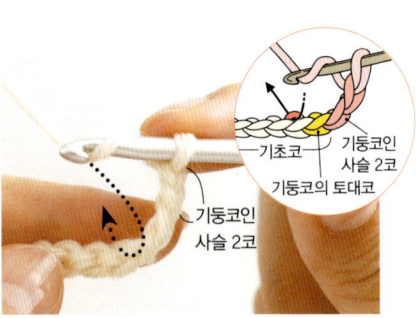

1 '기초코+기둥코인 사슬 2코'만큼 사슬을 뜨고, 바늘에 실을 걸고 기초코의 가장자리에서 2번째 코에 바늘을 넣습니다(여기에서는 코산을 줍습니다).

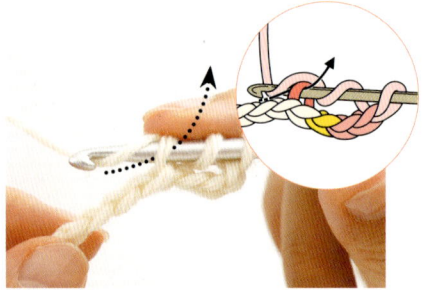

2 실을 걸어 빼냅니다.

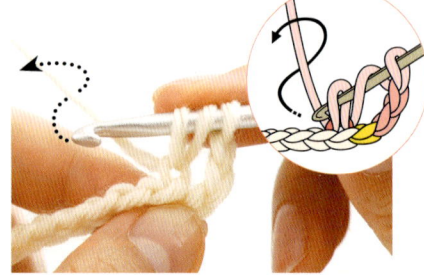

3 실을 빼낸 모습입니다. 다시 한 번 화살표와 같이 바늘을 움직여서(바늘의 등으로 실을 누르듯이 돌려서),

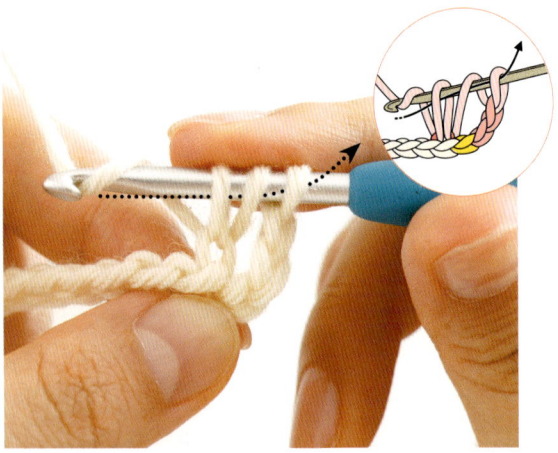

4 바늘 끝에 걸린 실을 바늘에 걸린 3개의 고리 사이로 한 번에 빼냅니다.

5 긴뜨기 1코를 떴습니다. 기둥코를 1코로 계산하므로 (사슬 2코가 긴뜨기 1코) 이로써 2코를 뜬 것입니다. 이어서 바늘에 실을 걸고 1~4를 반복합니다.

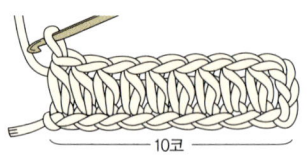

6 1단을 떴습니다.

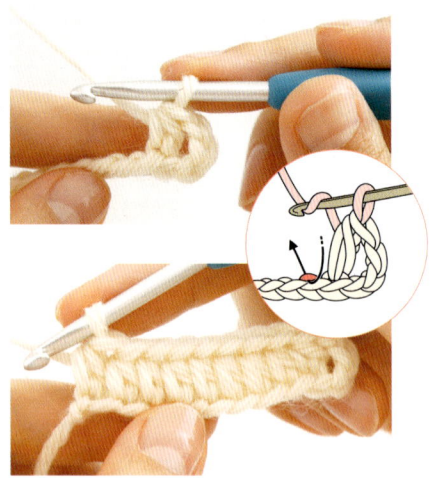

7 계속해서 다음 단의 기둥코인 사슬 2코를 뜨고, 뜨개바탕의 오른쪽 끝을 뒤쪽으로 누르듯이 돌려서 안쪽이 앞으로 오도록 합니다.

8 바늘에 실을 걸고 앞단의 가장자리에서 2번째 코인 긴뜨기의 머리에 바늘을 넣습니다.

이곳을 주우면 안 돼요!

9 긴뜨기의 머리(위에서 보면 사슬 모양의 실 2가닥)를 주웠으면, 바늘에 실을 걸어 빼냅니다.

10 다시 바늘에 실을 걸어 바늘에 걸린 3개의 고리 사이로 한 번에 빼냅니다.

11 긴뜨기 1코를 떴습니다. 기둥코도 콧수에 들어가기 때문에 이로써 2코를 떴습니다.

12 계속해서 같은 요령으로 뜹니다. 뜨기 끝에서는 앞단 기둥코의 2번째 사슬에서 코산과 바깥쪽 반코에 바늘을 넣어 실을 걸고 빼냅니다(→23쪽 한길 긴뜨기와 같은 요령).

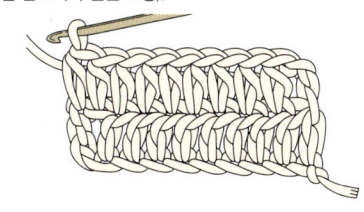

빼뜨기

보조적인 뜨개 기법으로, 높이가 없는 뜨개코입니다. 코와 코를 연결할 때도 사용합니다.
바늘 끝에 실을 걸어 빼내기만 하면 됩니다. 바늘을 움직이는 요령은 사슬뜨기와 같습니다.
※ 본래의 뜨개 기호는 사슬뜨기 기호에 먹칠을 한 듯한 타원형이지만, 이보다 작은 검은 원(●)으로 표기할 때도 있습니다.

코의 머리에 뜰 때
(여기에서는 짧은뜨기의 머리)

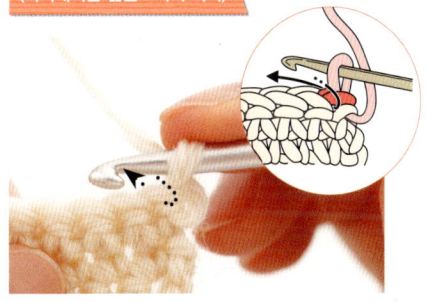

1 실을 뒤쪽에 두고, 앞단 뜨개코의 머리(실 2가닥)에 바늘을 넣습니다.

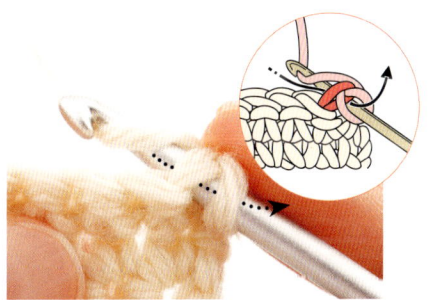

2 바늘 끝에 실을 걸고 빼냅니다.

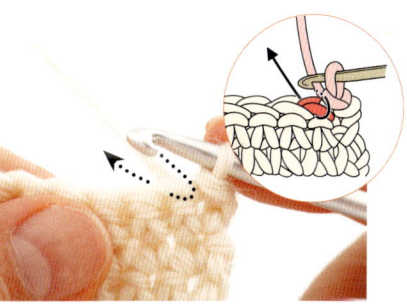

3 빼뜨기 1코를 떴습니다. 계속해서 마찬가지로 앞단의 머리에 바늘을 넣어 실을 걸고 빼냅니다.

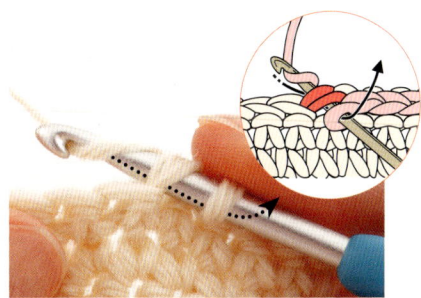

4 같은 요령으로 떠나갑니다. 뜨개코가 너무 빡빡해지지 않도록 주의합니다.

5 5코를 떴습니다. 사슬을 뜬 듯한 모습입니다.

코와 코를 연결할 때

지정한 위치에 바늘을 넣고 바늘에 실을 걸어 빼내면 코와 코가 빼뜨기로 연결됩니다.

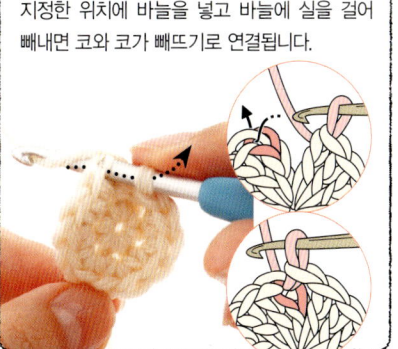

STEP 1 뜨기 끝과 실 정리

뜨기 끝에서 실을 묶는 방법

1 마지막 코를 떴다면, 그대로 바늘을 당겨서 바늘에 걸린 고리의 크기를 키웁니다.

2 실 끝을 5㎝ 정도 남기고 자릅니다.

3 커진 고리에 실 끝을 넣습니다.

4 실 끝을 당겨서 고리를 조입니다.

실을 정리하는 방법
실 끝을 돗바늘에 꿰어(13쪽) 뜨개바탕 안으로 눈에 띄지 않게 정리합니다. 뜨개코는 만들지 않습니다.

● 안쪽으로 꿰어서 정리할 때 겉과 안이 구별되는 작품에서는 실 끝을 안쪽으로 빼내어 3~4㎝ 정도를 뜨개바탕 안으로 통과시킵니다.

 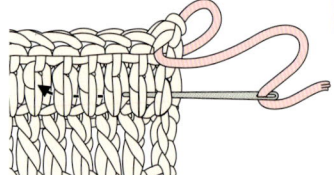 

뜨기 끝 쪽 / 뜨기 시작 쪽

● 가장자리에 꿰어서 정리할 때 안쪽도 겉으로 드러나는 작품에서는 가장자리 코에 통과시켜서 정리합니다.

 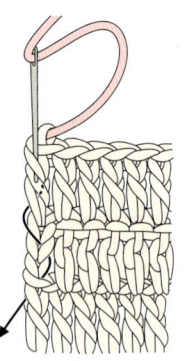  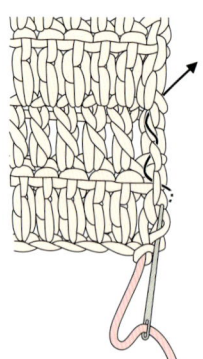 

뜨기 끝 쪽 / 뜨기 시작 쪽

뜨개바탕을 자르지 않도록 주의!

실을 정리하고 나서는 뜨개바탕 가까이에서 자릅니다.

실 끝이 짧을 때
실 끝이 너무 짧아서 돗바늘에 꿰어 뜨개바탕에 통과시키기가 어렵다면 이 방법을 써보세요.

1 돗바늘을 뜨개바탕에 통과시킵니다.

2 돗바늘의 바늘귀에 실 끝을 넣습니다.

3 돗바늘을 당기면 실 끝이 뜨개바탕에 꿰입니다.

뜨개 기호를 보는 방법, 뜨개코의 높이, 기둥코

뜨개 기호를 보는 방법(뜨개 기호가 나타내는 것 & 실제 조작 방법)

뜨개코의 모양을 간략하게 기호로 바꿔놓은 것이 뜨개 기호입니다.
뜨개 기호는 어디에 바늘을 넣어야 하는지, 어떤 순서로 떠야 하는지를 나타냅니다.
뜨개 기호를 볼 줄 알게 되면 뜨개 도안을 보면서 작품을 뜰 수 있습니다.

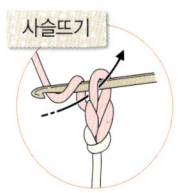 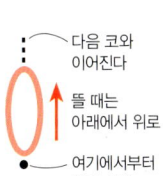 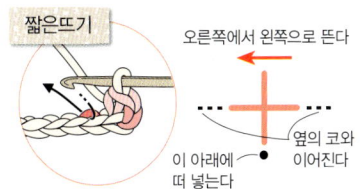

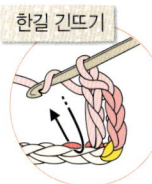 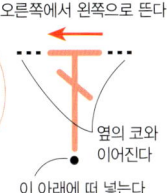 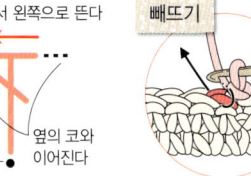 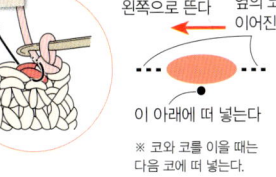

뜨개코의 높이

코바늘 손뜨개의 뜨개코는 사슬뜨기와 빼뜨기를 제외하고 모두 일정한 높이를 가지고 있습니다. 이 높이로 코를 구별하고, 코가 높으면 그만큼 단의 높이도 높아집니다. 사슬뜨기 1코가 기준이며, 이를 1이라고 했을 때 짧은뜨기는 1배(같은 높이), 긴뜨기는 2배, 한길 긴뜨기는 3배, 두길 긴뜨기는 4배, 세길 긴뜨기는 5배 더 높습니다. 이 점을 의식해서 높이가 가지런하도록 뜨면 훨씬 더 예쁘게 뜰 수 있습니다.

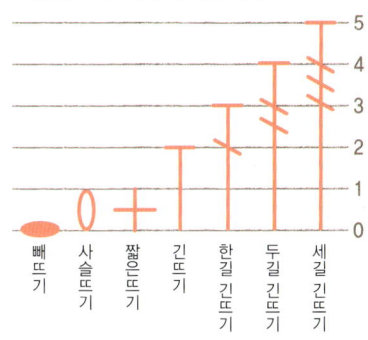

'기둥코' 란?

코바늘 손뜨개에서는 뜨개코에 따라 단의 높이가 달라집니다. 그래서 뜨기 시작 쪽에서 '기둥코'라고 부르는 뜨개코를 떠서 높이를 맞춰줍니다. 이 <mark>기둥코는 사슬코로 대신하며, 사슬코는 본래 떠야 할 뜨개코의 높이(길이)만큼 뜹니다.</mark> 사슬코로 대용하는 이유는 단의 첫 부분에서 갑자기 뜨개코를 뜨면 이 뜨개코가 뭉개져서 본래의 높이가 살아나지 못하기 때문입니다. 어떤 뜨개코를 뜨느냐에 따라 사슬의 개수가 달라지고, <mark>짧은뜨기를 제외하고는 모두 이 기둥코를 1코로 계산합니다</mark>(짧은뜨기의 기둥코는 사슬 1코인데, 존재감이 없고 불안정해서 콧수에 포함하지 않습니다).

빼뜨기	짧은뜨기	긴뜨기	한길 긴뜨기	두길 긴뜨기	세길 긴뜨기

(→25쪽)	(→20쪽)	(→24쪽)	(→22쪽)	(→85쪽)	(→85쪽)

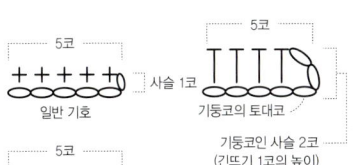 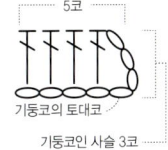 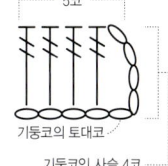 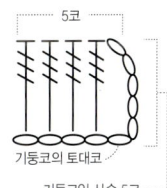

뜨개 도안과 작품 설명 페이지를 보는 방법

뜨개 도안을 보는 방법

뜨개바탕은 뜨개 기호를 조합한 '(뜨개) 기호도'로 표시합니다 (일반적으로 이 기호도를 '뜨개 도안'이라고 부릅니다).

기호도는 겉에서 본 상태를 나타냅니다. 실제로 뜰 때는 오른쪽에서 왼쪽으로 진행하므로, 왕복해서 뜰 때는 뜨개바탕의 겉쪽과 안쪽을 번갈아 보면서 뜨게 됩니다. 그러나 뜨는 방법은 기본적으로 겉과 안이 모두 같기 때문에 전체 모습을 겉쪽에서 보면 1단마다 뜨개코의 안쪽 모습이 드러나게 됩니다. 즉, 단을 뜨기 시작할 때 세우는 기둥코가 오른쪽에 있으면 겉을 보며 뜨는 단, 왼쪽에 있으면 안을 보며 뜨는 단입니다. 도안을 보며 뜰 때는 기호도의 화살표 방향에 주의하면서 떠야 합니다.

원형뜨기로 뜨거나 모티브를 뜰 때는 계속해서 겉을 보며 뜨게 됩니다. 뜨개코는 바늘의 아래에 생기므로, 기호도를 보며 뜰 때는 아래에서 위로 진행해야 하고, 원형으로 뜰 때는 중심에서 바깥쪽으로 진행해야 합니다.

초보자는 기호도가 낯설고 어렵게 느껴질 것입니다. 그러나 완성된 뜨개바탕의 모습을 그대로 기호로 바꾸어놓았다는 사실을 염두에 두고, 뜨기 시작의 위치를 찾아 1코씩 차근차근 순서대로 뜨면 그리 어렵지 않게 완성할 수 있습니다.

만약 알아보기 어렵거나 잘 이해가 되지 않을 때는 1단마다 색을 칠해본다거나 1무늬마다 선을 덧그리는 등의 방법을 써보세요.

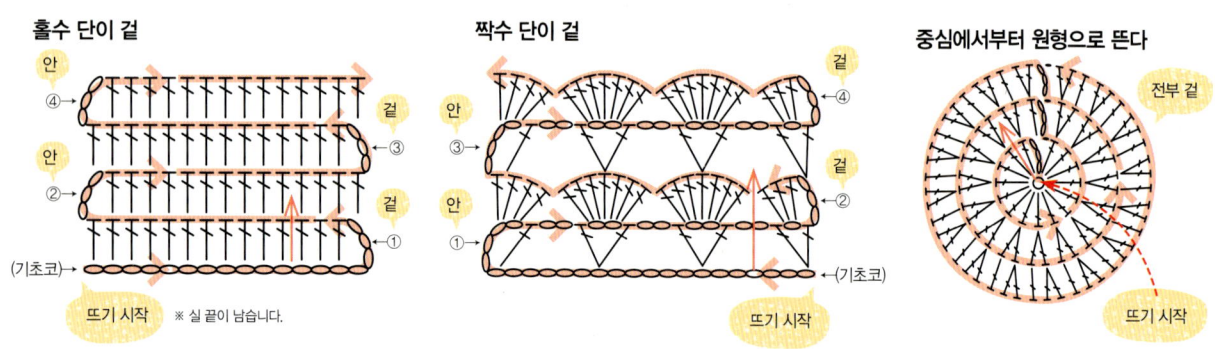

작품 설명 페이지를 보는 방법

작품을 설명하는 페이지에는 필요한 실과 바늘을 비롯하여 각종 도구, 전체 도안, 기호도 등 그 작품을 뜨는 데 필요한 여러 정보가 적혀 있습니다.

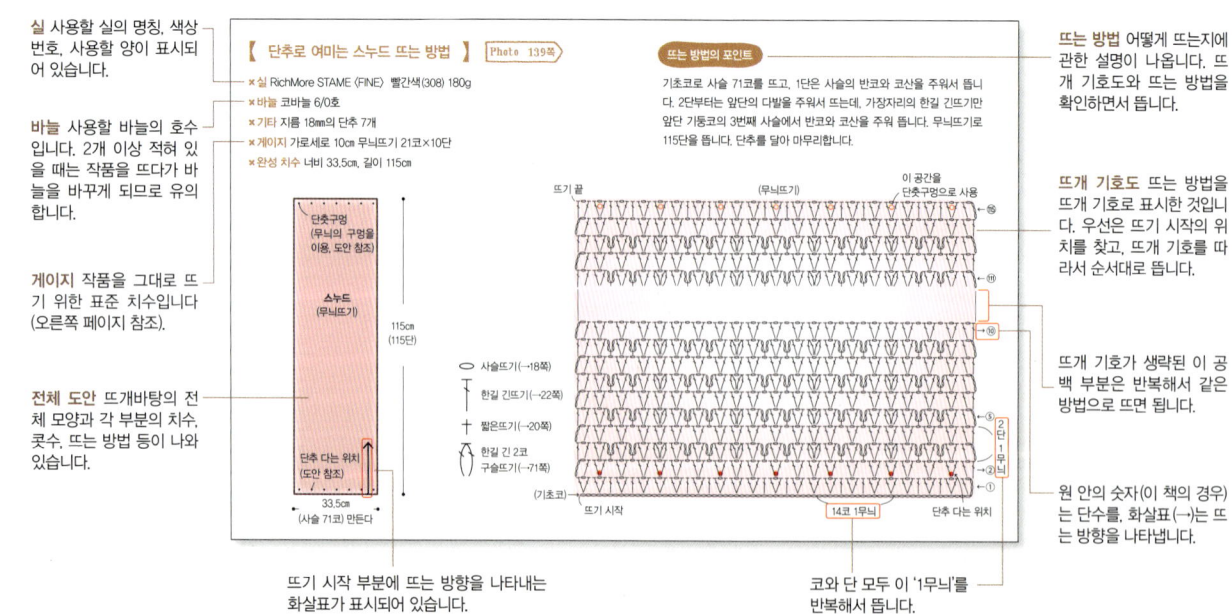

게이지에 관하여

게이지란

게이지(Gauge)란 그 작품을 뜰 때의 기준으로, 뜨개코의 크기를 말합니다. 책에 나온 작품과 똑같은 치수로 뜨고 싶다면 반드시 이 게이지부터 확인해야 합니다. 같은 실로 뜨더라도 뜨는 사람의 손놀림에 따라 뜨개코의 크기가 달라지므로, 옷이나 모자 등 몸에 착용하는 작품을 뜰 때는 잊지 말고 게이지부터 측정해야 합니다.

일반적으로 게이지는 가로세로 10㎝ 안에 들어가는 콧수와 단수(모티브를 연결할 때는 모티브 1장의 크기)를 말합니다.

게이지를 측정할 때는 우선 가로세로 15㎝ 정도의 견본을 뜨고, 이 안에서 가로세로 10㎝ 안에 얼마큼의 콧수와 단수가 들어있는지 확인하면 됩니다.

콧수와 단수를 세는 방법

바늘에 실을 걸어서 빼내면 '코'가 완성되는데, 이 코가 가로로 나열된 것을 '단'이라고 부릅니다.

뜨개코를 1줄씩 위로 늘려갈 때마다 단수가 늘어나면서 뜨개바탕이 완성됩니다. 초보자는 무엇이 1코인지 어디가 1단인지를 쉽게 알아보지 못할 수도 있습니다. 이럴 때는 뜨개코의 모양을 살펴보면 도움이 됩니다.

짧은뜨기

한길 긴뜨기

게이지를 내는 방법

책에 나온 게이지를 참고로 작품용 실을 사용해서 견본을 뜹니다. 무늬뜨기로 뜰 때는 무늬를 확인할 수 있는 곳까지 떠야 합니다. 다 뜬 견본은 가볍게 스팀다리미의 증기를 쐬어주고 뜨개코가 수평·수직이 되도록 정리합니다. 증기가 빠지면 견본의 중심부에서 가로로 10㎝ 안에 들어 있는 콧수와 단수를 셉니다. 딱 떨어지지 않을 때는 반올림을 하거나 0.5코(0.5단)로 계산하고, 오차가 몇 ㎜ 정도라면 신경 쓰지 않아도 됩니다.

일반 자나 게이지 전용 자를 사용해서 측정해요.

게이지를 낸 견본은 어떻게 하나요?

게이지를 측정한 견본용 뜨개바탕은 실제 작품을 뜨는 동안 옆에 두고서 수시로 뜨개코의 크기를 비교하는 데 사용합니다. 게이지용 실은 재료 표기에 포함되지 않으므로 만약 작품을 뜨다가 실이 부족해지면 이 견본을 풀어서 눈에 잘 띄지 않는 부분에 사용하세요.

책의 게이지와 다를 때

책에 나와 있는 게이지와 자신의 게이지가 다를 때는 바늘의 호수를 바꾸어서 다시 떠봅니다.

콧수와 단수가 표시보다 많을 때	콧수와 단수가 표시보다 적을 때
뜨개코가 빡빡해서 완성 치수가 작아진다.	뜨개코가 느슨해서 완성 치수가 커진다.
↓	↓
조금 느슨하게 뜨거나 굵은 바늘로 바꾸어서 크기를 조정한다.	조금 빡빡하게 뜨거나 가는 바늘로 바꾸어서 크기를 조정한다.

게이지는 너무 번거로워요!

머플러나 숄과 같이 완성 치수가 달라져도 그다지 문제가 되지 않는 작품이라면 게이지를 신경 쓰지 않고 바로 떠도 됩니다. 그러나 시험 삼아 게이지를 떠보면 뜨는 방법도 확인할 수 있고 손놀림이 익숙해진다는 장점이 있습니다. 특히 초보자에게는 말끔하고 예쁘게 뜨기 위한 연습이 되므로 귀찮더라도 이 과정을 생략하지 않는 게 좋습니다.

게이지 조정

바늘의 굵기를 바꾸어서 뜨개코의 크기를 조정하는 과정을 일컬어 '게이지 조정'이라고 합니다. 똑같은 콧수여도 바늘의 호수가 달라지면 뜨개바탕의 크기가 달라집니다. 때로는 이를 활용하여 작품을 디자인하기도 합니다.

바늘이 굵을수록 뜨개코가 커지고, 가늘수록 작아져요!

4/0호 바늘
5/0호 바늘
6/0호 바늘

STEP 1

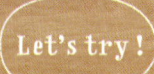 **작품을 떠보자**
우선은 작은 작품부터 연습 삼아 도전해보세요.

❋ 찻잔 받침

기본 기법으로 뜨는, 간단하면서도 단순한 찻잔 받침입니다.
a와 c는 사슬뜨기와 짧은뜨기로 뜨고, b는 사슬뜨기, 짧은뜨기, 긴뜨기로 뜹니다.

디자인 / 유메노 사야카(夢野 彩)
사용한 실 / Hamanaka Sonomono〈초극태사〉

b

c

a

작품 레슨 뜨는 과정이 32~33쪽에 나와 있습니다.

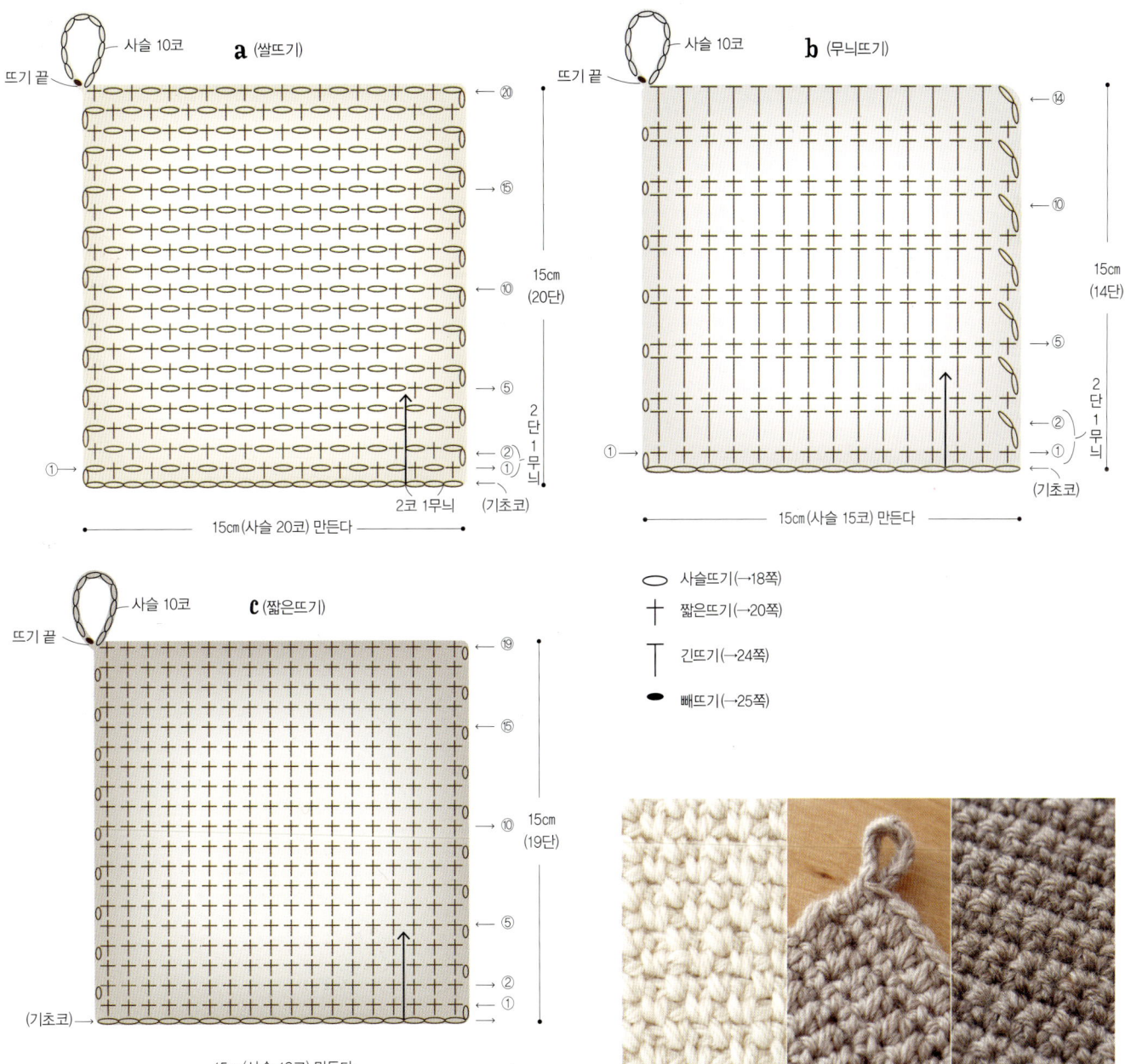

Lesson 찻잔 받침 a 뜨는 방법

photo 30쪽

사슬뜨기와 짧은뜨기로만 뜨기 때문에 초보자가 맨 처음 도전하기에 알맞은 작품입니다.
31쪽의 뜨개 도안을 확인하면서 천천히 떠보세요.

기초코

1 7mm의 코바늘로 사슬 20코를 뜹니다. 이것이 기초코입니다.

1단

2 바늘을 10/0호로 바꿉니다. 1단의 기둥코로 사슬 1코를 뜨고, 계속해서 사슬 1코를 더 뜹니다.

3 기초코의 가장자리에서 2번째 코(뜨기 끝 쪽에서 4번째 코)의 코산에 바늘을 넣습니다.

4 바늘에 실을 걸고 화살표 방향으로 빼냅니다.

5 다시 바늘에 실을 걸어 빼냅니다 (짧은뜨기).

6 짧은뜨기를 1코 떴습니다.

7 계속해서 사슬 1코를 뜨고, 기초코의 사슬을 1코 건너뛰어서 다음 코산에 바늘을 넣습니다.

8 바늘에 실을 걸고서 빼냅니다 (짧은뜨기).

9 2번째 짧은뜨기를 떴습니다.

10 계속해서 사슬 1코를 뜨고, 기초코를 1코 걸러서 다음 코산에 바늘을 넣습니다.

11 8~10을 반복하며 '1코씩 걸러서 기초코의 코산에 바늘을 넣고 짧은뜨기로 뜨기'를 합니다. 사진은 1단을 다 뜬 모습입니다.

2단

12 계속해서 다음 단의 기둥코인 사슬 1코를 뜨고, 다시 사슬 1코를 더 뜹니다.

13 바늘은 그대로 두고, 22쪽과 같이 오른쪽 가장자리를 뒤쪽으로 돌려서 뜨개바탕을 뒤집습니다.

14 앞단의 사슬 아래쪽 공간에 바늘을 넣고(이것을 '다발을 줍는다'라고 말합니다).

15 실을 걸어 빼내어.

16 짧은뜨기를 합니다.

17 계속해서 사슬 1코를 뜹니다.

18 14~17을 반복합니다.

19 2단을 다 뜬 모습입니다.

3단

20 계속해서 다음 단의 기둥코인 사슬 1코를 뜨고, 다시 사슬 1코를 뜹니다.

21 바늘을 그대로 둔 상태에서 뜨개바탕을 뒤집고, 2단과 같은 방법으로 3단을 뜹니다.

뜨기 끝 쪽의 고리

22 같은 요령으로 단마다 뜨개바탕을 뒤집으면서 20단까지 뜹니다.

23 이어서 사슬 10코를 뜹니다.

24 사슬 뿌리 쪽의 짧은뜨기에서 머리 실 1가닥과 다리 실 1가닥에 바늘을 넣고,

25 실을 걸어 빼냅니다.

26 사슬의 고리가 만들어졌습니다.

27 바늘에 걸린 코를 크게 키우고서 실을 자른 다음 실 끝을 고리에 넣어서 쭉 당깁니다.

28 뜨개바탕을 다 뜬 모습입니다.

마무리

29 돗바늘에 실 끝을 꿰고, 뜨개바탕의 안쪽을 보면서 가장자리 코의 실을 갈라가며 정리합니다.

30 실 끝을 정리할 때 먼저 3~4㎝를 통과시키고서 그 반대 방향으로 다시 통과시키면 실 끝이 잘 고정됩니다. 뜨기 시작 쪽의 실 끝도 같은 요령으로 정리합니다.

31 실 끝을 자르고, 스팀다리미를 살짝 띄운 상태에서 증기를 쐬어준 후에 모양을 정리합니다. 증기가 다 빠질 때까지 그대로 둡니다.

32 완성!

✱ 모눈뜨기 도일리

한길 긴뜨기와 사슬뜨기로 모눈뜨기를 하면 도일리가 완성됩니다.
이때 무늬는 한길 긴뜨기로 칸을 메워가며 만듭니다.
이 도일리에서는 중심부에 사슬뜨기와 짧은뜨기를 넣어서 꽃무늬를 만들었습니다.

디자인 / 유메노 사야카
사용한 실 / Hamanaka Flux C

뜨는 방법이 같아도
뜨는 실이 바뀌면 완성 치수가 달라집니다.
가는 실로 작게 떠서
바늘방석을 만들어보세요.

사용한 실 / Puppy New 2PLY

【 모눈뜨기 도일리 & 바늘방석 뜨는 방법 】 ※[ ] 안은 바늘방석

- **실** Hamanaka Flux C 표백하지 않은 실(1) 11g [Puppy New 2PLY 파란색(252) 3g]
- **바늘** 코바늘 3/0호, 4/0호(기초코용) [레이스용 코바늘 4호, 0호(기초코용)]
- **기타** [바늘방석용 천 가로세로 10㎝ 2장, 수예용 솜]
- **게이지** 가로세로 10㎝ 모눈뜨기 10칸(30코)×10.5단 [19칸(57코)×21단]
- **완성 치수** 18㎝×19㎝ [9.5㎝×9.5㎝]

뜨는 방법의 포인트 * 모눈뜨기 도일리를 뜰 때의 중요 포인트는 36쪽에서 확인하세요.

코바늘 4/0호[레이스용 코바늘 0호]로 기초코인 사슬 52코를 뜹니다. 바늘을 3/0[레이스용 코바늘 4호]로 바꾸어 사슬 3코로 기둥을 세우고, 계속해서 사슬 2코를 뜬 다음, 기초코의 코산에 바늘을 넣고 한길 긴뜨기를 합니다. 사슬 2코와 한길 긴뜨기 1코를 반복합니다. 2단 이후에는 한길 긴뜨기와 사슬뜨기를 뜨다가 짧은뜨기로 무늬를 만듭니다. 앞단이 사슬코일 때는 다발을 주워서(57쪽 참조) 한길 긴뜨기를 합니다. 19단까지 뜹니다.
이어서 테두리뜨기를 합니다. 사슬 1코로 기둥을 세우고, 짧은뜨기 1코와 사슬 3코(모서리에서는 사슬 5코)를 반복하면서 한 바퀴 빙 둘러가며 뜹니다.

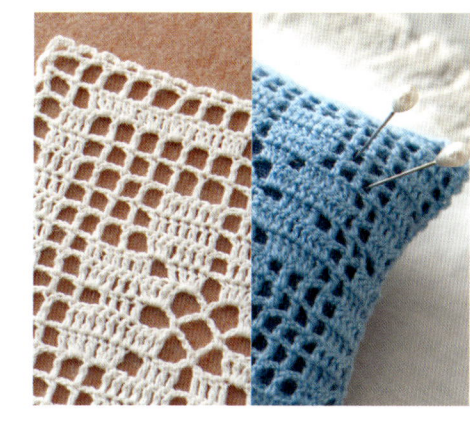

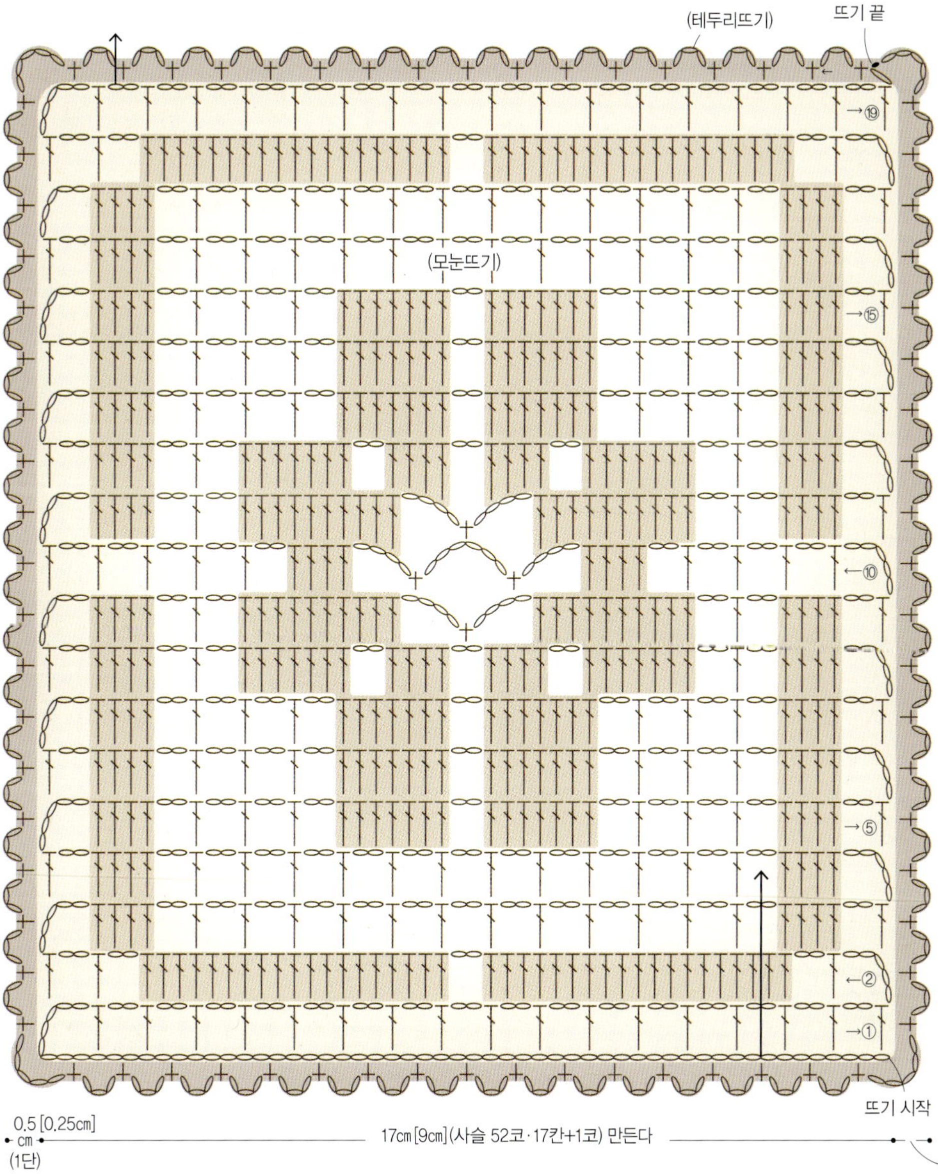

바늘방석을 만드는 방법

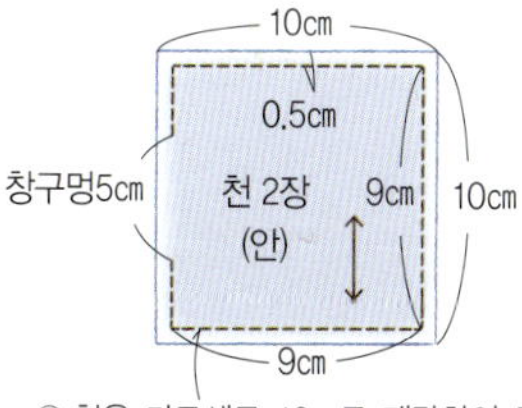

① 천을 가로세로 10㎝로 재단하여 겉끼리 맞대어놓고 0.5㎝ 안쪽을 꿰맨다(창구멍 5㎝는 꿰매지 않는다).
※ 천은 뜨개바탕의 치수에 맞게 재단합니다.

② 겉이 밖으로 나오게 뒤집고, 수예용 솜을 넣은 다음 창구멍을 공그르기로 막는다.

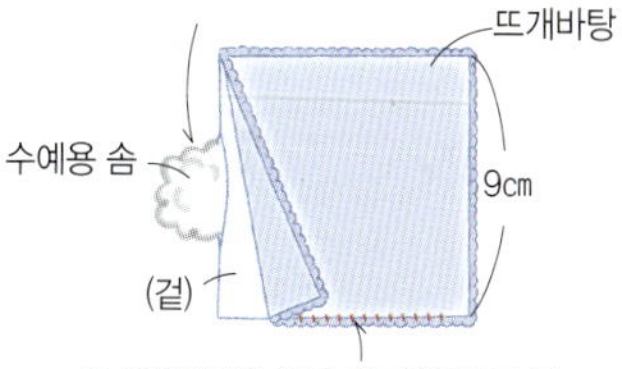

③ 뜨개바탕을 얹고, 테두리뜨기를 피해서 꿰매어 단다.

STEP 1

Point Lesson — 모눈뜨기 도일리를 뜰 때의 중요 포인트

실이 가늘어서 복잡해 보이지만 기본 뜨개 기법만으로도 뜰 수 있는 간단한 작품입니다.
코바늘 손뜨개에 조금 익숙해졌다면 이 작품에 도전해보세요.

Lesson ● 모눈뜨기 도일리를 뜰 때의 중요 포인트

기초코

1 4/0호 바늘로 사슬 52코를 떠서 기초코를 만듭니다. 다 뜨면 바늘을 3/0호로 바꿉니다

1단

2 사슬 3코로 기둥을 세우고, 사슬 2코를 더 뜹니다. 바늘에 실을 걸고 가장자리에서 4번째 코산에 바늘을 넣습니다.

3 실을 걸어 앞 2개의 고리 사이로 빼내고, 다시 실을 걸어 남은 2개의 고리 사이로 빼냅니다(한길 긴뜨기).

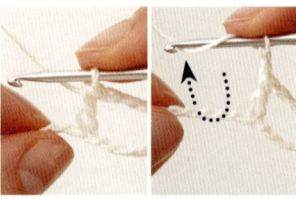

4 한길 긴뜨기 1코를 떴습니다. 계속해서 사슬 2코를 뜹니다. 바늘에 실을 걸고 기초코를 2코 걸러서 한길 긴뜨기를 합니다.

5 같은 요령으로 단의 끝까지 뜹니다. 이어서 다음 단의 기둥코인 사슬 3코+사슬 2코를 뜨고, 뜨개바탕을 겉쪽으로 뒤집습니다.

2단

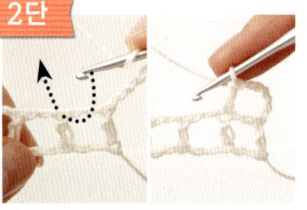

6 바늘에 실을 걸고 앞단 가장자리에서 2번째 코인 한길 긴뜨기 머리(2가닥)에 바늘을 넣어 한길 긴뜨기를 합니다.

7 이어서 사슬 2코를 뜨고, 다음 한길 긴뜨기의 머리에 한길 긴뜨기를 합니다.

8 다음 코는 앞단 사슬코의 아래쪽 공간에 바늘을 넣어 (다발을 줍습니다) 한길 긴뜨기를 합니다.

9 같은 요령으로 앞단이 한길 긴뜨기일 때는 코 머리에, 사슬코일 때는 사슬 아래쪽 공간에 한길 긴뜨기를 합니다.

10 2단의 끝에서는 앞단 기둥코의 3번째 코에서 코산과 반코의 뒤에서부터 바늘을 넣어 한길 긴뜨기를 합니다.

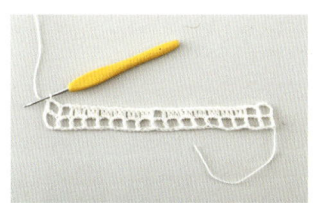

11 2단을 뜬 모습. 같은 요령으로 앞단이 사슬코일 때는 사슬 아래쪽 공간에 한길 긴뜨기를 합니다.

3단

12 3단 이후의 뜨기 끝 쪽에서는 앞단 기둥코의 3번째 사슬에서 반코와 코산의 앞에서부터 바늘을 넣어 한길 긴뜨기를 합니다.

9단

13 중심부 무늬를 뜰 때는 우선 사슬 4코를 뜨고, 앞단 사슬코의 아래쪽 공간에 짧은뜨기를 합니다.

14 계속해서 사슬 4코를 뜨고, 같은 요령으로 무늬를 만듭니다.

테두리뜨기

15 19단까지 떴으면 테두리뜨기의 기둥코로 사슬 1코를 뜹니다.

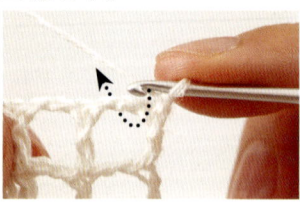

16 뜨개바탕을 겉쪽으로 뒤집어서 모눈뜨기의 사슬코 아래쪽 공간에 짧은뜨기를 1코 뜹니다.

17 계속해서 사슬 3코를 뜨고, 사슬코 아래쪽 공간에 짧은뜨기를 합니다.

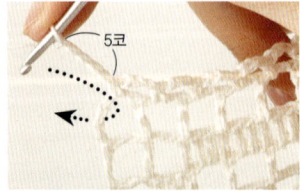

18 같은 요령으로 사슬 3코와 짧은뜨기 1코를 반복하고, 모서리에서는 사슬 5코를 뜬 다음 짧은뜨기를 같은 칸에 뜹니다.

19 모눈뜨기의 단 쪽(양옆)에서도 사슬코의 아래쪽 공간에 짧은뜨기를 합니다. 같은 요령으로 빙 둘러가며 뜹니다.

20 뜨기 끝에서는 테두리뜨기의 1번째 코인 짧은뜨기의 머리를 주워서 빼뜨기를 합니다.

STEP 2
작품을 떠보자!
– 원형으로 뜨는 방법을 알아보자 –

기본 뜨개 기법과 왕복해서 뜨는 방법을 익혔다면,
이번에는 원형으로 뜨는 방법을 알아봅니다.
실을 감아서 만드는 원형코는 사슬뜨기로 만드는 기초코보다
안정적이지 않아서 익숙해지는 데 시간이 걸릴 수 있습니다.
어쩌면 코바늘 손뜨개를 하면서 만나는 최초의 난관일지도 모릅니다.
그러나 이 기법은 기본적이면서도 중요한 기법입니다.
이 과정을 확실하게 익혀두면 더욱 다양한 작품을 뜰 수 있습니다.
원형뜨기에도 다양한 패턴이 있으니
본격적으로 연습을 시작하기에 앞서 내용을 한번 훑어보세요.

STEP 2 원형뜨기의 뜨기 시작

원형뜨기는 중심에서부터 뜨기 시작합니다. 그 기초코를 만드는 방법에는 몇 가지가 있습니다.

손가락에 실을 감아 원형코 만들기
(원형뜨기의 기초코 1)

중심이 확실하게 조여져서 많이 쓰이는 방법입니다.
여기에서는 짧은뜨기로 둥글게 뜨는 방법을 알아봅니다.

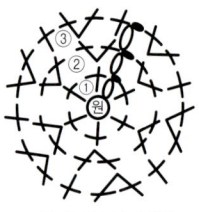

단마다 색깔을 바꾸었을 때

※ 기둥코인 사슬코에서 왼쪽으로 돌며 뜹니다.

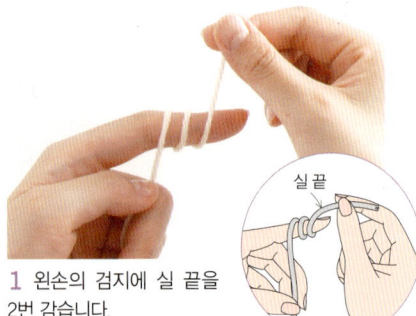

1 왼손의 검지에 실 끝을 2번 감습니다.

2 감은 고리가 찌그러지지 않도록 교차점을 누르고, 고리를 손가락에서 빼냅니다.

바늘의 등으로 실을 밀듯이 거세요.

3 고리를 왼손에 바꿔듭니다. 실타래 쪽 실을 검지에 걸고(17쪽 참조), 고리 안에 바늘을 넣어서 실을 겁니다.

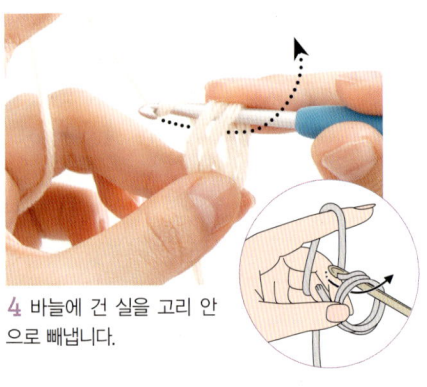

4 바늘에 건 실을 고리 안으로 빼냅니다.

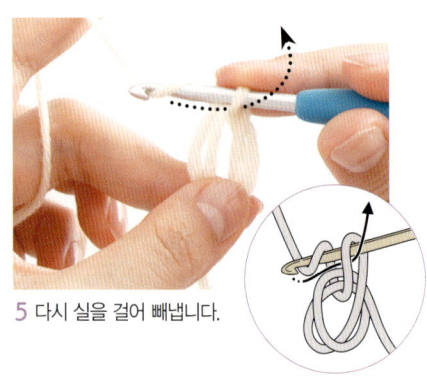

5 다시 실을 걸어 빼냅니다.

6 고리에 코가 생겼습니다 (이 코는 콧수로 세지 않습니다). 여기까지가 원형뜨기의 뜨기 시작으로, **이는 짧은뜨기 이외의 기법으로 뜰 때도 마찬가지**입니다.

1단 짧은뜨기를 6코 떠 넣습니다.

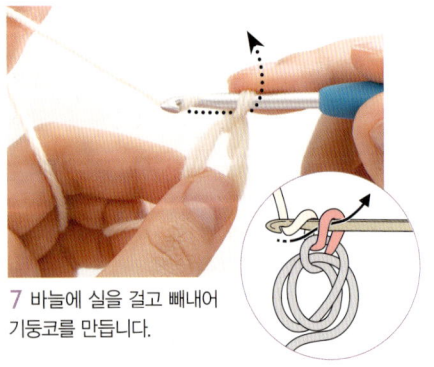

7 바늘에 실을 걸고 빼내어 기둥코를 만듭니다.

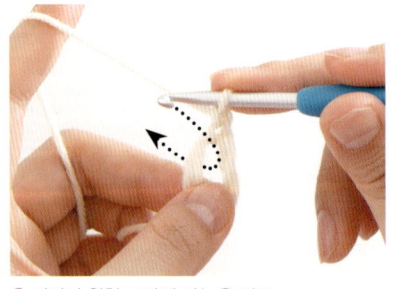

8 이어서 원형코 안에 바늘을 넣고,

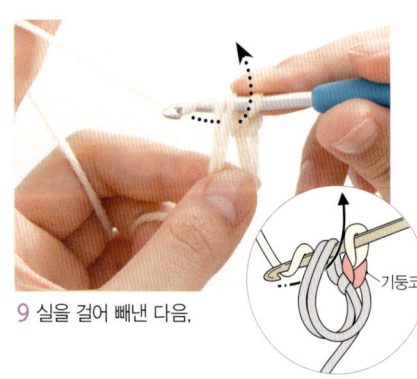

9 실을 걸어 빼낸 다음,

10 다시 바늘에 실을 걸고 화살표와 같이 빼냅니다.

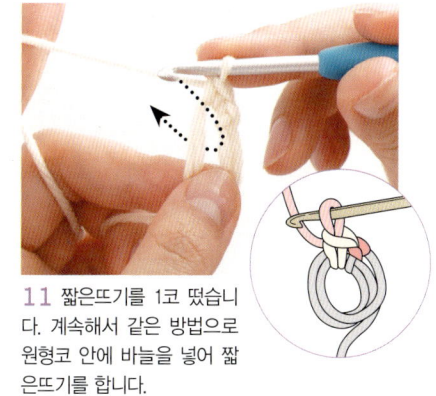

11 짧은뜨기를 1코 떴습니다. 계속해서 같은 방법으로 원형코 안에 바늘을 넣어 짧은뜨기를 합니다.

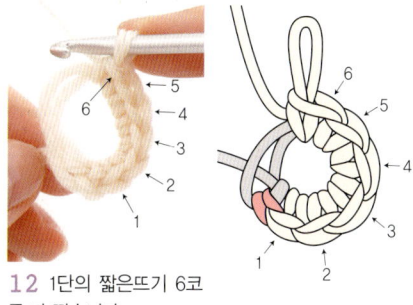

12 1단의 짧은뜨기 6코를 다 떴습니다.

중심을 조인다
1단을 뜨고서 중심을 조입니다. 조이는 데도 요령이 있으니 주의하세요.

> 바늘을 빼내고 조여도 괜찮아요! 이럴 때는 코가 풀어지지 않도록 크게 늘려두세요.

13 실 끝을 조금 당기면 원형코의 2가닥 실 중에서 한쪽 가닥이 움직입니다(●). 이 가닥이 실 끝 쪽에 가까운 실입니다.

14 움직인 실을 손으로 당겨서 우선 실 끝에서 먼 쪽의 고리(★)를 조입니다(당긴 쪽의 고리 ●는 남습니다).

15 실 끝을 당기면 이번에는 실 끝 쪽에 가까운 고리가(●) 조여집니다.

주의!
실 끝부터 당기면 실 끝에서 먼 쪽의 고리가 조여지지 않을 수도 있습니다.
원형코의 실이 2가닥이어서 눈으로 보기만 해서는 당겨야 할 실을 알아내기가 어렵습니다.
실 끝 쪽에 가까운 실을 나중에 당겨야 하므로, 우선은 어느 쪽 고리가 실 끝에 가까운지 확인하고(13),
그 고리를 당겨서 다른 쪽의 고리를 먼저 조입니다(14).
실 끝을 당기면 당겨서 커진 고리가 쉽게 조여집니다(15).

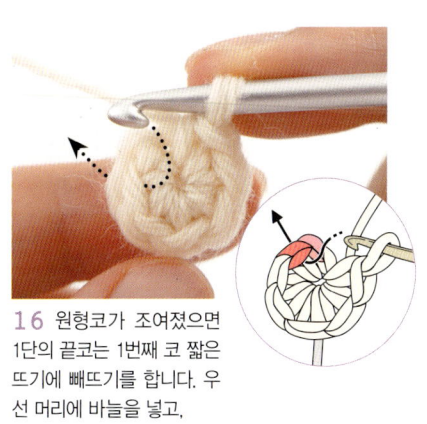

16 원형코가 조여졌으면 1단의 끝코는 1번째 코 짧은뜨기에 빼뜨기를 합니다. 우선 머리에 바늘을 넣고,

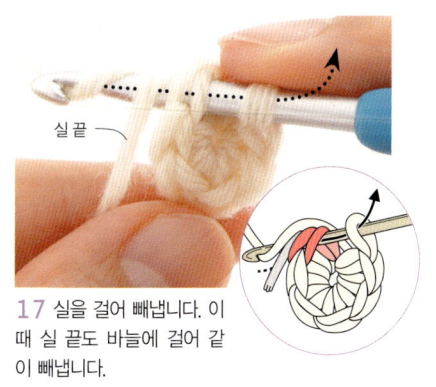

17 실을 걸어 빼냅니다. 이때 실 끝도 바늘에 걸어 같이 빼냅니다.

18 1단을 떴습니다.

2단
2단부터는 코를 늘려가며 뜹니다. 늘리는 방법은 간단합니다.

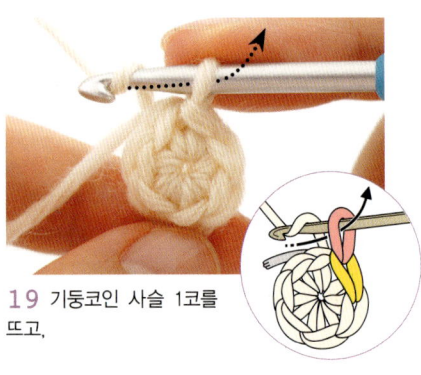

19 기둥코인 사슬 1코를 뜨고,

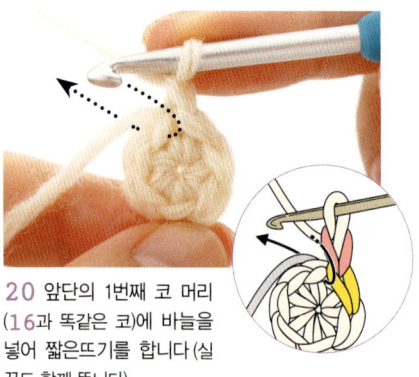

20 앞단의 1번째 코 머리(16과 똑같은 코)에 바늘을 넣어 짧은뜨기를 합니다(실 끝도 함께 뜹니다).

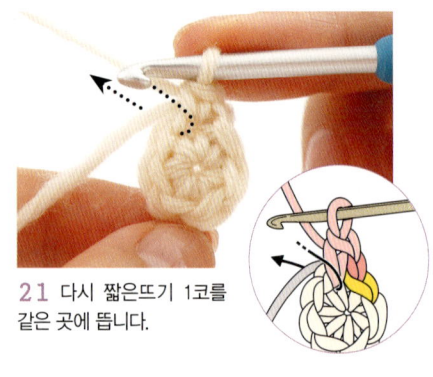

21 다시 짧은뜨기 1코를 같은 곳에 뜹니다.

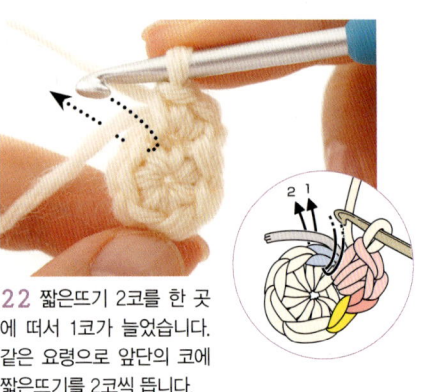

22 짧은뜨기 2코를 한 곳에 떠서 1코가 늘었습니다. 같은 요령으로 앞단의 코에 짧은뜨기를 2코씩 뜹니다.

23 2단(12코로 늘어났습니다)의 끝에서는 1번째 코 짧은뜨기의 머리에 빼뜨기를 합니다.

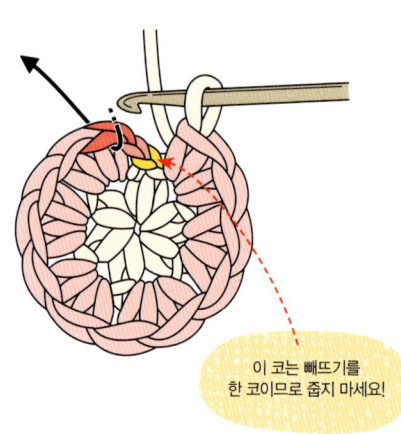

이 코는 빼뜨기를 한 코이므로 줍지 마세요!

3단
1코 걸러 1코씩 코를 늘려가면서 뜹니다.

24 계속해서 3단의 기둥코로 사슬 1코를 뜨고, 앞단 1번째 코(23과 같은 코)에 짧은뜨기를 합니다.

25 다음 코에는 짧은뜨기를 2코 뜹니다 (코가 늘어납니다).

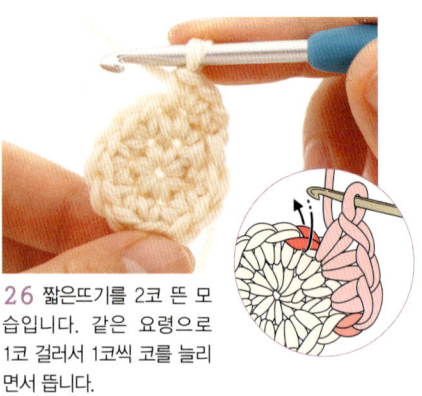

26 짧은뜨기를 2코 뜬 모습입니다. 같은 요령으로 1코 걸러서 1코씩 코를 늘리면서 뜹니다.

27 3단의 끝에서도 1번째 코 짧은뜨기의 머리에 빼뜨기를 합니다(콧수는 18코가 됩니다).

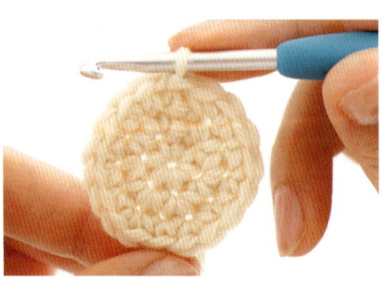

28 3단을 뜬 모습입니다.

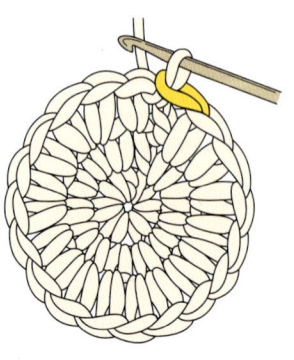

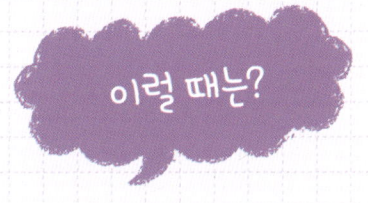

원형코가 자꾸 뭉개져요!

초보자라면 원형코가 자꾸 뭉개져서 첫 코를 만들기 어려울 수도 있습니다.
이럴 때는 손가락에서 원형코를 벗기지 말고 그대로 떠보세요. 뜨기 시작에 해당하는 첫 코를 만들면 원형코가 안정됩니다.

1 38쪽의 1과 마찬가지로 손가락에 실을 2번 감고, 이 상태에서 바늘을 원형코 안으로 넣습니다.

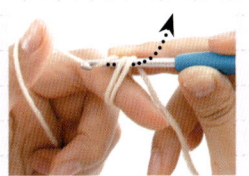

2 바늘에 실을 걸어 빼냅니다 (38쪽의 3·4와 같은 요령).

3 빼낸 모습입니다.

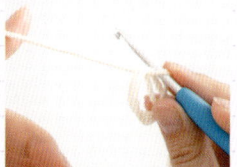

4 손가락에서 원형코를 벗겨낸 다음 고쳐 쥡니다.

5 38쪽의 5와 같은 상태가 되었습니다. 계속해서 코를 만들어나 갑니다.

실 끝으로 원형코 만들기(원형뜨기의 기초코 2)

쉬운 방법이지만 중심이 쉽게 느슨해져서 실 끝을 정리할 때 신경을 많이 써야 합니다.
모헤어처럼 잘 휘감기는 실에 적합한 방법입니다.

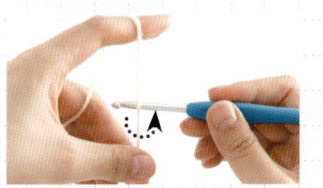

1 사슬뜨기를 뜨듯이 실 뒤쪽에 바늘을 대고, 바늘 끝을 돌려서 느슨한 고리를 만듭니다.

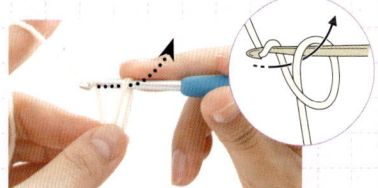

2 고리의 교차점을 눌러 잡고, 바늘에 실을 걸어 빼냅니다(사슬뜨기의 가장자리 코를 만드는 요령과 같습니다).

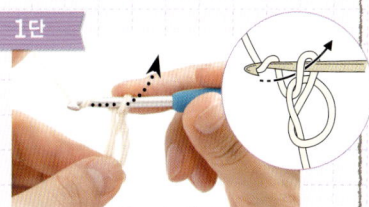

3 고리를 조이지 않고 느슨하게 놔둔 채 기둥코인 사슬 1코를 뜹니다.

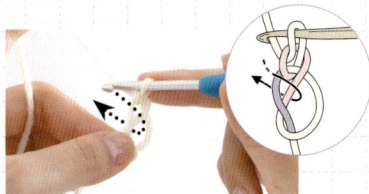

4 아래쪽 큰 고리에 바늘을 넣습니다.

5 실을 걸고 빼내어

6 짧은뜨기를 합니다.

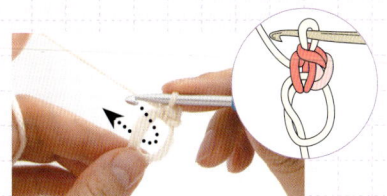

7 짧은뜨기를 1코 떴습니다. 이어서 39쪽과 같은 요령으로 짧은뜨기를 합니다.

8 필요한 콧수(여기에서는 짧은뜨기 6코)만큼 뜨면, 실 끝을 당겨서 고리를 조입니다. 38쪽의 기초코보다 중심이 쉽게 조여집니다.

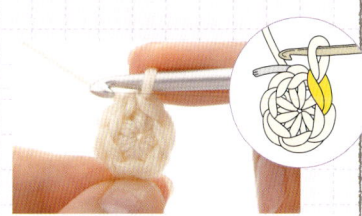

9 이제부터는 39쪽의 16 이후와 같은 요령으로 뜹니다. 1번째 코의 짧은뜨기에 빼뜨기를 하면 1단이 완성됩니다.

STEP 2

사슬뜨기로 원형코 만들기 1

사슬뜨기로 원형코를 만들면 시작 부분이 탄탄해집니다. 그래서 1단의 콧수가 많을 때는 이 방법을 많이 씁니다. 그러나 중심을 조일 수가 없어서 가운데에 구멍이 생깁니다.

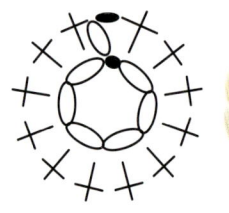

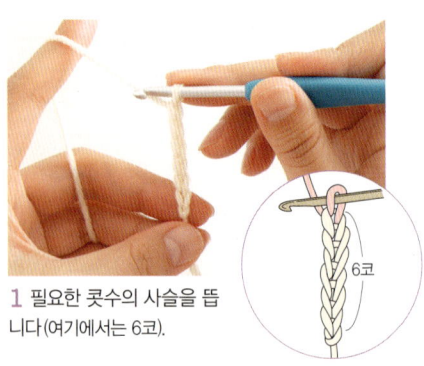

1 필요한 콧수의 사슬을 뜹니다(여기에서는 6코).

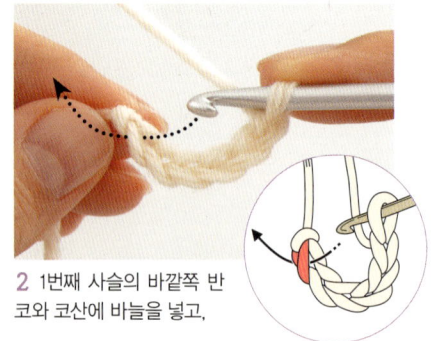

2 1번째 사슬의 바깥쪽 반코와 코산에 바늘을 넣고,

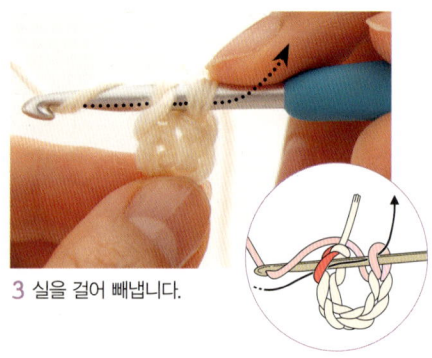

3 실을 걸어 빼냅니다.

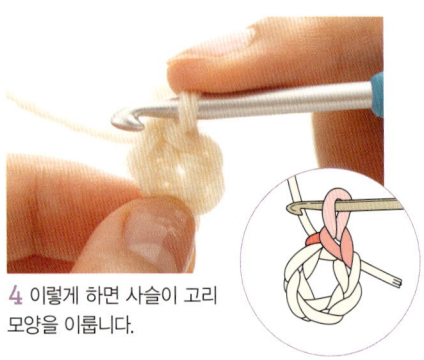

4 이렇게 하면 사슬이 고리 모양을 이룹니다.

1단

5 사슬 1코를 떠서 기둥을 세웁니다.

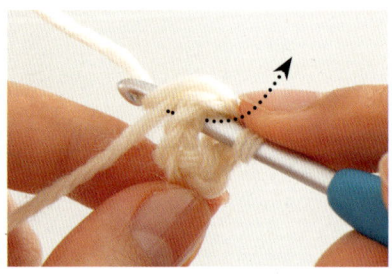

6 이어서 사슬로 만든 고리 사이로 바늘을 넣고, 실 끝도 같이 넣어서,

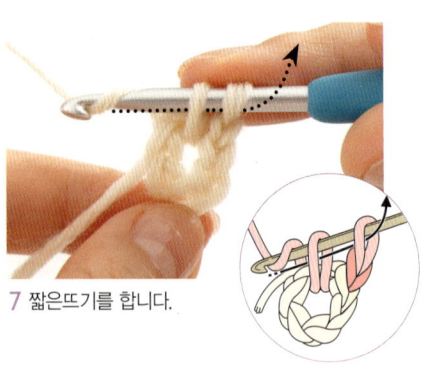

7 짧은뜨기를 합니다.

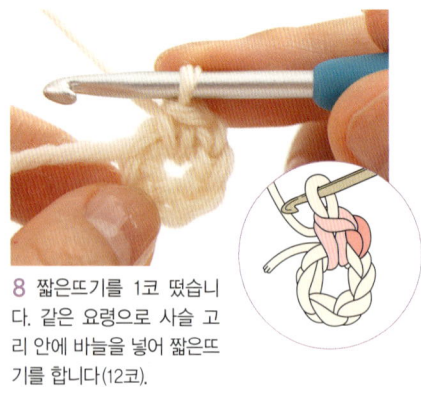

8 짧은뜨기를 1코 떴습니다. 같은 요령으로 사슬 고리 안에 바늘을 넣어 짧은뜨기를 합니다(12코).

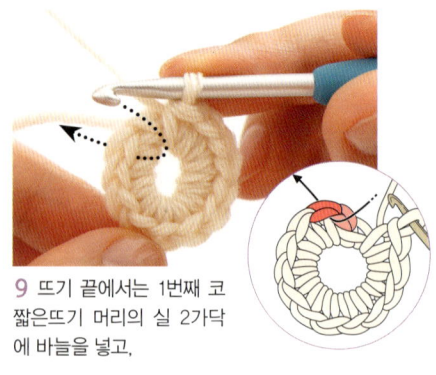

9 뜨기 끝에서는 1번째 코 짧은뜨기 머리의 실 2가닥에 바늘을 넣고,

10 실을 걸어 빼냅니다.

11 1단을 떴습니다.

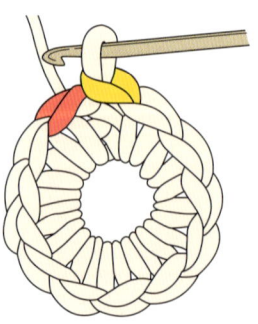

사슬뜨기로 원형코 만들기 2

모자나 풀오버처럼 원통형 작품을 뜰 때 주로 사용하는 방법입니다.

1 필요한 콧수의 사슬을 뜹니다.

2 사슬이 꼬이지 않도록 조심하면서 1번째 코의 코산에 바늘을 넣습니다.

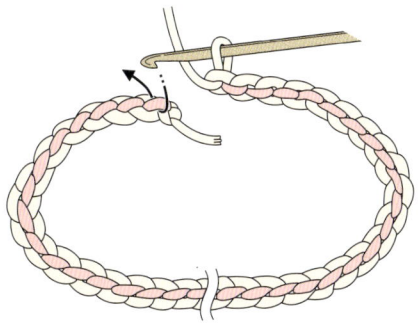

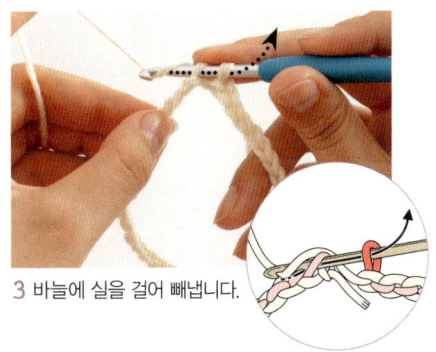

3 바늘에 실을 걸어 빼냅니다.

4 사슬이 고리 모양을 이루었습니다.

5 이어서 기둥코를 뜹니다 (여기에서는 짧은뜨기로 뜨므로 사슬 1코).

6 2와 같은 곳에 바늘을 넣어 짧은뜨기를 합니다.

7 계속해서 사슬의 코산에 바늘을 넣고 짧은뜨기를 합니다.

8 짧은뜨기를 5코 뜬 모습입니다.

9 1단을 다 떴으면 1번째 코 짧은뜨기 머리의 실 2가닥에 바늘을 넣고,

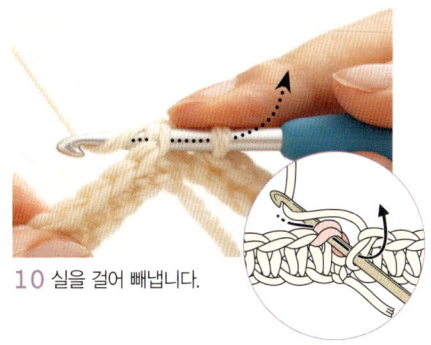

10 실을 걸어 빼냅니다.

11 1단을 완성했습니다. 이어서 다음 단의 기둥코를 뜨고, 원주 모양으로 뜹니다.

타원형으로 뜨기

원형뜨기 중에서도 특히 타원형으로 뜰 때는 사슬뜨기로 먼저 기초코를 만든 다음, 그 사슬의 양쪽을 주워가며 뜹니다.

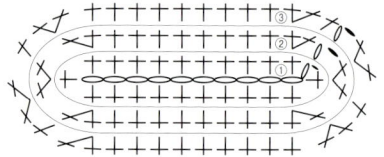

1단

1 '기초코+기둥코 1코'만큼의 사슬을 뜨고, 기초코의 가장자리 코에 바늘을 넣어 짧은뜨기를 합니다. 이때 사슬의 반코와 코산에 바늘을 넣습니다.

2 짧은뜨기 1코를 떴습니다. 계속해서 반코와 코산을 주워 뜹니다.

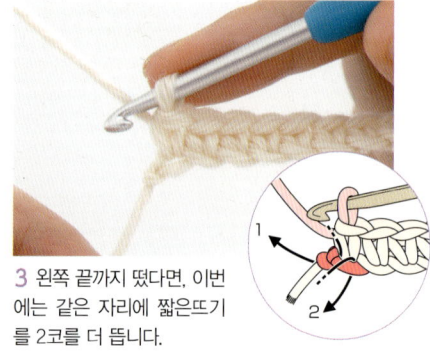

3 왼쪽 끝까지 떴다면, 이번에는 같은 자리에 짧은뜨기를 2코 더 뜹니다.

4 기초코 반대쪽에서도 코를 주워 뜹니다. 기초코의 남은 반코를 주워서 실 끝도 넣어가며 짧은뜨기를 합니다.

5 반대쪽 가장자리 코에는 짧은뜨기를 2코 더 뜹니다.

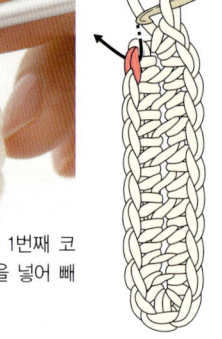

6 1단의 뜨기 끝에서는 1번째 코 짧은뜨기의 머리에 바늘을 넣어 빼뜨기를 합니다.

2단 이후

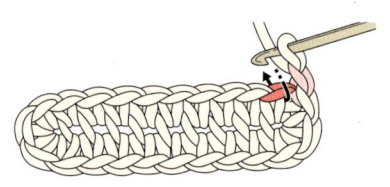

7 기둥코인 사슬 1코를 뜨고, 6과 같은 곳에 짧은뜨기를 합니다(2코를 떠서 코를 늘립니다).

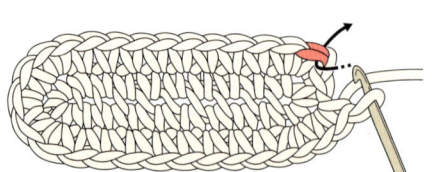

8 뜨개 도안을 따라 타원의 양끝에서 코를 늘려가며 1바퀴를 뜨고, 뜨기 끝에서는 1번째 코 짧은뜨기의 머리에 빼뜨기를 합니다.

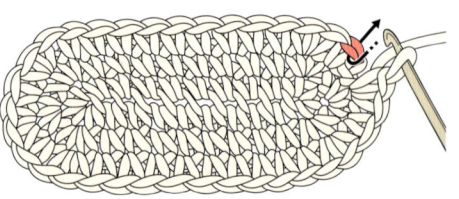

9 3단도 같은 요령으로 뜹니다.

기둥코 없이 소용돌이 모양으로 뜨기

짧은뜨기로 둥글게 뜰 때, 단의 뜨기 시작에서 기둥코를 뜨지 않고 그대로 빙빙 돌려가며 뜨면 뜨개바탕이 소용돌이를 그리게 됩니다. 기둥코가 없어서 단의 경계가 도드라지지 않고 자연스럽게 연결됩니다. 그러나 어느 부분을 뜨고 있는지 알기 어려우므로 반드시 표시를 해두어야 합니다.

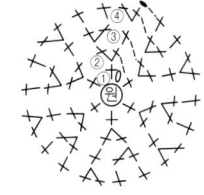  

1단마다 색을 바꾸었을 때

1단

1 뜨기 시작에서 1단까지는 38~39쪽의 1~15와 마찬가지로 뜨고, 1번째 코 머리에 단수링을 걸어 표시해둡니다. 표시해둔 코를 주워서,

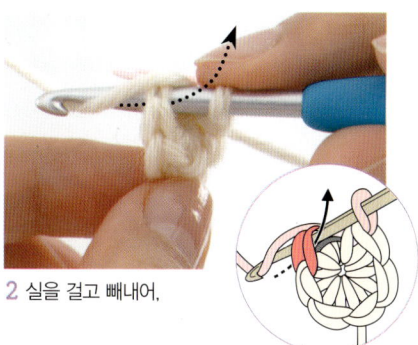

2 실을 걸고 빼내어,

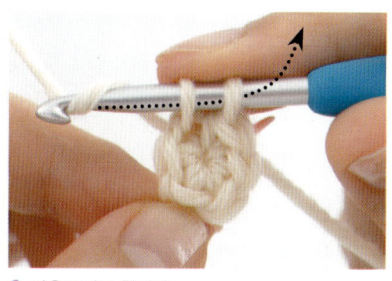

3 짧은뜨기를 합니다.

4 같은 자리에 다시 한 번 짧은뜨기를 1코 떠 넣어 코를 늘립니다(실 끝도 함께 넣어 뜹니다).

5 앞단의 한 코에 2코씩 떠서 코를 늘립니다.

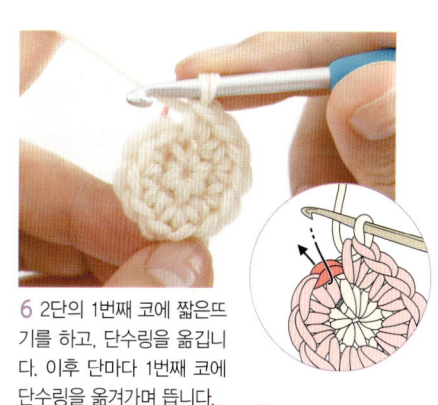

6 2단의 1번째 코에 짧은뜨기를 하고, 단수링을 옮깁니다. 이후 단마다 1번째 코에 단수링을 옮겨가며 뜹니다.

원형뜨기의 뜨기 끝을 깨끗하게 마무리하는 방법: 짧은뜨기일 때

원형뜨기에서는 마지막 단의 뜨기 끝에서 그 단의 1번째 코에 빼뜨기를 하여 마무리를 합니다. 돗바늘을 사용하면 훨씬 더 자연스럽게 마무리할 수 있습니다. 특히 기둥코를 세우지 않고 뜬 뜨개바탕에서는 마지막에 단과 단의 차이가 많이 나므로 되도록 돗바늘로 마무리하는 편이 좋습니다.

실을 10cm 정도 남기고 자르세요.

이때 생긴 사슬코는 1번째 코 짧은뜨기의 머리와 겹쳐져요.

1 마지막 짧은뜨기를 뜨고서 그대로 실을 당겨 바늘에 걸린 고리를 키운 후에 실을 자릅니다.

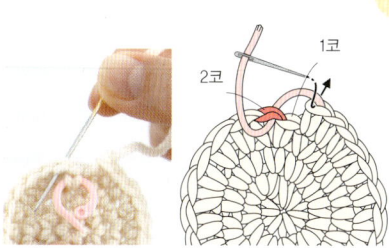

2 실 끝을 돗바늘에 꿰어 단의 2번째 코인 짧은뜨기의 머리를 줍고, 이어서 마지막 짧은뜨기의 머리로 바늘을 되돌립니다.

3 사슬 1코의 크기가 되도록 실을 당겨서 자연스럽게 이어줍니다.

단을 알아보기 쉽게 단수링을 걸어요

이 사진에서는 각 단의 1번째 코인 짧은뜨기의 다리에 단수링을 걸었습니다. 단수링이 없다면 별도의 실로 표시합니다. 단의 경계에 있는 코를 알아볼 수만 있으면 됩니다.

실제로 떠보자

한길 긴뜨기로 둥글게 뜨기
(손가락에 실을 감아 원형코를 만들어서 뜨기 시작할 때)

지금까지 여러 방법으로 짧은뜨기를 둥글게 떠보았습니다. 어떤 뜨개코든 원형뜨기의 뜨기 시작 부분은 똑같습니다. 한길 긴뜨기는 짧은뜨기보다 훨씬 빠르게 큰 원을 뜰 수 있습니다. 뜨개코의 느낌이 어떻게 다른지 38쪽과 비교해보세요.

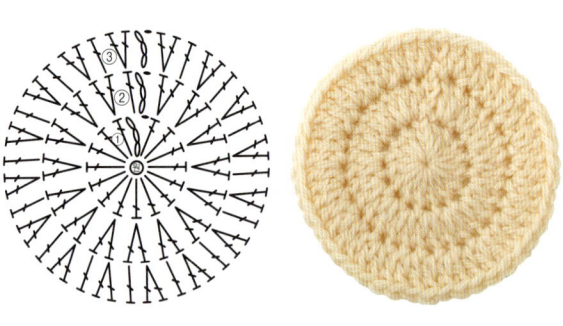

1단

1 손가락에 실을 감아 원형코를 만듭니다(38쪽 참조). 기둥코로 사슬 3코를 뜨고, 바늘에 실을 걸고 원형코 안으로 바늘을 넣습니다.

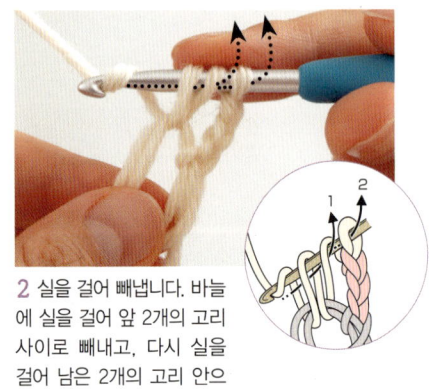

2 실을 걸어 빼냅니다. 바늘에 실을 걸어 앞 2개의 고리 사이로 빼내고, 다시 실을 걸어 남은 2개의 고리 안으로 빼냅니다(한길 긴뜨기).

3 같은 요령으로 바늘에 실을 걸고 원형코 안으로 바늘을 넣어 한길 긴뜨기를 합니다.

4 기둥코인 사슬 3코과 한길 긴뜨기 15코를 뜨고서 원형코를 조입니다(39쪽 13~14). 조일 때는 실 끝을 조금 당겨서

5 움직인 쪽의 실을 당겨 다른 쪽을 먼저 조이고,

6 실 끝을 당겨서 남은 고리를 조입니다.

7 뜨기 끝에서는 기둥코의 3번째 사슬에서 반코와 코산에 바늘을 넣고,

8 실을 걸어 빼냅니다.

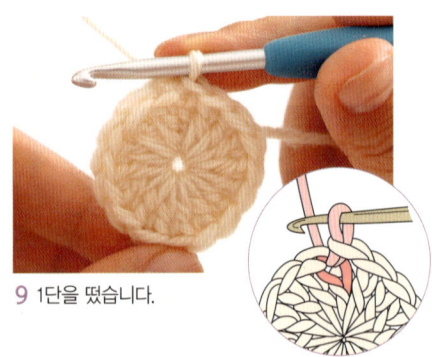

9 1단을 떴습니다.

* 한길 긴뜨기는 기둥코도 콧수로 헤아립니다. 즉, 1번째 코에 해당하는 기둥코의 3번째 사슬을 뜨개코의 머리라고 생각하고 빼뜨기를 합니다.

2단
앞단의 1코에 한길 긴뜨기를 2코씩 떠서 코를 늘립니다.

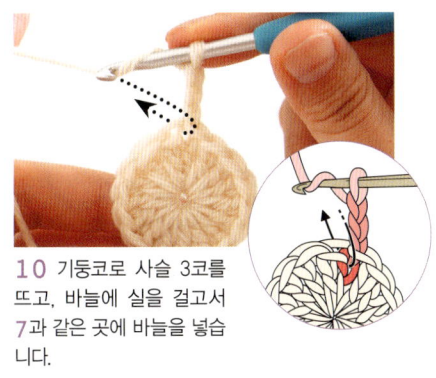

10 기둥코로 사슬 3코를 뜨고, 바늘에 실을 걸고서 7과 같은 곳에 바늘을 넣습니다.

11 한길 긴뜨기를 합니다. 이어서 다음 코에는 한길 긴뜨기를 2코 뜹니다.

> 앞단의 한길 긴뜨기 머리가 벌어져 있으므로 주의하세요!

12 모든 코에 한길 긴뜨기를 2코씩 뜨고, 마지막에는 기둥코의 3번째 사슬에 빼뜨기를 합니다.

3단
1코 걸러 1코씩 늘립니다.

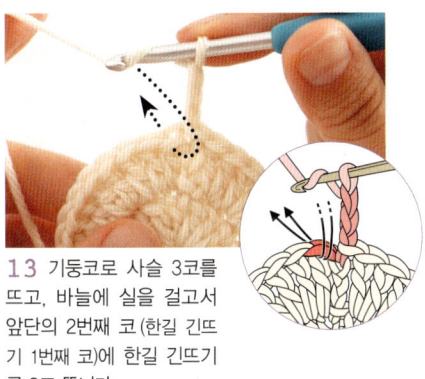

13 기둥코로 사슬 3코를 뜨고, 바늘에 실을 걸고서 앞단의 2번째 코 (한길 긴뜨기 1번째 코)에 한길 긴뜨기를 2코 뜹니다.

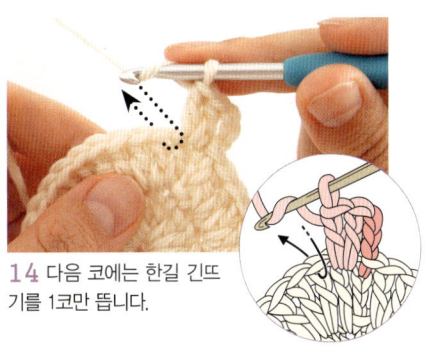

14 다음 코에는 한길 긴뜨기를 1코만 뜹니다.

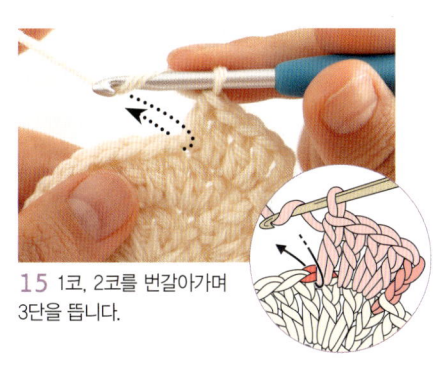

15 1코, 2코를 번갈아가며 3단을 뜹니다.

원형뜨기의 뜨기 끝

원형으로 뜬 뜨개바탕의 마지막 단에서 뜨기 끝 쪽을 뜰 때는 빼뜨기로 끝내기보다 45쪽과 마찬가지로 돗바늘을 이용하는 것이 훨씬 깔끔합니다.

> 실 끝을 10cm 정도 남기고 자르세요.

16 마지막 한길 긴뜨기를 뜨고서 그대로 바늘을 당겨서 고리를 키운 다음에 실을 자릅니다.

17 실 끝을 돗바늘에 꿰어 1번째 코 한길 긴뜨기 (단의 2번째 코)의 머리를 줍고, 이어서 마지막 한길 긴뜨기의 머리로 바늘을 되돌립니다.

> 이 과정에서 만들어진 사슬코는 기둥코로 뜬 사슬코 (단의 1번째 코)의 3번째 코 (머리)에 겹쳐져요.

18 사슬 1코의 크기가 되도록 실을 당겨 자연스럽게 이어줍니다.

실 정리

19 뜨개바탕을 그대로 뒤집어서 실 끝이 눈에 띄지 않도록 정리합니다.

20 뜨기 시작 쪽의 실 끝도 1단의 한길 긴뜨기 다리에 넣어서 정리합니다.

Let's try !

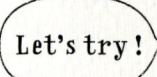

작품을 떠보자

원형뜨기를 익히면 작품의 폭이 넓어집니다.

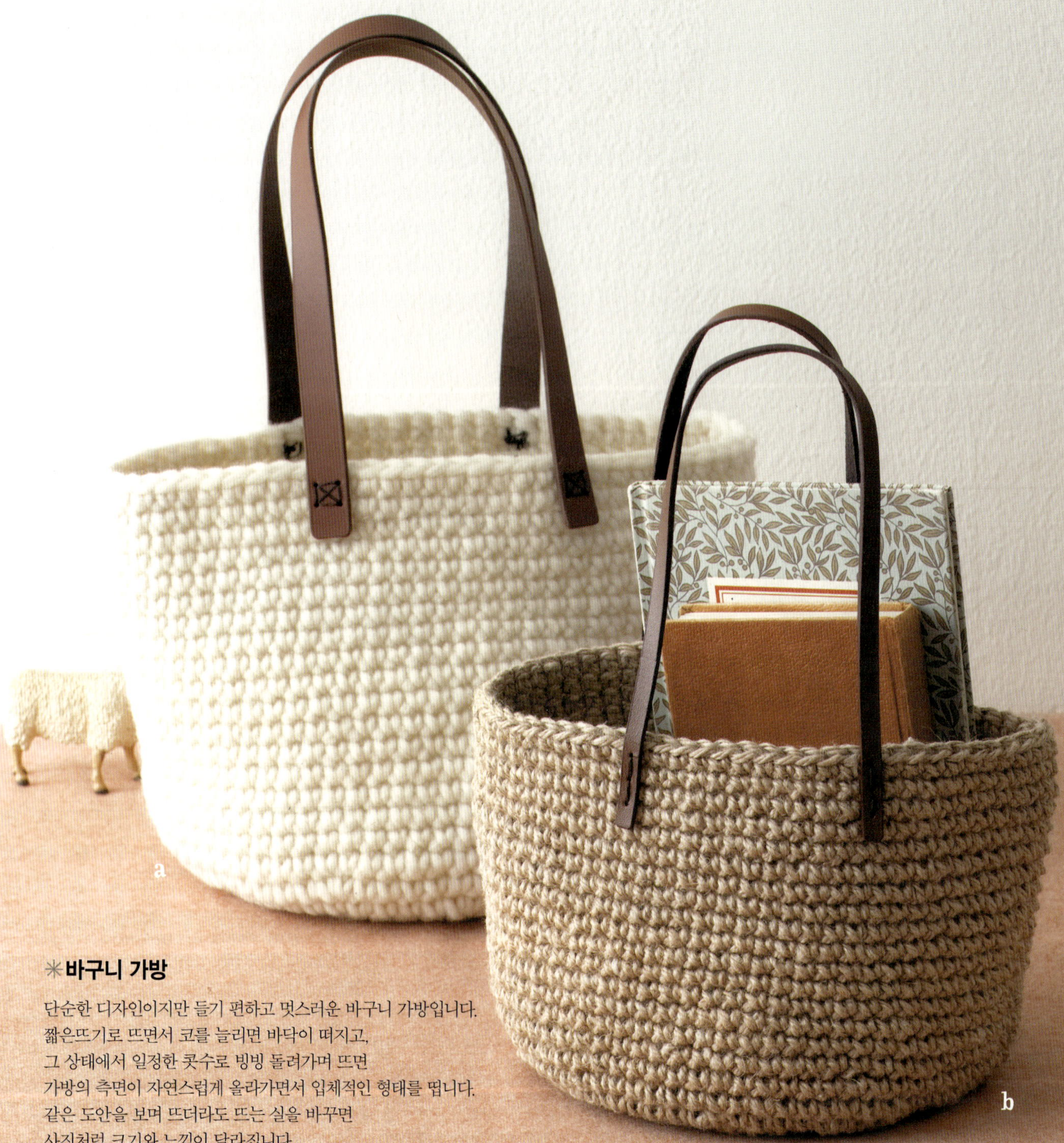

✳바구니 가방

단순한 디자인이지만 들기 편하고 멋스러운 바구니 가방입니다.
짧은뜨기로 뜨면서 코를 늘리면 바닥이 떠지고,
그 상태에서 일정한 콧수로 빙빙 돌려가며 뜨면
가방의 측면이 자연스럽게 올라가면서 입체적인 형태를 띱니다.
같은 도안을 보며 뜨더라도 뜨는 실을 바꾸면
사진처럼 크기와 느낌이 달라집니다.

디자인 / 엔도 히로미(遠藤ひろみ)
제작 / 유메노 사야카
사용한 실 / Hamanaka Bosk, Marchen-Art JUTE RAMIE

【 바구니 가방 뜨는 방법 】

- **실** a: Hamanaka Bosk 표백하지 않은 실(1) 145g
  b: Marchen-Art JUTE RAMIE 표백하지 않은 실(551) 170g
- **바늘**: 점보 코바늘 8mm / b: 코바늘 9/0호
- **기타** 인조가죽 손잡이 1쌍 a: 너비 16mm×길이 40cm /
  b: 너비 7mm×길이 35cm
- **게이지** 가로세로 10cm 짧은뜨기 a: 12코×11단 / b: 14코×15단
- **완성 치수** a: 너비 27.5cm, 높이 16cm / b: 너비 23.5cm, 높이 12cm

뜨는 방법의 포인트

원형코를 만들어서 사슬 1코를 기둥으로 세우고, 짧은뜨기를 6코 뜬 다음에 1번째 코에 빼뜨기를 합니다. 2단부터는 6코씩 코를 늘리면서 11단까지 뜹니다. 바닥을 다 떴으면 계속해서 짧은뜨기로 66코를 늘리거나 줄이지 않고 그대로 18단까지 떠서 측면을 올립니다. 마지막 단의 뜨기 끝에서는 45쪽을 참조하여 마무리합니다.

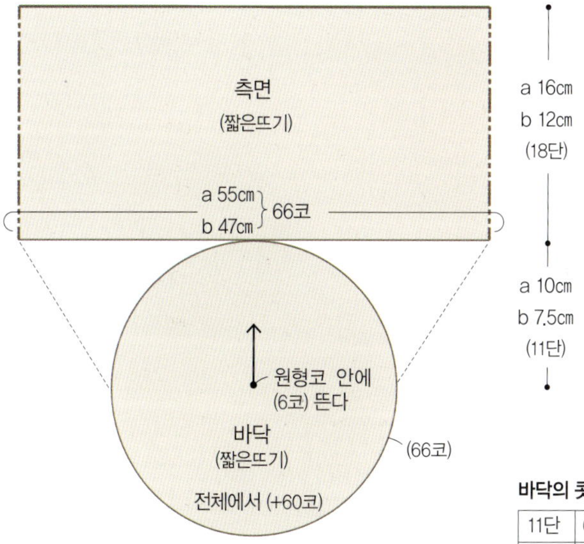

측면 (짧은뜨기)
a 16cm / b 12cm (18단)
a 55cm / b 47cm 66코
a 10cm / b 7.5cm (11단)

원형코 안에 (6코) 뜬다
바닥 (짧은뜨기) (66코)
전체에서 (+60코)

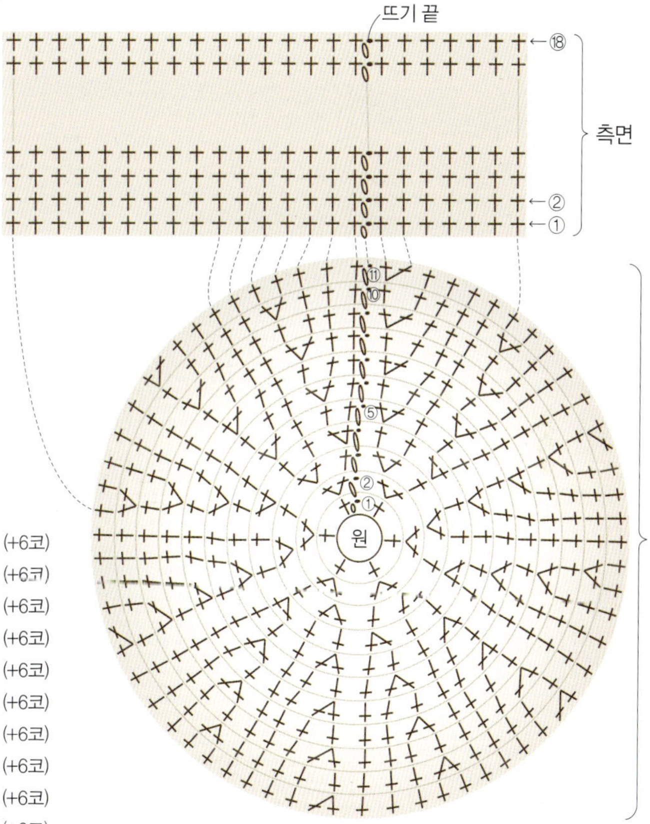

바닥의 콧수 표

11단	66코	(+6코)
10단	60코	(+6코)
9단	54코	(+6코)
8단	48코	(+6코)
7단	42코	(+6코)
6단	36코	(+6코)
5단	30코	(+6코)
4단	24코	(+6코)
3단	18코	(+6코)
2단	12코	(+6코)
1단	6코	

a 7.5cm / b 7cm 3cm 재봉하여 손잡이를 단다

○ 사슬뜨기(→18쪽)
+ 짧은뜨기(→20쪽)
● 빼뜨기(→25쪽)
∨ 짧은 2코 늘려뜨기(한 코에서)(→53쪽)

STEP 2 바구니 가방 뜨는 방법

✳ 모티브 찻잔 받침

원형뜨기의 뜨기 시작을 알아두면
다양한 모양의 모티브를 뜰 수 있습니다.
간단한 모티브는 찻잔 받침으로도 쓸 수 있으니
여러 종류의 실로 연습해보세요.

디자인 / 엔도 히로미
제작 / 유메노 사야카
사용한 실 / 1 RichMore MOHAIR HARDI, 2 Hamanaka Amerry,
3 Hamanaka Paume cottonlinen

모티브를 2장 떠서 가장자리를 이어주면
작은 파우치가 완성됩니다.

【 모티브 찻잔 받침 뜨는 방법 】

- 실 1: RichMore MOHAIR HARDI 회색(3)
- 2: Hamanaka Amerry 파란색(11)
- 3: Hamanaka Paume cottonlinen 흰색(201)
- 바늘 1·2: 코바늘 6/0호 / 3: 코바늘 5/0호
- 완성 치수 뜨개 도안 참조

뜨는 방법의 포인트

3종류 모두 손가락에 실을 감아 원형코를 만들고, 사슬 3코로 기둥을 세우고서 한길 긴뜨기와 사슬뜨기를 조합하여 3단까지 뜹니다. 앞단이 사슬뜨기일 때는 사슬의 다발을 주워서(57쪽 참조) 한길 긴뜨기를 합니다. 모티브의 뜨기 끝 부분에서는 45쪽을 참조하여 깔끔하게 마무리합니다.

a (사각): 2·3단에서 한길 긴뜨기를 뜰 때는 앞단 한길 긴뜨기의 머리를 줍는 코와 사슬의 다발을 줍는 코를 잘 구분해야 합니다.

b (육각): 2단의 뜨기 끝에서는 기둥코로 뜬 사슬코의 3번째 코에서 반코와 코산을 주워 빼뜨기를 합니다. 이어서 사슬을 다발로 주워 다시 한 번 빼뜨기를 한 다음에 3단의 기둥코를 떠야 합니다.

c (원): 1단의 뜨기 끝에서는 기둥코로 뜬 사슬코의 3번째 코에서 반코와 코산을 주워 빼뜨기를 합니다. 이어서 사슬을 다발로 주워 다시 한 번 빼뜨기를 한 다음에 2단의 기둥코를 떠야 합니다.

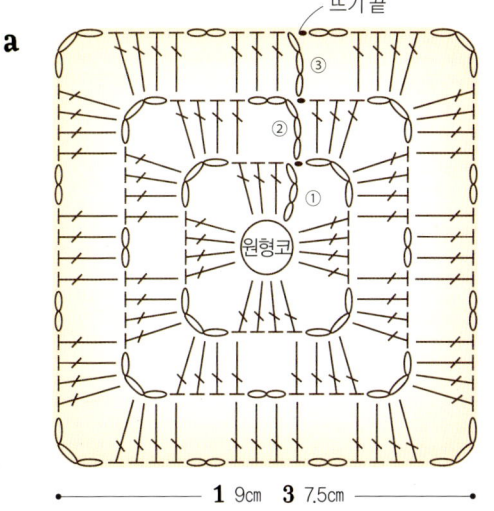

a — 1 9cm 3 7.5cm

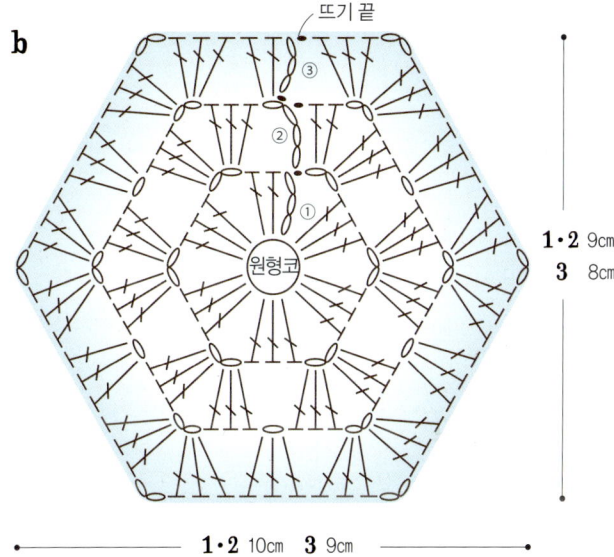

b — 1·2 9cm / 3 8cm — 1·2 10cm 3 9cm

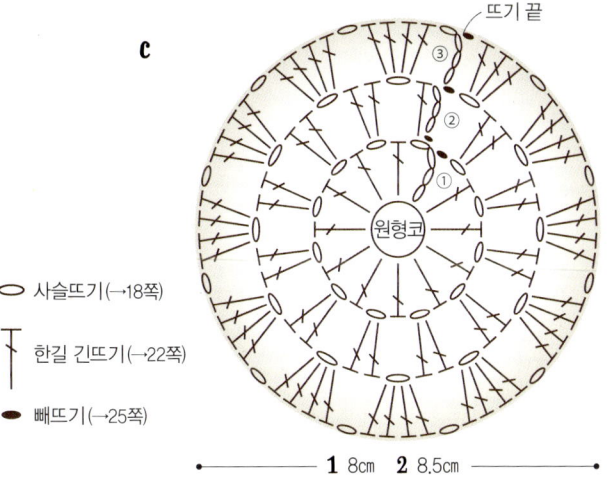

c — 1 8cm 2 8.5cm

○ 사슬뜨기(→18쪽)
∫ 한길 긴뜨기(→22쪽)
● 빼뜨기(→25쪽)

STEP 3
기본 뜨개 기법을 응용해보자!

응용 기법을 익혀서 작품의 폭을 넓혀보세요.
뜨개 기호가 너무 많고 복잡해서 외우기 어렵다고요?
뜨개 기호에는 일정한 법칙이 있고,
응용 기법은 모두 기본 기법을 응용해서 만들었기 때문에
막상 해보면 어렵지 않습니다. 일단 천천히 따라 해보세요.
몇 번만 해보면 암호처럼 보이던 기호가 친숙하게 느껴질 겁니다.
STEP 3에서 소개하는 뜨개 기법을 익히면
작품 대부분을 뜰 수 있습니다.

코 늘려뜨기 (코가 늘어난다)

코를 늘리는 것은 간단합니다.
앞단의 같은 코에 여러 코를 떠 넣기만 하면 됩니다.

STEP 3

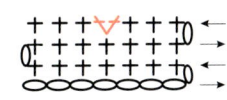 짧은 2코 늘려뜨기 (한 코에서)

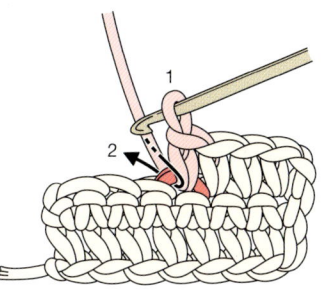
1 앞단 코의 머리 2가닥에 바늘을 넣어 짧은뜨기를 1코 뜨고, 다시 같은 코에 바늘을 넣습니다.

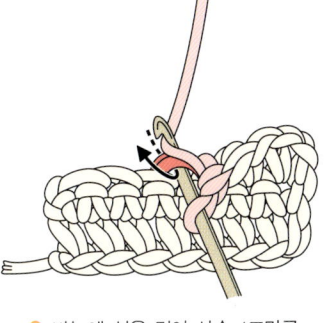
2 바늘에 실을 걸어 사슬 1코만큼의 높이로 빼냅니다.

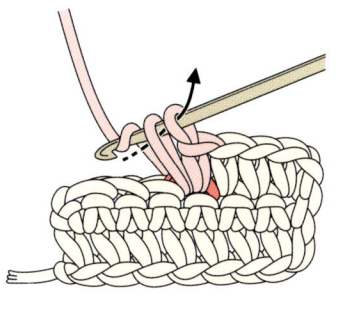
3 다시 짧은뜨기를 1코 뜹니다 (바늘 끝에 실을 걸고 바늘에 걸린 2개의 고리 사이로 빼냅니다).

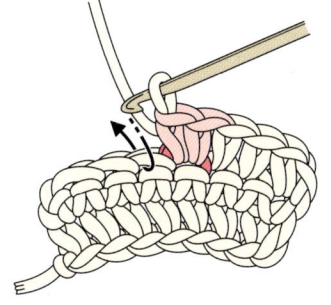
4 한 코에 짧은뜨기를 2코 떴습니다 (1코가 늘어난 상태). 이어서 다음 코를 뜹니다.

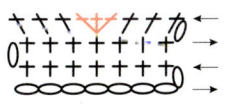 짧은 3코 늘려뜨기 (한 코에서)

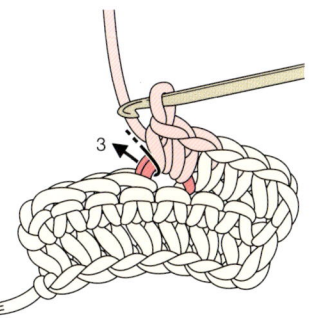
1 짧은 2코 늘려뜨기 (한 코에서)를 하고, 같은 코에 다시 짧은뜨기를 1코 더 뜹니다.

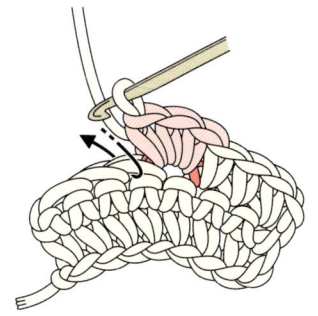
2 한 코에 짧은뜨기를 3코 떴습니다 (2코가 늘어난 상태). 이어서 다음 코를 뜹니다.

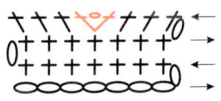 짧은 2코 늘려뜨기 (한 코에서·사이에 사슬 1코)

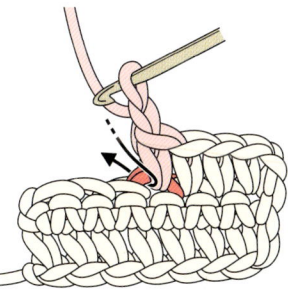
1 짧은뜨기를 1코 뜬 다음에 사슬 1코를 뜨고, 같은 코에 다시 짧은뜨기를 1코 뜹니다.

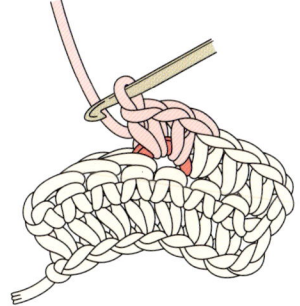
2 한 코에 '짧은뜨기 1코, 사슬 1코, 짧은뜨기 1코'를 떴습니다 (2코가 늘어난 상태).

한길 긴 2코 늘려뜨기 (한 코에서)

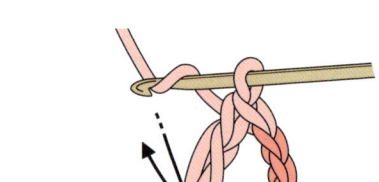 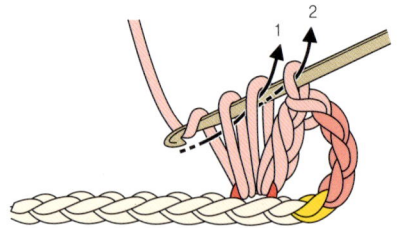

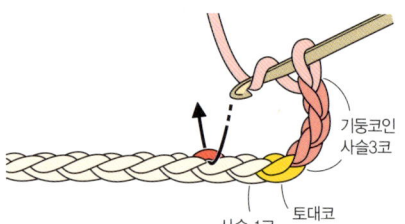
1 바늘에 실을 걸고 앞단(여기에서는 기초코)의 코를 주워서 한길 긴뜨기를 합니다.

2 다시 바늘에 실을 걸고 같은 코에 바늘을 넣어 사슬 2코만큼의 높이로 실을 빼냅니다.

3 한길 긴뜨기를 합니다 (바늘에 실을 걸고 2개의 고리 사이로 2번 빼냅니다).

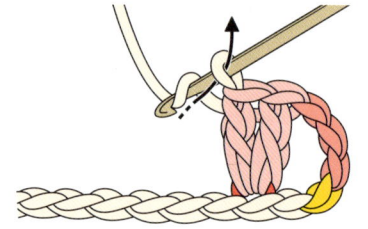 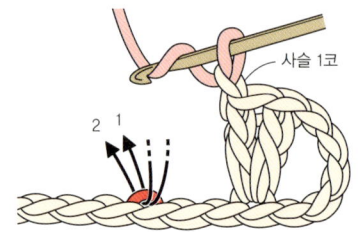 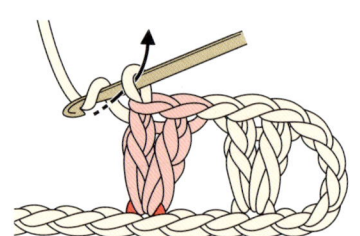

4 한 코에 한길 긴뜨기 2코를 떴습니다(1코 늘어난 상태). 계속해서 사슬 1코를 뜹니다.

5 앞단 (기초코)의 코를 2코 걸러서 한길 긴뜨기를 한 코에 2코 뜹니다.

* 코가 늘어난 만큼 기초코를 건너뛰면 전체 콧수가 일정하게 유지됩니다.

6 2회째의 '한길 긴 2코 늘려뜨기'를 한 모습입니다. 계속해서 다음 코를 뜹니다.

한길 긴 2코 늘려뜨기 (코 아래에서)

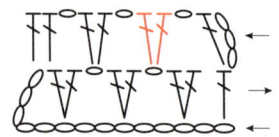

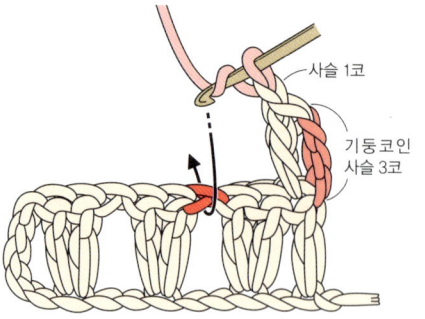 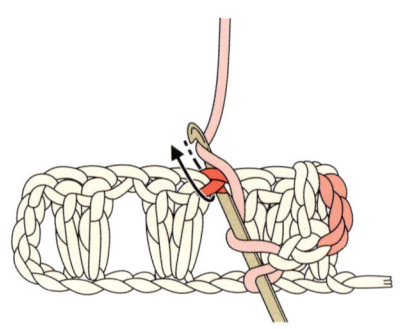

1 바늘에 실을 걸고 앞단 사슬의 아래쪽 공간에 바늘을 넣습니다(다발을 줍습니다).

2 실을 걸어 빼낸 다음 한길 긴뜨기를 합니다.

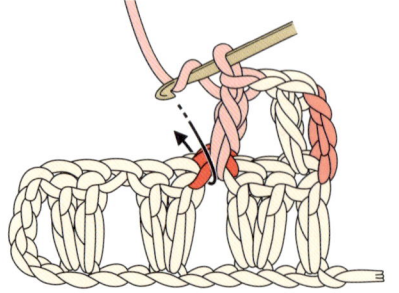 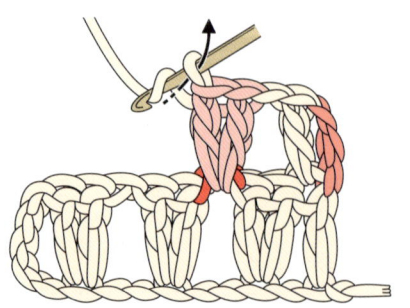

3 다시 한 번 바늘에 실을 걸고 **1**과 같은 곳에 바늘을 넣어 한길 긴뜨기를 합니다.

4 코 아래에서 한길 긴뜨기를 2코 떴습니다. 계속해서 다음 코를 뜹니다.

한길 긴 2코 늘려뜨기
(한 코에서·사이에 사슬 1코)

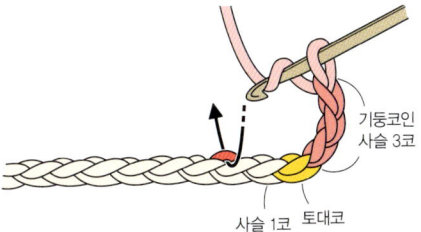

1 바늘에 실을 걸고 앞단(여기에서는 기초코)의 코를 주워 한길 긴뜨기를 합니다.

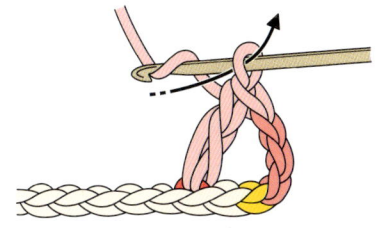

2 한길 긴뜨기를 1코 떴다면, 이어서 사슬 1코를 뜹니다.

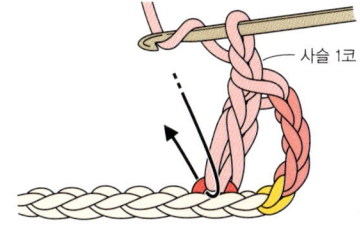

3 바늘에 실을 걸고 같은 코에 다시 바늘을 넣어,

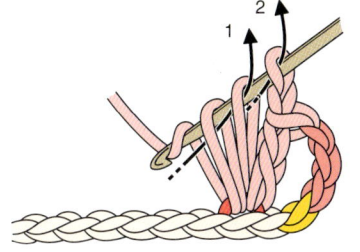

4 한길 긴뜨기를 합니다 (바늘에 실을 걸어 2개의 고리 사이로 2번 빼냅니다).

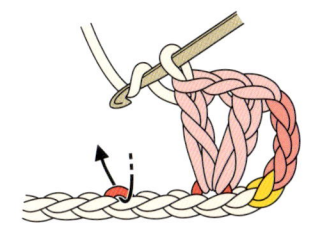

5 사이에 사슬 1코를 넣어서 한길 긴뜨기를 2코 떴습니다 (2코 늘어난 상태). 계속해서 뜹니다.

* 코가 늘어난 만큼 기초코를 건너뛰면 전체 콧수가 일정하게 유지됩니다.

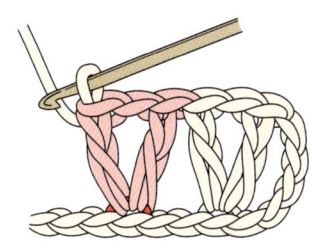

6 2회째의 '한길 긴 2코 늘려뜨기(한 코에서·사이에 사슬 1코)'를 뜬 모습입니다.

한길 긴 2코 늘려뜨기
(코 아래에서·사이에 사슬 1코)

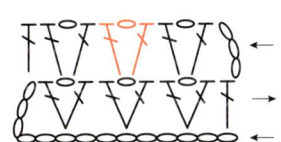

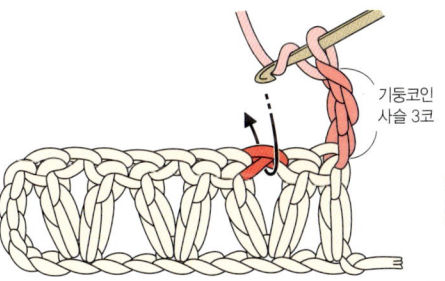

1 바늘에 실을 걸고 앞단의 사슬 아래쪽 공간에 바늘을 넣습니다 (다발을 줍습니다).

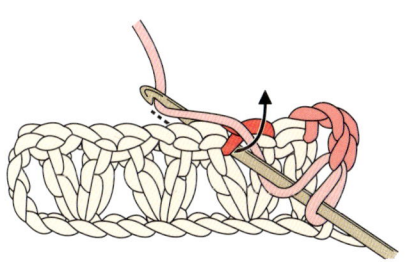

2 실을 걸어 빼낸 다음 한길 긴뜨기를 합니다.

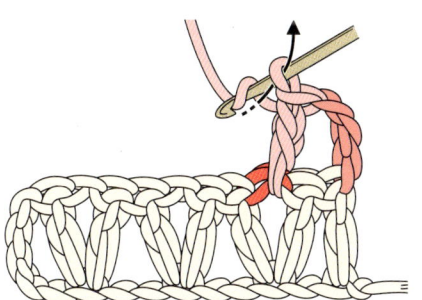

3 한길 긴뜨기를 1코 떴다면 이어서 사슬 1코를 뜹니다.

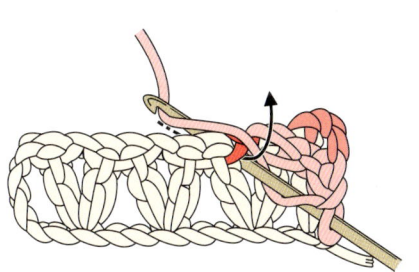

4 다시 바늘에 실을 걸고 1과 같은 곳에 바늘을 넣어 한길 긴뜨기를 합니다.

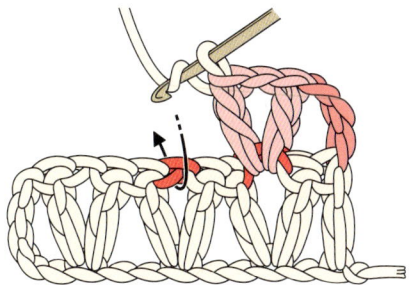

5 사이에 사슬 1코를 넣어서 한길 긴뜨기 2코를 아래에 떴습니다. 계속해서 다음 코를 뜹니다.

한길 긴 3코 늘려뜨기 (한 코에서)

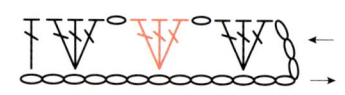

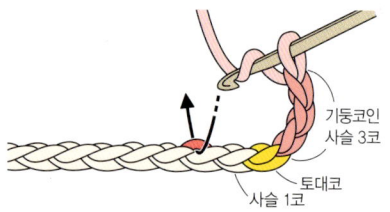

1 바늘에 실을 걸고 앞단(여기에서는 기초코)의 코를 주워 한길 긴뜨기를 합니다.

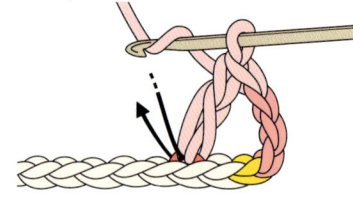

2 한길 긴뜨기 1코 뜨고 난 뒤, 바늘에 실을 걸고 같은 코를 주워서 한길 긴뜨기를 합니다.

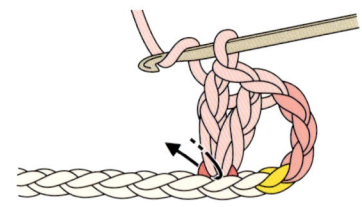

3 다시 실을 걸고 같은 코에 바늘을 넣습니다.

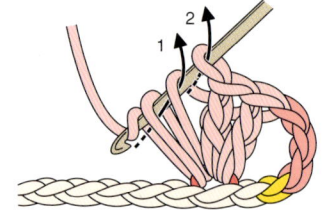

4 한길 긴뜨기를 합니다 (바늘에 실을 걸어 2개의 고리 사이로 2번 빼냅니다).

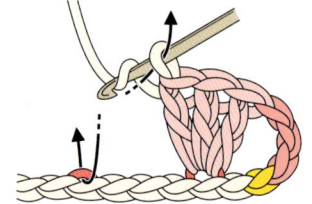

5 한 코에 한길 긴뜨기 3코를 뜬 모습입니다 (2코 늘어난 상태). 이어서 사슬 1코를 뜨고, 앞단(기초코)의 코를 3코 걸러서 한길 긴 3코 늘려뜨기(한 코에서)를 합니다.

* 코가 늘어난 만큼 기초코를 건너뛰면 전체 콧수가 일정하게 유지됩니다.

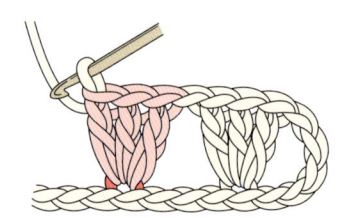

6 2회째의 '한길 긴 3코 늘려뜨기'를 한 모습입니다.

한길 긴 3코 늘려뜨기 (코 아래에서)

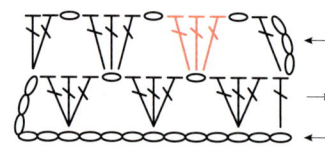

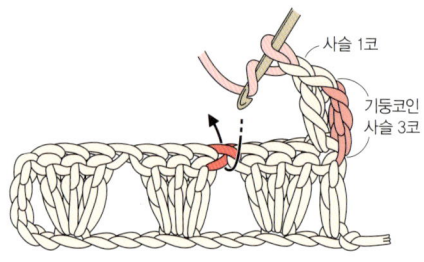

1 바늘에 실을 걸고 앞단 사슬의 아래쪽 공간에 바늘을 넣습니다 (다발을 줍습니다).

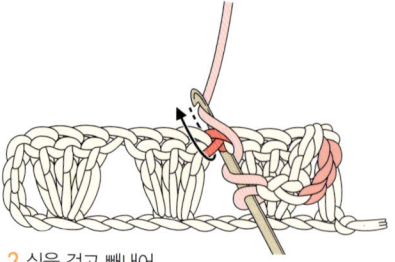

2 실을 걸고 빼내어

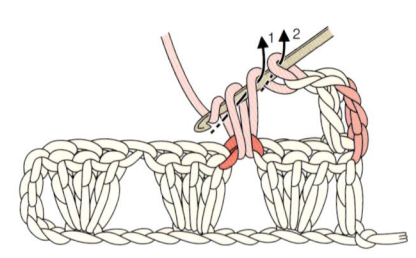

3 한길 긴뜨기 1코를 뜹니다.

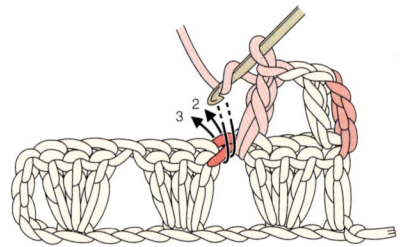

4 다시 바늘에 실을 걸고 1과 같은 곳을 주워서 한길 긴뜨기를 2번 합니다.

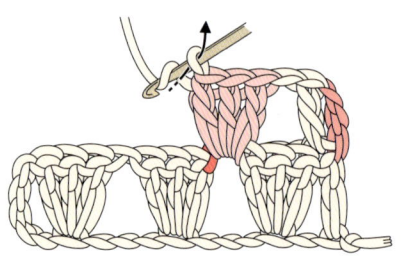

5 한길 긴 3코 늘려뜨기를 코 아래에서 뜬 모습입니다. 계속해서 다음 코를 뜹니다.

POINT

기호를 보는 방법 … '한 코에서' 와 '코 아래에서'

늘려뜨기를 뜻하는 뜨개 기호를 보면, 기호의 아래쪽이 붙은 것과 벌어진 것이 있습니다.
기호의 이름은 같지만, 아래쪽이 붙었느냐 벌어졌느냐에 따라 뜨는 방법이 다릅니다.

아래쪽이 붙었을 때

앞단의 한 코에 바늘을 넣어 뜹니다. 어떤 기법이든 콧수가 얼마큼이든 아래쪽이 붙어 있는 기호는 모두 한 코에 떠야 합니다.

이곳이 포인트!

아래쪽이 벌어졌을 때

앞단의 코 전체를 다발로 주워서 뜹니다. 어떤 기법이든 콧수가 얼마큼이든 마찬가지입니다.

다른 뜨개 기법에서도 마찬가지입니다

기호의 아래쪽 모양으로 떠 넣는 방법의 차이를 나타내는 것은 구슬뜨기(→68쪽)와 팝콘뜨기(→98쪽부터)에서도 마찬가지입니다.

• 한길 긴 3코 구슬뜨기   • 한길 긴 5코 팝콘뜨기

 　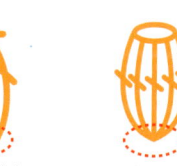

한 코에서　코 아래에서　　한 코에서　코 아래에서

'다발'을 줍는다고요?

'다발에 뜬다', '다발을 줍는다'라는 말은 주로 앞단 사슬의 아래쪽 공간에 바늘을 넣어서 사슬 전체를 감아 뜨라는 말입니다. 코바늘 손뜨개에서 자주 쓰는 표현이므로 꼭 기억해두세요.

한길 긴뜨기 3코를 다발에 뜬 모습

'코를 가른다'고요?

'코를 가른다'라는 말은 뜨개코 안으로 바늘을 넣어 뜬다는 말입니다. 주로 사슬의 반코와 코산을 주워서 뜰 때 코를 갈라서 줍는다고 하는데, 뜨개코의 다리(66쪽 참조)에 바늘을 넣어 실 2가닥을 주울 때도 있습니다. 다발을 주울 때와 구별해서 표현할 때 사용하는 말입니다.

앞단의 사슬코를 갈라서 한길 긴뜨기를 3코 뜬 모습

V 긴 2코 늘려뜨기 (한 코에서)

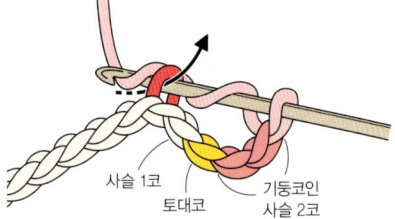

1 바늘에 실을 걸고 앞단의 코(여기에서는 기초코)에 바늘을 넣습니다. 다시 바늘에 실을 걸고 사슬 2코만큼의 높이로 빼냅니다.

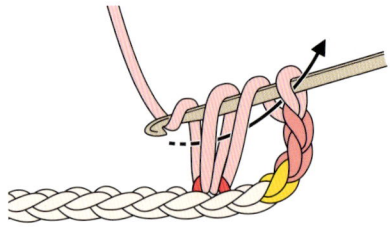

2 긴뜨기를 합니다(바늘에 실을 걸어 바늘에 걸린 모든 고리 사이로 한 번에 빼냅니다).

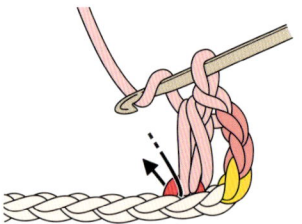

3 긴뜨기를 1코 떴다면, 다시 바늘에 실을 걸고 같은 코에 바늘을 넣습니다.

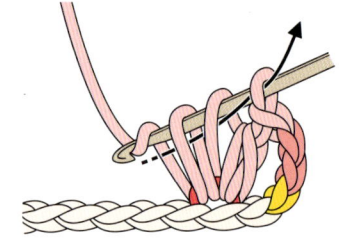

4 긴뜨기를 합니다.

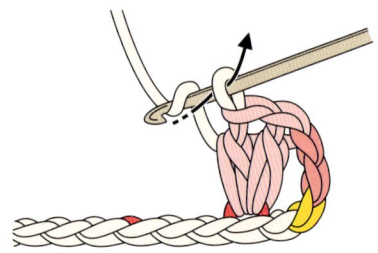

5 긴뜨기를 2코 떴습니다(1코 늘어난 상태). 계속해서 다음 코를 뜹니다.

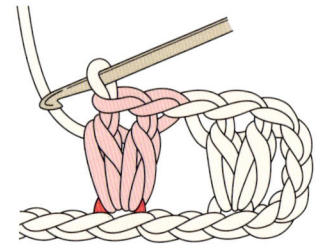

6 2회째의 '긴 2코 늘려뜨기(한 코에서)'를 뜬 모습입니다.

* 코가 늘어난 만큼 기초코를 건너뛰면 전체 콧수가 일정하게 유지됩니다.

V 긴 2코 늘려뜨기 (코 아래에서)

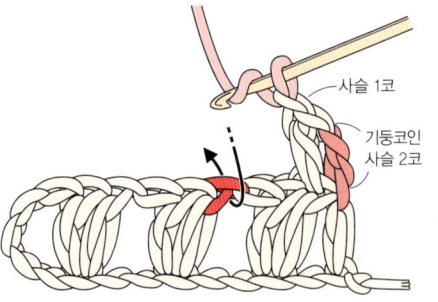

1 바늘에 실을 걸고 앞단 사슬의 아래쪽 공간에 바늘을 넣습니다(다발을 줍니다).

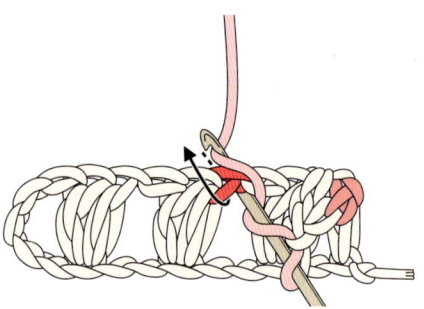

2 실을 걸고 빼내어 긴뜨기를 합니다.

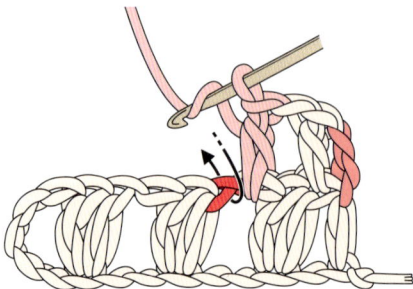

3 다시 바늘에 실을 걸고 1과 같은 곳에 바늘을 넣어 긴뜨기를 합니다.

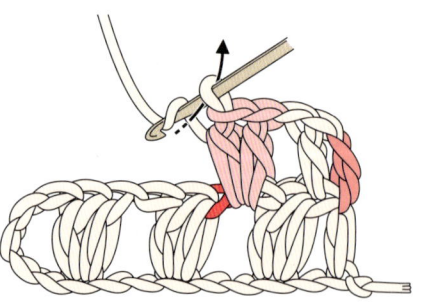

4 긴뜨기 2코를 코 아래에서 뜬 모습입니다. 계속해서 다음 코를 뜹니다.

긴 3코 늘려뜨기 (한 코에서)

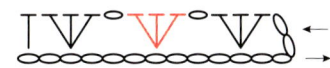

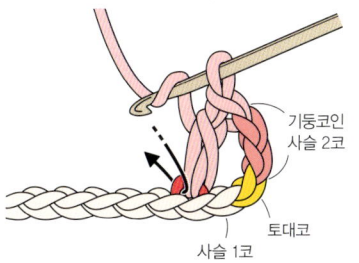

1 앞단의 코(여기에서는 기초코)를 주워서 긴뜨기를 하고, 다시 바늘에 실을 걸고서 같은 코에 바늘을 넣습니다.

2 실을 걸어 빼내어 긴뜨기를 합니다.

3 다시 한 번 같은 코에 긴뜨기를 합니다.

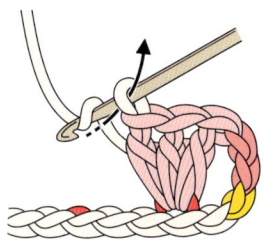

4 긴뜨기 3코를 한 코에 뜬 모습입니다 (2코 늘어난 상태). 계속해서 다음 코를 뜹니다.

5 2회째의 '긴 3코 늘려뜨기(한 코에서)'를 뜬 모습입니다.

* 코가 늘어난 만큼 기초코를 건너뛰면 전체 콧수가 일정하게 유지됩니다.

긴 3코 늘려뜨기 (코 아래에서)

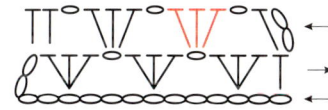

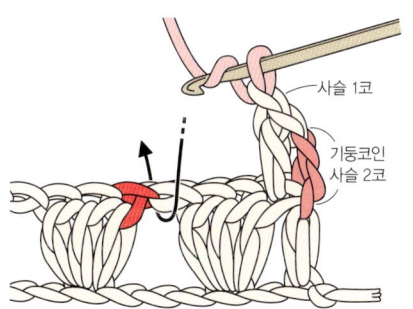

1 바늘에 실을 걸고 앞단의 사슬 아래쪽 공간에 바늘을 넣습니다(다발을 줍습니다).

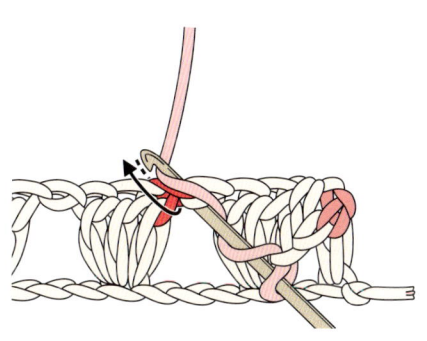

2 실을 걸고 빼내어 긴뜨기를 합니다.

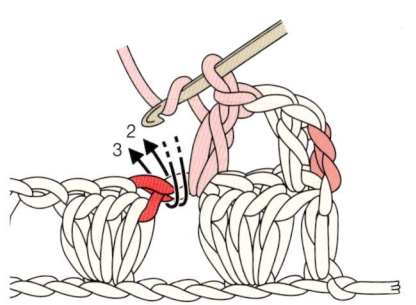

3 다시 바늘에 실을 걸고 1과 같은 곳에 바늘을 넣어 긴뜨기 2코를 더 뜹니다.

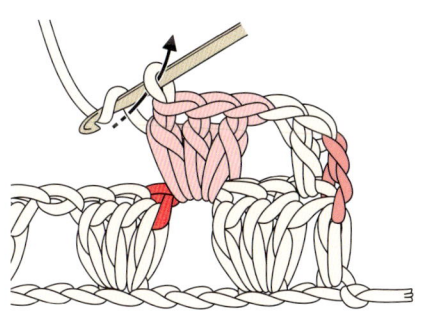

4 긴뜨기 3코를 코 아래에서 뜬 모습입니다. 계속해서 다음 코를 뜹니다.

코를 많이 늘려뜨기

몇 코를 늘리든 요령은 같습니다. 기호의 아래쪽이 붙어 있을 때는 한 코에, 벌어져 있을 때는 다발에 뜹니다.

한길 긴 5코 늘려뜨기 (한 코에서)

한길 긴뜨기를 부채꼴로 떠 넣은 모습이 마치 소나무처럼 보인다 하여 '솔잎뜨기'라고도 부릅니다.
(한길 긴뜨기의 콧수가 5코로 정해진 것은 아닙니다)

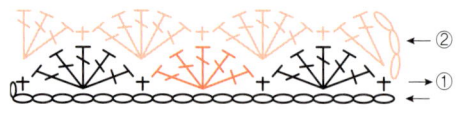

1단
2단

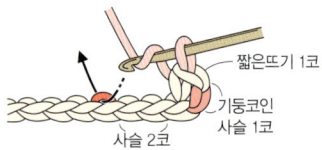

1 짧은뜨기를 1코 뜨고서 바늘에 실을 걸고 기초 코를 2코 걸러서 줍습니다.

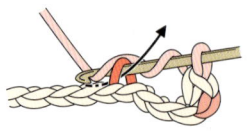

2 실을 걸고 빼내어 한길 긴뜨기를 합니다 (바늘에 실을 걸어 2개의 고리로 2번 빼냅니다).

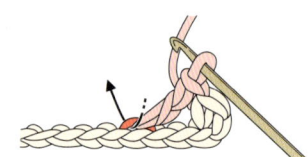

3 한길 긴뜨기를 1코 떴습니다. 이어서 같은 코에 남은 4코의 한길 긴뜨기를 합니다.

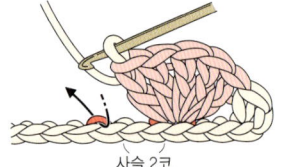

4 한길 긴뜨기를 모두 5코 떴습니다. 계속해서 기초코를 2코 걸러 짧은뜨기를 합니다.

5 '한길 긴 5코 늘려뜨기'로 무늬 1개를 떴습니다. 이어서 같은 요령으로 한 번 더 뜹니다.

6 무늬 2개를 뜬 모습입니다.

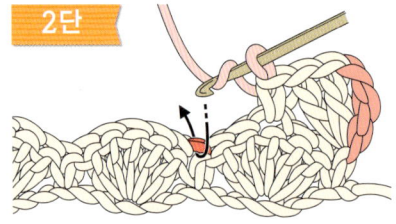

7 2단에서는 바늘에 실을 걸고서 앞단 짧은뜨기의 머리를 줍습니다.

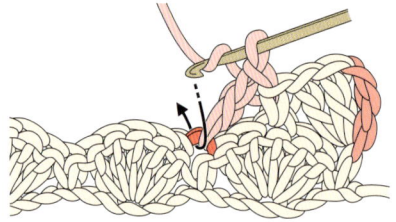

8 한 코에 한길 긴뜨기를 5코 뜹니다.

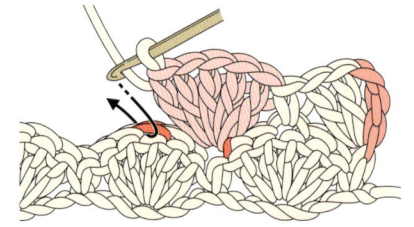

9 한길 긴뜨기를 5코 떴다면, 앞단 한길 긴뜨기의 5코 중에서 가운데 있는 코에 짧은뜨기를 합니다.

한길 긴 5코 늘려뜨기 (코 아래에서)

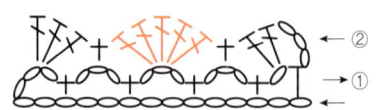

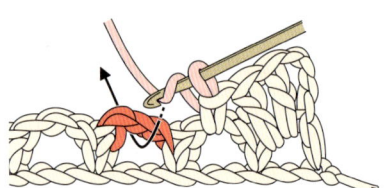

1 바늘에 실을 걸고 앞단의 사슬 아래쪽 공간에 바늘을 넣고,

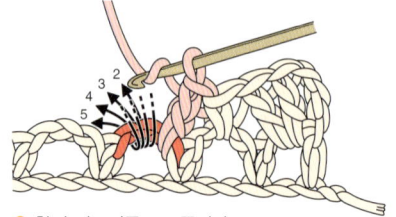

2 한길 긴뜨기를 5코 뜹니다.

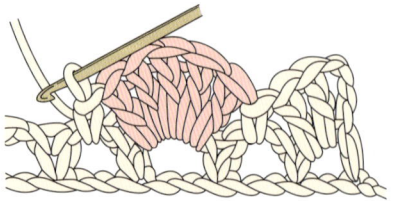

3 짧은뜨기도 앞단 사슬 전체를 주워 뜹니다. '한길 긴 5코 늘려뜨기(코 아래에서)'를 한 모습입니다.

한길 긴 4코 늘려뜨기 (사이에 사슬 1코)

솔잎뜨기 사이에 사슬을 넣은 모습이
마치 조개처럼 보인다 하여 '조개뜨기'라고도 부릅니다.

1단

2단

1단 한 코에서

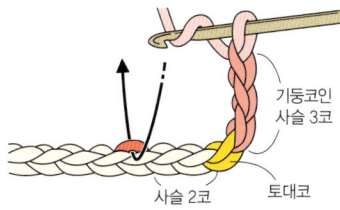

1 바늘에 실을 걸고 기초코를 2코 걸러 줍니다.

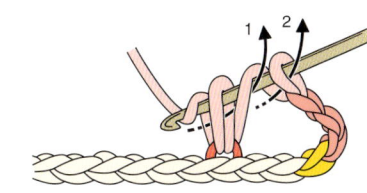

2 실을 빼내어 한길 긴뜨기를 합니다(바늘에 실을 걸고 2개의 고리로 2번 빼냅니다).

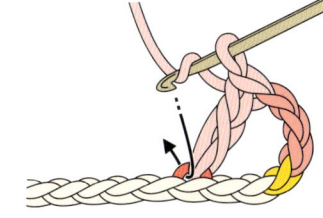

3 다시 바늘에 실을 걸고서 같은 코에 바늘을 넣고 한길 긴뜨기를 합니다.

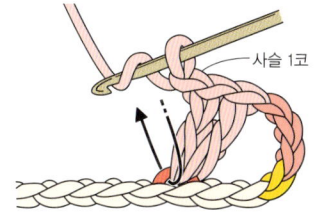

4 한길 긴뜨기를 2코 떴다면 이어서 사슬 1코를 뜨고, 바늘에 실을 걸고 같은 코에 한길 긴뜨기를 또 합니다.

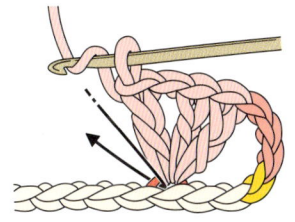

5 바늘에 실을 걸고서 같은 코에 한길 긴뜨기를 한 번 더 합니다.

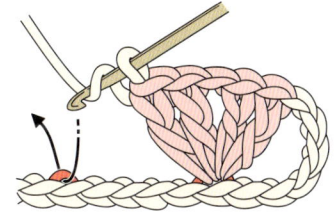

6 한 코에서 사이에 사슬 1코를 넣어 한길 긴뜨기를 4코 떴습니다. 이어서 바늘에 실을 걸고 기초코를 4코 걸러 같은 요령으로 계속 뜹니다.

2단 코 아래에서

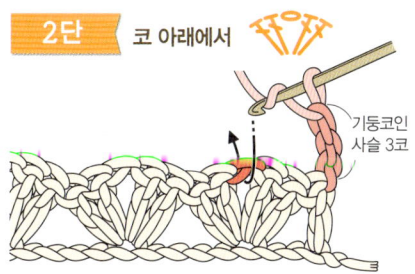

7 바늘에 실을 걸고서 앞단 사슬의 아래쪽 공간에 바늘을 넣습니다(다발을 줍습니다).

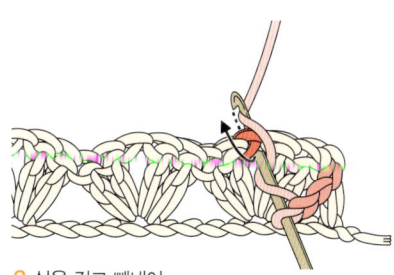

8 실을 걸고 빼내어,

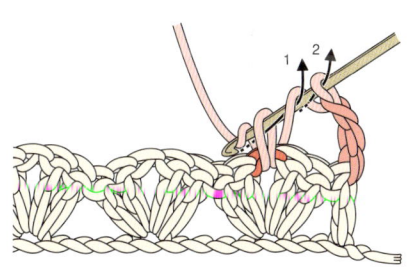

9 한길 긴뜨기를 합니다(바늘에 실을 걸고 2개의 고리로 2번 빼냅니다).

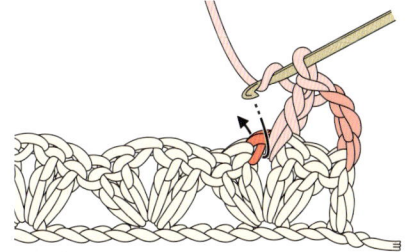

10 한길 긴뜨기를 1코 떴습니다. 이어서 바늘에 실을 걸고 앞단 사슬 전체를 주워서 한길 긴뜨기를 또 합니다.

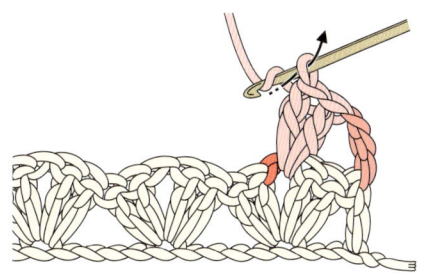

11 한길 긴뜨기를 2코 떴다면, 이어서 사슬 1코를 뜹니다.

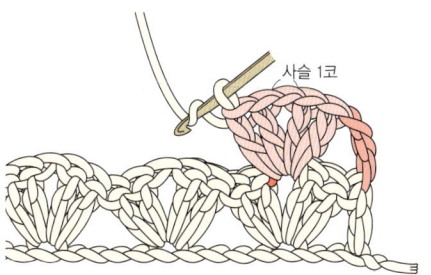

12 다시 같은 곳에 한길 긴뜨기를 2코 더 합니다. 코 아래에서 사이에 사슬 1코를 넣어 한길 긴뜨기 4코를 떴습니다.

코 모아뜨기 (코가 줄어든다)

코를 줄일 때는 조금 신경을 써야 합니다. 뜨개코의 중간까지 뜬 상태(미완성 뜨개코)에서 여러 개의 코를 1코로 정리하여 콧수를 줄이기 때문입니다.

짧은 2코 모아뜨기

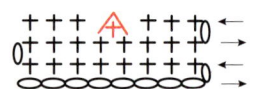

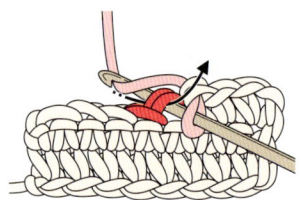
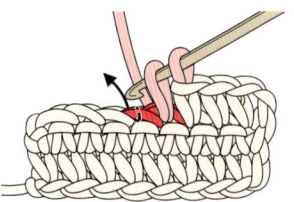
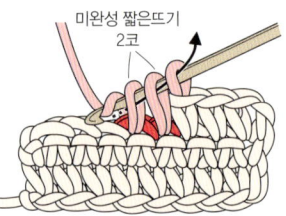
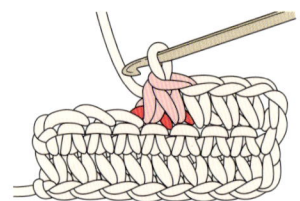

1 앞단 코의 머리에 바늘을 넣고 실을 겁니다.

2 사슬 1코만큼의 높이로 실을 빼 냅니다(이 상태를 '미완성 짧은뜨기'라고 부릅니다). 이어서 다음 코에 바늘을 넣고 실을 걸어 빼냅니다.

3 미완성 짧은뜨기를 2코 뜬 상태에서 바늘에 실을 걸고 바늘에 걸린 3개의 고리 사이로 한 번에 빼냅니다.

4 2코가 1코로 줄어드는 '짧은 2코 모아뜨기'를 했습니다(1코 줄어든 상태).

짧은 3코 모아뜨기

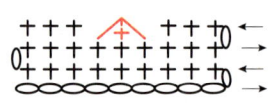

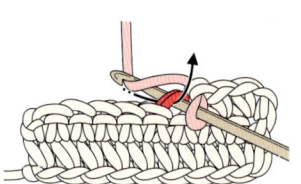
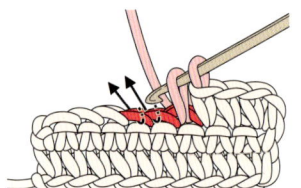
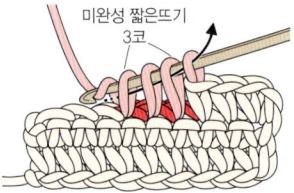
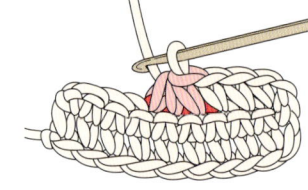

1 앞단 코의 머리에 바늘을 넣고 실을 겁니다.

2 실을 사슬 1코만큼의 높이로 빼내고(미완성 짧은뜨기), 다음 2코에도 각각 바늘을 넣어 실을 빼냅니다.

3 미완성 짧은뜨기를 3코 뜬 상태에서 바늘에 실을 걸고 바늘에 걸린 4개의 고리로 한 번에 빼냅니다.

4 3코가 1코로 줄어드는 '짧은 3코 모아뜨기'를 했습니다(2코 줄어든 상태).

짧은 2코 모아뜨기 (가운데 1코 건너뜨기)

짧은뜨기는 코가 촘촘해서 가운데에 있는 코를 뜨지 않아도 눈에 띄지 않습니다.

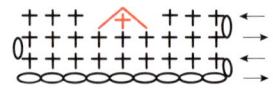

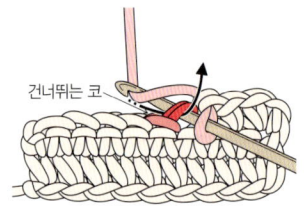
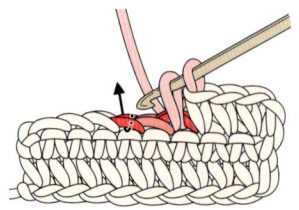
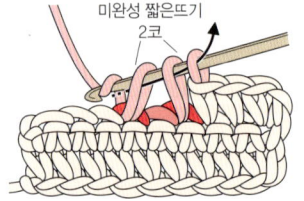
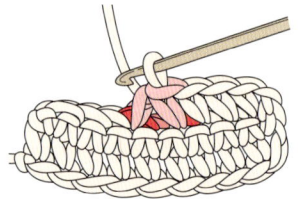

1 앞단 코의 머리에 바늘을 넣고 실을 겁니다.

2 실을 사슬 1코만큼의 높이로 빼내고(미완성 짧은뜨기), 다음 코를 걸러서 그다음 코에 바늘을 넣고 실을 걸어 빼냅니다.

3 미완성 짧은뜨기를 2코 뜬 상태에서 바늘에 실을 걸고 바늘에 걸린 3개의 고리로 한 번에 빼냅니다.

4 앞단의 3코가 1코로 줄어드는 '짧은 2코 모아뜨기(가운데 1코 건너뜨기)'를 했습니다(2코 줄어든 상태).

한길 긴 2코 모아뜨기

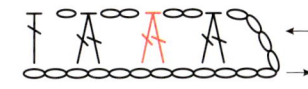 

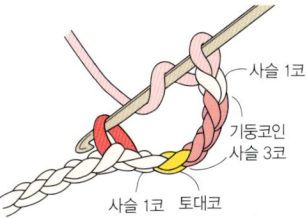

1 바늘에 실을 걸고서 앞단 코(여기에서는 기초코)에 바늘을 넣습니다.

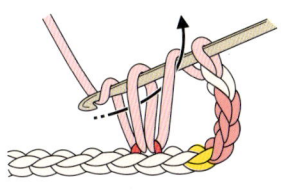

2 사슬 2코만큼의 높이로 실을 빼내고, 바늘에 실을 걸어 바늘에 걸린 2개의 고리 사이로 빼냅니다.

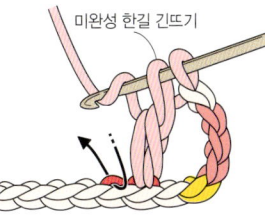

3 이 상태를 '미완성 한길 긴뜨기'라고 부릅니다. 다시 바늘에 실을 걸고 다음 코에 바늘을 넣습니다.

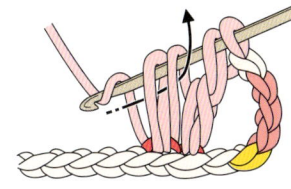

4 실을 걸어 빼낸 다음, 다시 바늘에 실을 걸어 2개의 고리 사이로 빼냅니다.

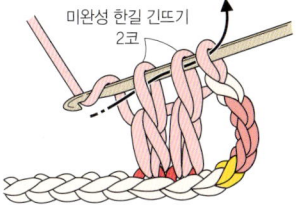

5 다시 바늘에 실을 걸어 바늘에 걸린 3개의 고리로 한 번에 빼냅니다.

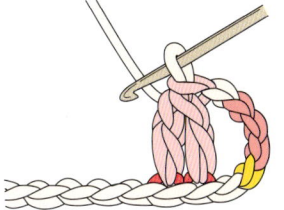

6 2코가 1코로 줄어드는 '한길 긴 2코 모아뜨기'를 했습니다 (1코 줄어든 상태).

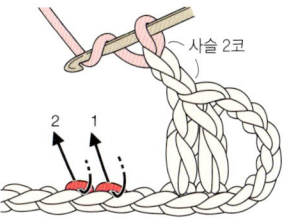

7 계속해서 사슬 2코를 뜨고, 1~6을 반복합니다.
* 코가 줄어든 만큼 사슬을 뜨면 콧수가 일정하게 유지됩니다.

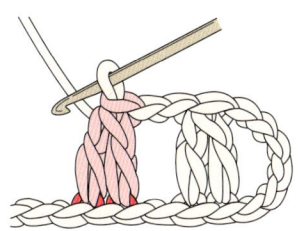

8 2회째의 '한길 긴 2코 모아뜨기'를 한 모습입니다.

한길 긴 3코 모아뜨기

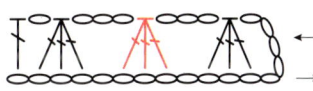 

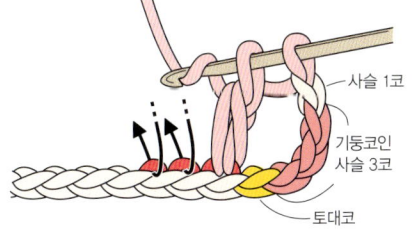

1 미완성 한길 긴뜨기를 1코 뜨고(실을 빼낸 다음, 다시 바늘에 실을 걸어 앞 2개의 고리 사이로 빼냅니다), 바늘에 실을 걸고서 다음 코에 바늘을 넣어,

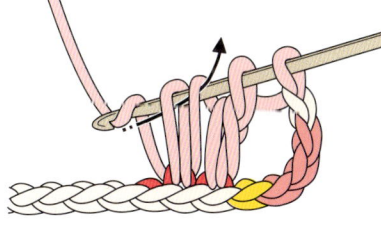

2 미완성 한길 긴뜨기를 합니다.

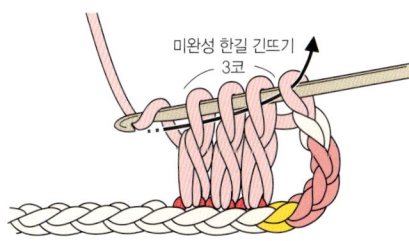

3 다음 코도 미완성 한길 긴뜨기로 뜬 다음에 바늘에 실을 걸어 바늘에 걸린 4개의 고리 사이로 한 번에 빼냅니다.

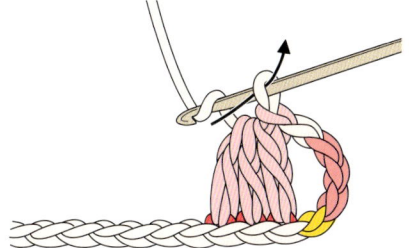

4 3코가 1코로 줄어드는 '한길 긴 3코 모아뜨기'를 했습니다 (2코 줄어든 상태). 계속해서 다음 코를 뜹니다.

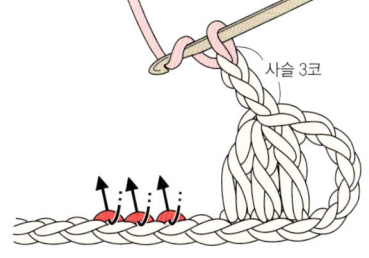

5 사슬 3코를 뜨고서 1~3을 반복합니다.
* 코가 줄어든 만큼 사슬을 뜨면 전체 콧수가 일정하게 유지됩니다.

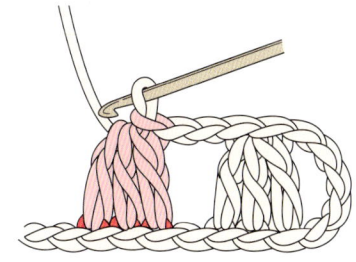

6 2회째의 '한길 긴 3코 모아뜨기'를 한 모습입니다.

긴 2코 모아뜨기

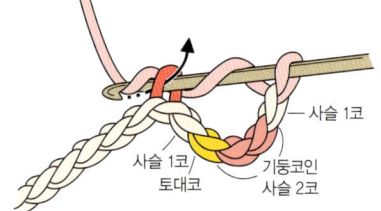
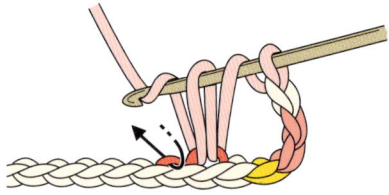
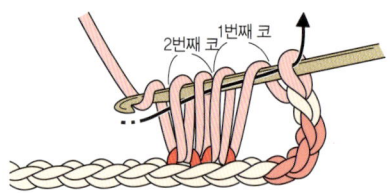

1 바늘에 실을 걸고서 앞단 코(여기에서는 기초코)에 바늘을 넣고 사슬 2코만큼의 높이로 실을 빼냅니다.

2 이 상태를 '미완성 긴뜨기'라고 부릅니다. 다시 바늘에 실을 걸고서 다음 코를 줍습니다.

3 실을 걸어 사슬 2코만큼의 높이로 실을 빼냅니다(미완성 긴뜨기 2번째 코). 다시 바늘에 실을 걸고 바늘에 걸린 5개의 고리로 한 번에 빼냅니다.

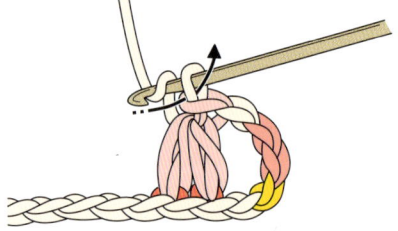
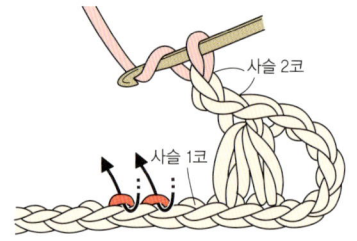

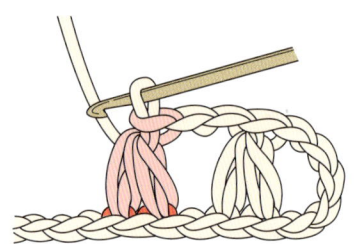

4 2코가 1코로 줄어드는 '긴 2코 모아뜨기'를 했습니다(1코 줄어든 상태).

5 사슬을 2코 뜨고, 바늘에 실을 걸고서 1~3을 반복합니다.
* 코가 줄어든 만큼 사슬을 뜨면 전체 콧수가 일정하게 유지됩니다.

6 2회째의 '긴 2코 모아뜨기'를 한 모습입니다.

긴 3코 모아뜨기

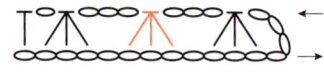

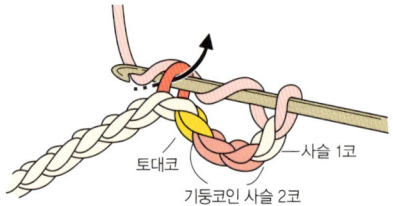
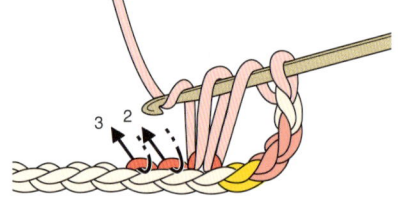
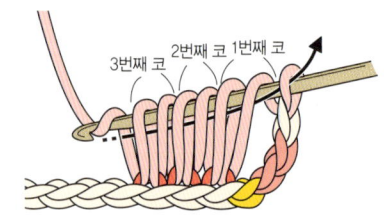

1 바늘에 실을 걸고서 앞단 코(여기에서는 기초코)에 바늘을 넣고, 사슬 2코만큼의 높이로 실을 빼냅니다.

2 미완성 긴뜨기를 떴습니다. 계속해서 바늘에 실을 걸고 화살표와 같이 남은 미완성 긴뜨기를 2코 더 뜹니다.

3 바늘에 실을 걸어 바늘에 걸린 7개의 고리 사이로 한 번에 빼냅니다.

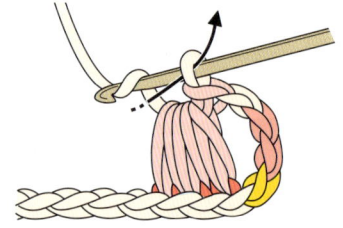
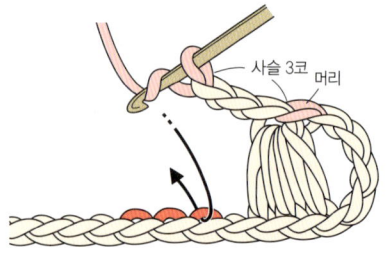
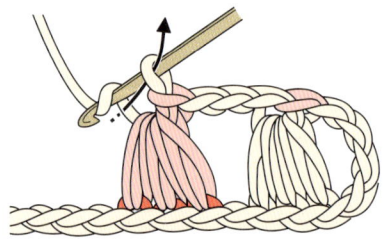

4 3코가 1코로 줄어드는 '긴 3코 모아뜨기'를 했습니다(2코 줄어든 상태).

5 사슬 3코를 뜨고, 바늘에 실을 걸고서 1~3을 반복합니다.
* 모아뜨는 콧수가 많아지면 코의 머리와 다리 부분이 크게 어긋납니다.

6 2회째의 '긴 3코 모아뜨기'를 한 모습입니다. 다음 코를 뜨면 뜨개코가 안정됩니다.
* 코가 줄어든 만큼 사슬을 뜨면 전체 콧수가 일정하게 유지됩니다.

코를 많이 모아뜨기

몇 코를 한 번에 뜨든, 어떤 뜨개코로 뜨든 요령은 같습니다.
미완성 뜨개코(66쪽 참조)를 뜬 상태에서 한 번에 빼내면 됩니다.

 한길 긴 4코 모아뜨기

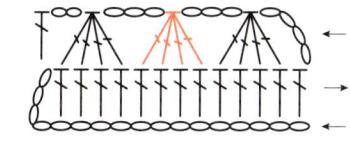

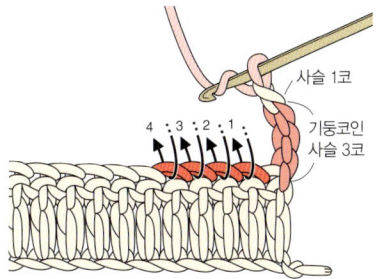

1 바늘에 실을 걸고서 앞단 코를 차례대로 주워 미완성 한길 긴뜨기를 합니다.

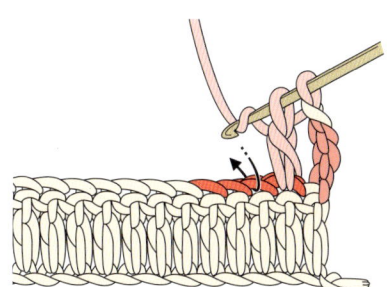

2 미완성 한길 긴뜨기 1번째 코를 뜬 모습입니다. 바늘에 실을 걸고 계속해서 뜹니다.

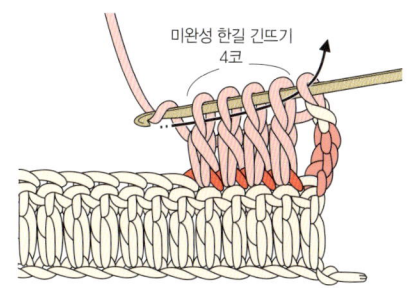

3 미완성 한길 긴뜨기를 4코 떴다면, 바늘에 실을 걸고 바늘에 걸린 5개의 고리 사이로 한 번에 빼냅니다.

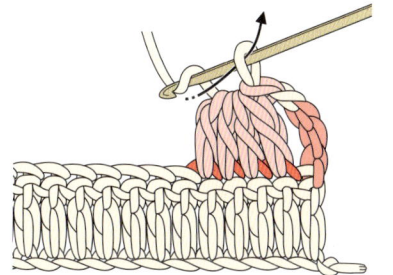

4 4코가 1코로 줄어드는 '한길 긴 4코 모아뜨기'를 했습니다(3코 줄어든 상태). 다음 코를 뜨면 뜨개코가 안정됩니다.

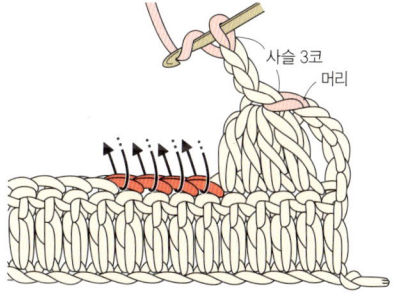

5 사슬 3코를 뜨고, 1~3을 반복합니다.
* 코가 줄어든 만큼 사슬을 뜨면 전체 콧수가 일정하게 유지됩니다.

 한길 긴 5코 모아뜨기

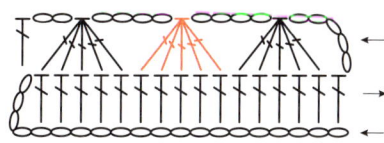

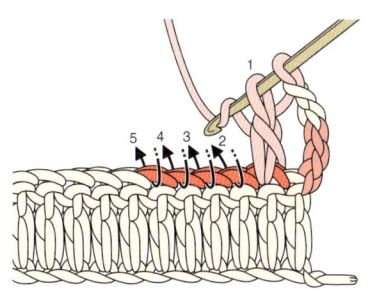

1 바늘에 실을 걸고서 앞단 코를 차례대로 주워 미완성 한길 긴뜨기를 합니다.

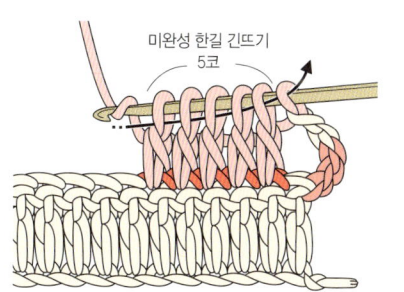

2 미완성 한길 긴뜨기를 5코 떴다면, 바늘에 실을 걸고 바늘에 걸린 6개의 고리 사이로 한 번에 빼냅니다.

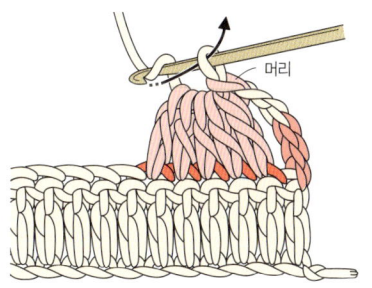

3 5코가 1코로 줄어드는 '한길 긴 5코 모아뜨기'를 했습니다(4코 줄어든 상태). 다음 코를 뜨면 뜨개코가 안정됩니다

뜨개 기법의 기본을 알아두자

 짧은뜨기 　　긴뜨기 　　한길 긴뜨기

 뜨는 요령의 포인트

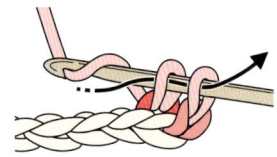
앞단에 바늘을 넣고 실을 걸어 빼낸 다음. 다시 바늘에 실을 걸어 2개의 고리 사이로 빼낸다.

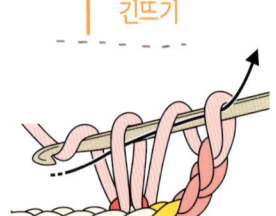
바늘에 실을 걸고 나서 앞단에 바늘을 넣고 실을 걸어 빼낸다. 다시 바늘에 실을 걸어 3개의 고리 사이로 빼낸다.

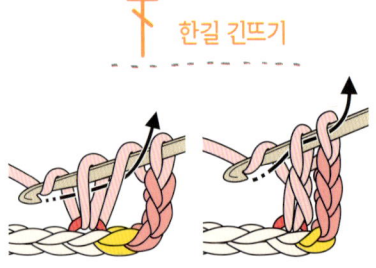
바늘에 실을 걸고 나서 앞단에 바늘을 넣고 실을 걸어 빼낸다. 다시 바늘에 실을 걸어 앞쪽에 있는 2개의 고리로 먼저 빼내고, 다시 실을 걸어 남은 2개의 고리 사이로 빼낸다.

 뜨개코의 머리와 다리

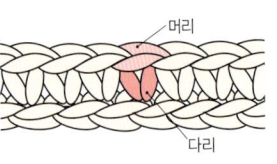
(안쪽)

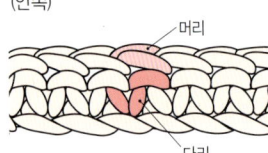

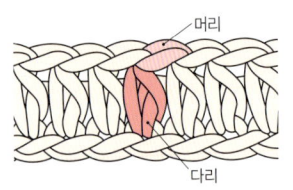

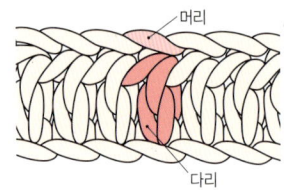

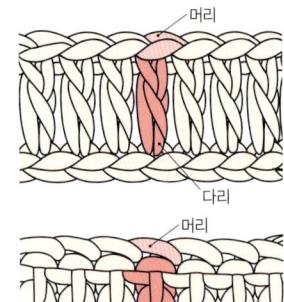

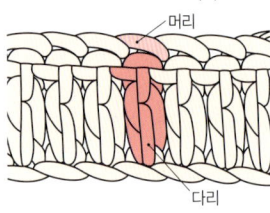

 미완성 뜨개코

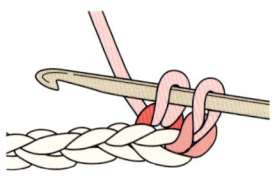

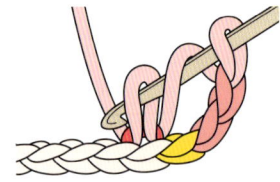

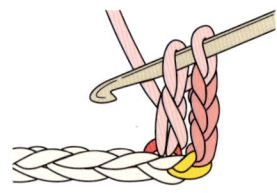

마지막으로 빼내는 동작을 하기 직전의 상태, 즉 처음에 걸려 있던 고리 이외의 고리가 남아 있는 상태를 '미완성 뜨개코'라고 합니다. 코를 줄일 때나 구슬뜨기를 뜰 때 이 뜨개코를 사용합니다. 뜨개실의 색깔을 바꿀 때나 실을 새로 이을 때도 이 상태에서 조작해야 뜨개바탕이 깔끔합니다.

뜨개 기호의 기본 법칙 (한길 긴뜨기일 때)

같은 뜨개코라고 해도 어떻게 응용하느냐에 따라 그 모양이 달라집니다. 뜨개코를 응용하는 방법은 뜨개 기호로 나타냅니다. 예를 들면 아래와 같습니다.

한길 긴뜨기 　3코 늘려뜨기(한 코에서)　(코 아래에서)　　3코 모아뜨기　3코 구슬뜨기　5코 팝콘뜨기　　이랑뜨기　걸어뜨기

코 늘려뜨기 　　　코 모아뜨기 　　　　　　뜨는 위치 바꾸기

왼손잡이인 사람은?

코바늘 손뜨개에 관한 책은 대부분 오른손잡이를 기준으로 설명합니다. 그래서 왼손잡이인 사람은 도전하기가 쉽지 않습니다. 그러나 설명을 보는 방법만 알면 왼손잡이인 사람도 코바늘 손뜨개를 할 수 있습니다.

17쪽을 참고로, 좌우의 손이 반대가 되도록 움직이세요.

실제로 뜰 때의 동작

왼손잡이는 **왼쪽에서 오른쪽으로** 뜹니다. 책에 나오는 사진과 그림을 볼 때는 거울에 비춰보거나 방향을 전환하여 복사하세요.

뜨개 도안을 보는 방법

왼쪽에서 오른쪽으로 뜨게 되므로 도안도 왼쪽에서 오른쪽으로 봐야 합니다.
오른손잡이용 도안의 **뜨개 방향과 반대가 되도록 기둥코의 좌우 위치를 바꿔서 보세요.**

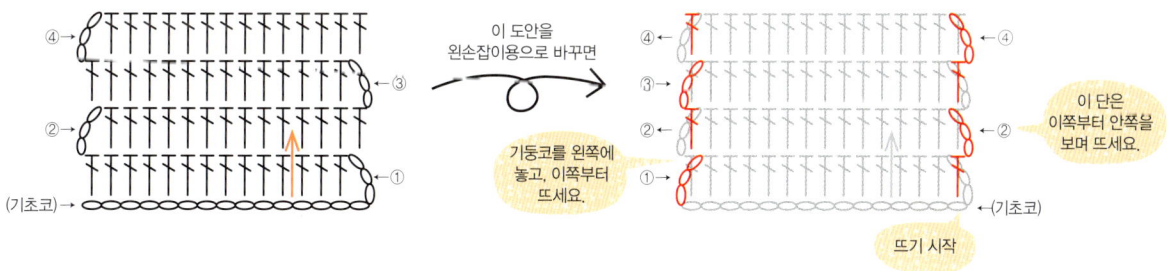

왼손잡이의 뜨개바탕

오른손잡이의 뜨개바탕과 왼손잡이의 뜨개바탕을 비교해 보면, 기둥코의 위치며 뜨개코의 방향이 모두 반대로 되어 있음을 알 수 있습니다.
일반적인 뜨개실로 떴을 때, 실의 꼬임이 풀어지는 방향으로 뜨는 오른손잡이에 비해 왼손잡이인 사람이 뜬 뜨개바탕은 꼬임이 더 강해져서 단단하고, 그래서 뜨개바탕의 색깔도 미묘하게 진해 보입니다.

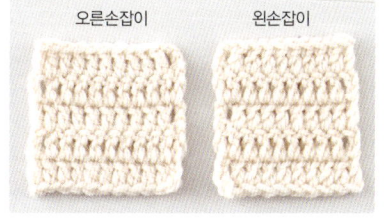
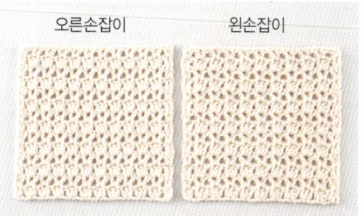

구슬뜨기

'늘려뜨기'와 '○코 모아뜨기'를 조합해서 뜨면 구슬처럼 동그랗고 풍성한 뜨개코가 만들어지는데, 이를 '구슬뜨기'라고 합니다.

한길 긴 3코 구슬뜨기 (한 코에서)

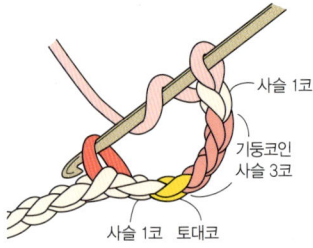

1 바늘에 실을 걸고서 앞단(여기에서는 기초코)에 바늘을 넣습니다.

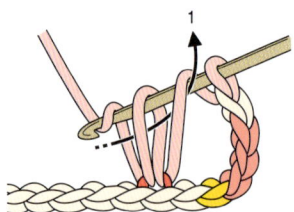

2 바늘에 실을 걸어 사슬 2코만큼의 높이로 빼냅니다. 다시 바늘에 실을 걸고 앞의 2개의 고리로 먼저 빼냅니다(미완성 한길 긴뜨기).

3 이 1번째 코는 미완성인 채로 두고, 바늘에 실을 걸고 같은 코에 미완성 한길 긴뜨기를 2코 더 뜹니다.

4 미완성 한길 긴뜨기를 3코 떴다면, 바늘에 실을 걸고 바늘에 걸린 4개의 고리 사이로 한 번에 빼냅니다.

5 '한길 긴 3코 구슬뜨기(한 코에서)'를 했습니다.

6 계속해서 다음 코를 뜹니다.

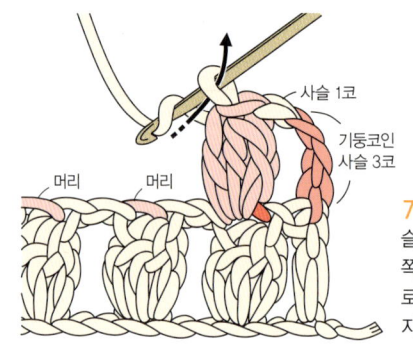

7 다음 단을 뜰 때는 앞단 구슬뜨기의 머리를 줍습니다. 안쪽에서 볼 때는 머리가 왼쪽으로 치우쳐 있으므로 착각하지 않도록 주의합니다.

한길 긴 3코 구슬뜨기 (코 아래에서)

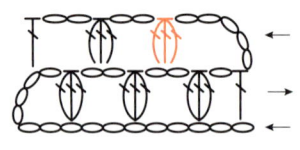 

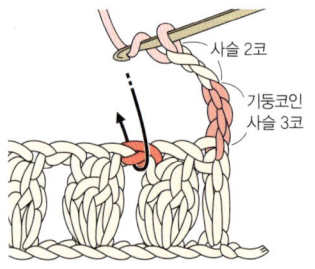

1 바늘에 실을 걸고서 앞단 사슬의 아래쪽 공간에 바늘을 넣습니다(다발을 줍습니다).

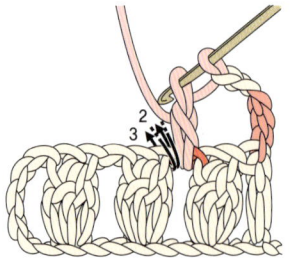

2 실을 걸어 빼내어 미완성 한길 긴뜨기를 합니다. 같은 요령으로 미완성 한길 긴뜨기를 2코 더 뜹니다.

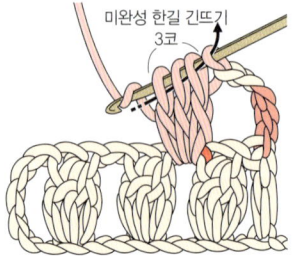

3 미완성 한길 긴뜨기를 3코 떴다면, 바늘에 실을 걸고 바늘에 걸린 4개의 고리 사이로 한 번에 빼냅니다.

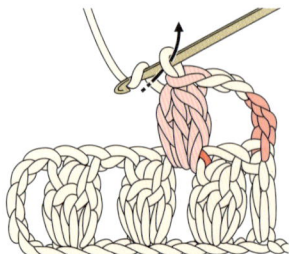

4 '한길 긴 3코 구슬뜨기(코 아래에서)'를 했습니다. 계속해서 다음 코를 뜹니다.

긴 3코 구슬뜨기 (한 코에서)

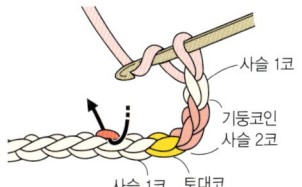
1 바늘에 실을 걸고서 앞단(여기에서는 기초코)에 바늘을 넣고,

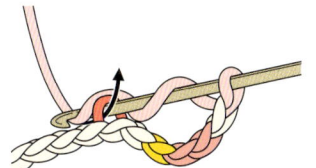
2 실을 걸어 사슬 2코만큼의 높이로 빼냅니다(미완성 긴뜨기).

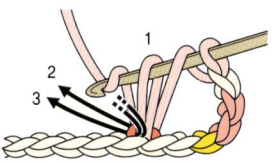
3 이 긴뜨기는 미완성인 채로 두고, 다시 바늘에 실을 걸어 같은 요령으로 실을 2번 빼냅니다.

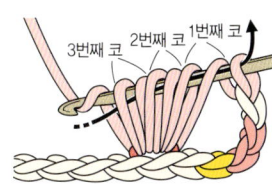
4 미완성 긴뜨기를 3코 떴다면, 바늘에 실을 걸고 바늘에 걸린 7개의 고리로 한 번에 빼냅니다.

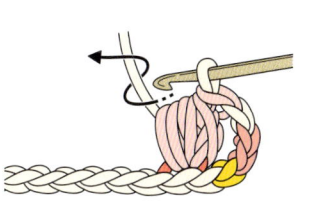
5 '긴 3코 구슬뜨기(한 코에서)'를 했습니다. 다음 코를 뜨면 뜨개코가 안정됩니다.

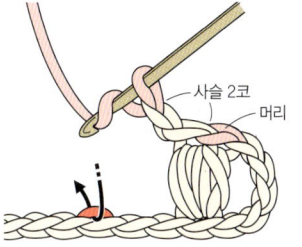
6 같은 요령으로 계속 뜹니다. 구슬뜨기의 다리와 머리는 어긋나 있으니 주의합니다.

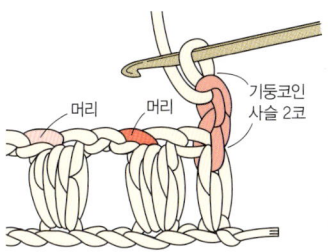
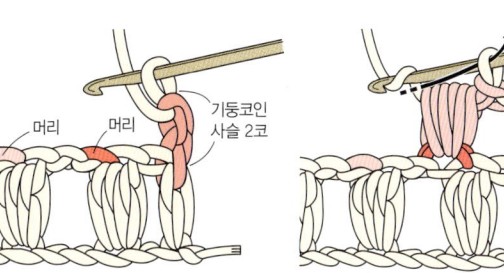
7·8 다음 단을 뜰 때는 앞단 구슬뜨기의 머리를 줍습니다. 안쪽에서 볼 때는 머리가 왼쪽으로 치우쳐 있으므로 줍는 위치에 주의합니다.

긴 3코 구슬뜨기 (코 아래에서)

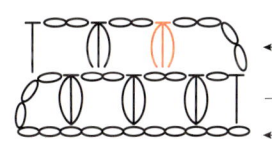

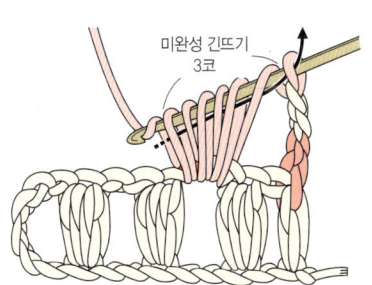

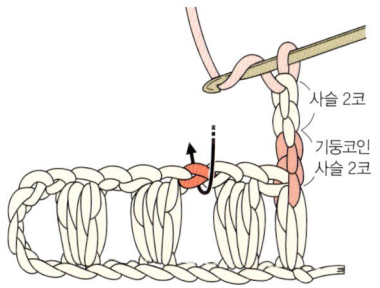
1 바늘에 실을 걸고서 앞단 사슬의 아래쪽 공간에 바늘을 넣습니다(다발을 줍습니다).

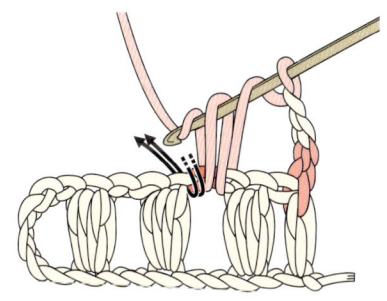
2 실을 걸어 사슬 2코만큼의 높이로 빼내고(미완성 긴뜨기), 다시 바늘에 실을 걸어 같은 요령으로 2번 더 실을 빼냅니다.

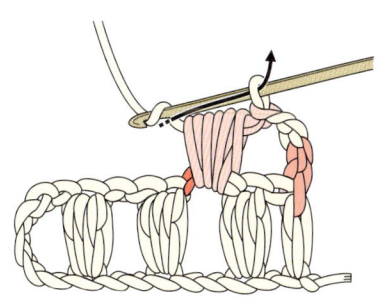
3 미완성 긴뜨기를 3코 떴다면, 바늘에 실을 걸고 바늘에 걸린 7개의 고리 사이로 한 번에 빼냅니다.

4 '긴 3코 구슬뜨기(코 아래에서)'를 했습니다. 다음 코를 뜨면 뜨개코가 안정됩니다.

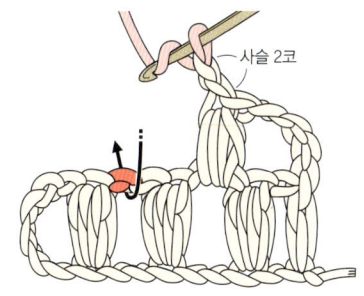
5 계속 같은 요령으로 뜹니다.

STEP 3 긴 3코 변형 구슬뜨기 (한 코에서)

구슬뜨기 ● 2코 구슬뜨기

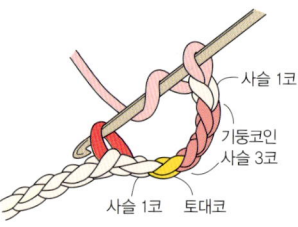

1 바늘에 실을 걸고서 앞단(여기에서는 기초코)에 바늘을 넣고,

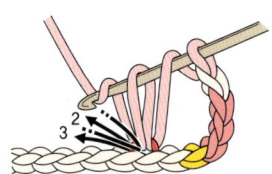

2 실을 걸어 사슬 2코만큼의 높이로 빼냅니다(미완성 긴뜨기). 다시 실을 걸어 같은 요령으로 2번 더 실을 빼냅니다.

3 미완성 긴뜨기를 3코 떴다면, 바늘에 실을 걸고 바늘에 걸린 6개의 고리로 한 번에 빼냅니다(가장 오른쪽의 고리는 남겨둡니다).

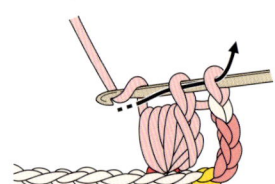

4 다시 바늘에 실을 걸고 남은 2개의 고리 사이로 빼냅니다.

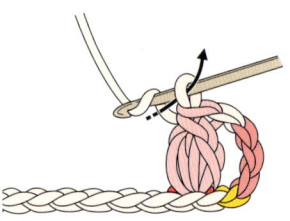

5 '긴 3코 변형 구슬뜨기(한 코에서)'를 했습니다. 계속해서 다음 코를 뜹니다.

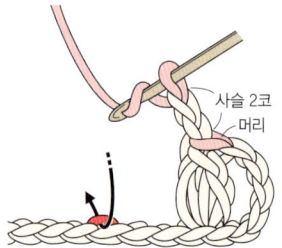

6 1~4를 반복하며 같은 요령으로 뜹니다. 이렇게 뜨면 구슬뜨기의 머리가 어긋나지 않습니다.

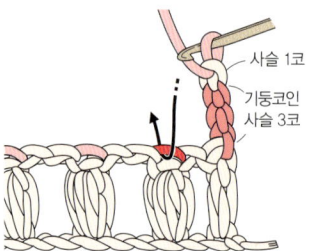

7, 8 다음 단을 뜰 때는 '긴 3코 변형 구슬뜨기'의 머리를 줍습니다. 구슬뜨기의 다리와 머리가 어긋난 상태가 아니므로 앞단의 바로 위에 새로 뜬 구슬뜨기가 놓여야 합니다.

긴 3코 변형 구슬뜨기 (코 아래에서)

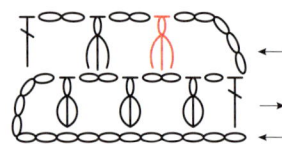

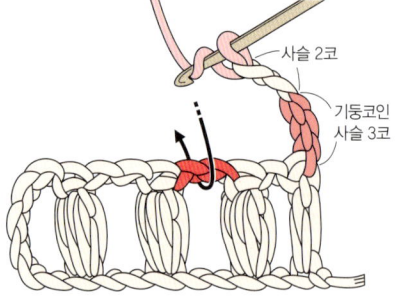

1 바늘에 실을 걸고서 앞단 사슬의 아래쪽 공간에 바늘을 넣고(다발을 줍습니다).

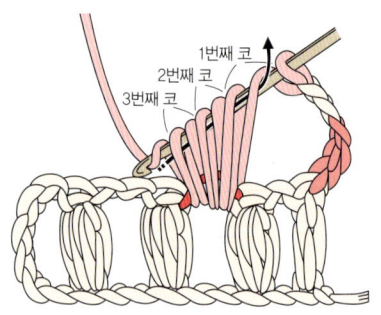

2 미완성 긴뜨기를 3코 뜹니다. 이어서 바늘에 실을 걸고 바늘에 걸린 6개의 고리 사이로 빼냅니다(가장 오른쪽의 고리는 남겨둡니다).

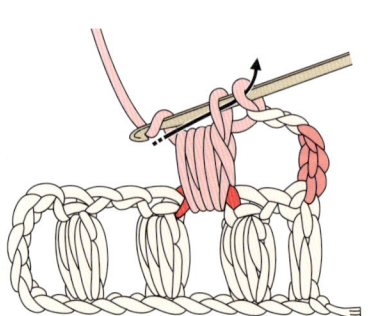

3 다시 한 번 바늘에 실을 걸어 남은 2개의 고리 사이로 빼냅니다.

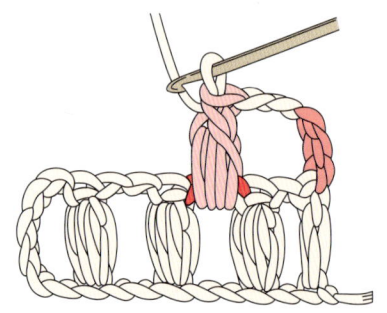

4 '긴 3코 변형 구슬뜨기(코 아래에서)'를 떴습니다.

POINT

2코 구슬뜨기

미완성 뜨개코를 여러 코 떠서 1코로 모아뜨는 기법을 '구슬뜨기'라고 부릅니다.
따라서 3코는 물론이고 2코로도 구슬뜨기를 할 수 있습니다. 뜨는 요령은 3코 구슬뜨기와 같습니다.

한길 긴 2코 구슬뜨기

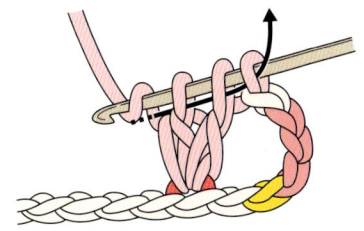
1 같은 곳에 미완성 한길 긴뜨기를 2코 뜨고, 바늘에 실을 걸어 모든 고리 사이로 한 번에 빼냅니다.

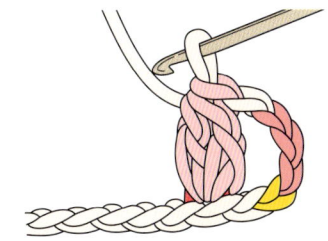
2 '한길 긴 2코 구슬뜨기'를 했습니다.

긴 2코 구슬뜨기

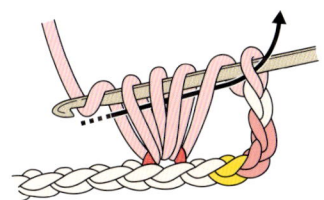
1 같은 곳에 미완성 긴뜨기를 2코 뜨고, 바늘에 실을 걸어 모든 고리 사이로 한 번에 빼냅니다.

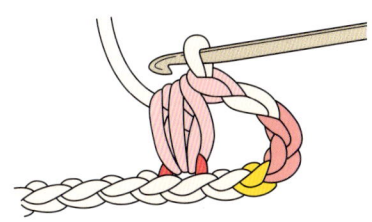
2 '긴 2코 구슬뜨기'를 했습니다.

긴 2코 변형 구슬뜨기

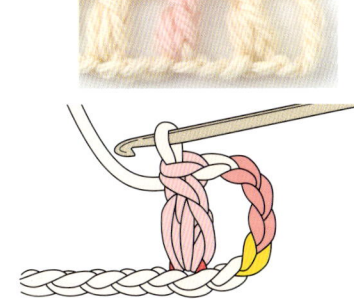

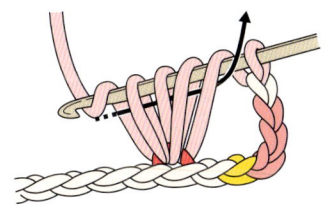
1 같은 곳에 미완성 긴뜨기를 2코 뜨고, 바늘에 실을 걸어 4개의 고리 사이로 빼냅니다(가장 오른쪽 고리는 남겨둡니다).

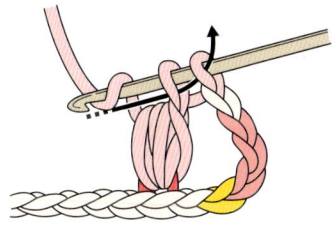
2 다시 바늘에 실을 걸어 바늘에 남은 2개의 고리 사이로 빼냅니다.

3 '긴 2코 변형 구슬뜨기'를 했습니다.

※ 몇 코의 구슬뜨기든 어떤 뜨개코든 기본은 같습니다. 같은 곳에 미완성 뜨개코를 뜨고, 이를 한 번에 빼내어 1코로 줄이면 됩니다.
더 많은 코를 구슬뜨기로 뜨고 싶을 때는 72쪽을 참조하세요.

더 많은 코로 구슬뜨기를 할 때

몇 코의 구슬뜨기든 어떤 뜨개코든, 요령은 같습니다.

 한길 긴 5코 구슬뜨기 (한 코에서)

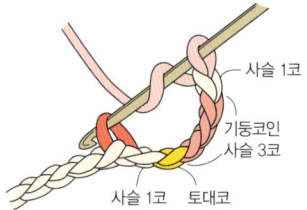

1 바늘에 실을 걸고서 앞단(여기에서는 기초코)에 바늘을 넣습니다.

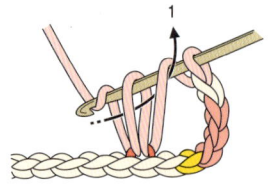

2 실을 걸어 빼내고, 바늘에 실을 걸어 바늘에 걸린 2개의 고리 사이로 빼냅니다.

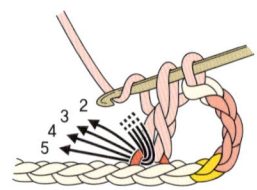

3 미완성 한길 긴뜨기를 했습니다. 바늘에 실을 걸고서 같은 코에 미완성 한길 긴뜨기를 4코 더 뜹니다.

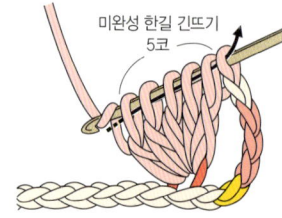

4 미완성 한길 긴뜨기를 5코 다 떴다면, 바늘에 실을 걸어 바늘에 걸린 6개의 고리 사이로 한 번에 빼냅니다.

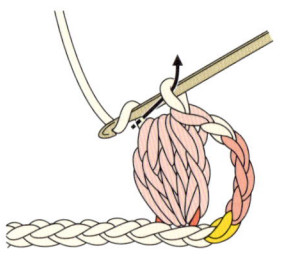

5 '한길 긴 5코 구슬뜨기(한 코에서)'를 했습니다. 계속해서 다음 코를 뜹니다.

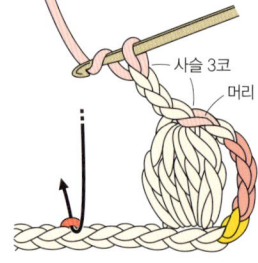

6 사슬 3코를 뜨고, 1~4를 반복하여 같은 요령으로 뜹니다.

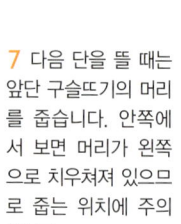

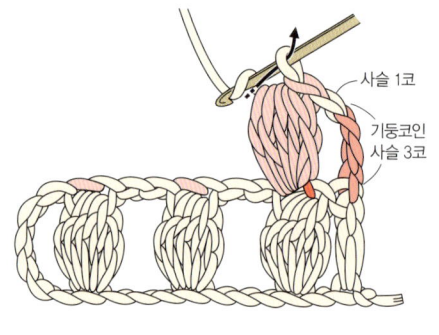

7 다음 단을 뜰 때는 앞단 구슬뜨기의 머리를 줍습니다. 안쪽에서 보면 머리가 왼쪽으로 치우쳐져 있으므로 줍는 위치에 주의합니다.

 한길 긴 5코 구슬뜨기 (코 아래에서)

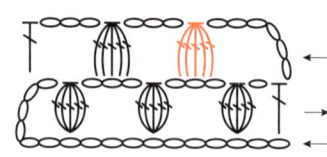 

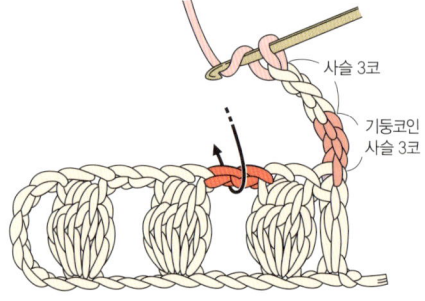

1 바늘에 실을 걸고서 앞단 사슬의 아래쪽 공간에 바늘을 넣습니다(다발을 줍습니다).

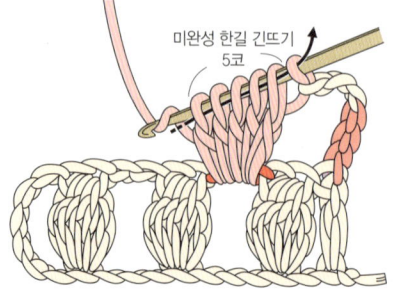

2 미완성 한길 긴뜨기를 5코 뜨고, 바늘에 실을 걸어 바늘에 걸린 6개의 고리 사이로 한 번에 빼냅니다.

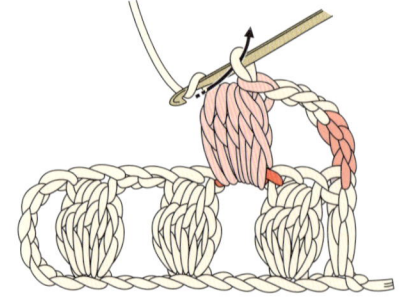

3 '한길 긴 5코 구슬뜨기(코 아래에서)'를 했습니다. 계속해서 다음 코를 뜹니다.

POINT

뜨개바탕의 겉과 안

코바늘 손뜨개에서는 일부 뜨개코(걸어뜨기, 팝콘뜨기)를 제외하고,
뜨는 방법이 겉이나 안이나 모두 같습니다.
따라서 왕복해서 뜰 때는 단마다 뜨개코의 겉과 안이 교대로 늘어서게 되고,
원형으로 뜰 때는 뜨개코의 겉만(혹은 안만) 늘어서게 됩니다.

왕복뜨기 (평뜨기)

단마다 겉과 안이 바뀐다.

짧은뜨기 / 한길 긴뜨기

단마다 뜨개실을 바꾼 뜨개바탕

뜨개코의 겉쪽은 실의 흐름이 부드러워 뜨개바탕이 비교적 매끄러워 보입니다. 이에 비해 안쪽은 실이 짧게 걸쳐지면서 그 실이 도드라져 있기 때문에 다소 울퉁불퉁해 보입니다. 때로는 안쪽 뜨개코의 입체적인 느낌을 살려서 작품을 뜨기도 합니다. 특히, 콧수가 많은 구슬뜨기 등에서는 그 특징이 안쪽으로 도드라집니다.

원형뜨기

계속 겉

짧은뜨기

한길 긴뜨기

한길 긴 5코 구슬뜨기

구슬뜨기는 안쪽으로 도드라진다.

뜨개코는 비스듬하다

뜨개코의 머리는 다리의 오른쪽 위에 생깁니다. 그래서 원형뜨기를 할 때처럼 같은 방향으로 계속 뜨면 다음 단이 오른쪽으로 조금 치우치게 됩니다. 방향도 같고 뜨개코도 같을 때는 이러한 현상이 더욱 두드러집니다. 이는 뜨개코의 특징이어서 피할 수가 없습니다. 이를 해결하기 위해 원형뜨기를 할 때 1단마다 방향을 바꾸어 왕복뜨기를 하기도 합니다.

짧은뜨기

한길 긴뜨기

(코 안에 표시한 분홍색 실이 비스듬하게 이어집니다)

피코뜨기 (장식뜨기)

사슬뜨기를 응용하면 둥그렇고 귀여운 장식(피코)을 뜰 수 있습니다.
사슬의 콧수가 몇 코든 요령은 같습니다.

피코뜨기

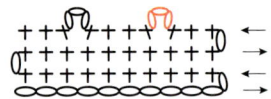

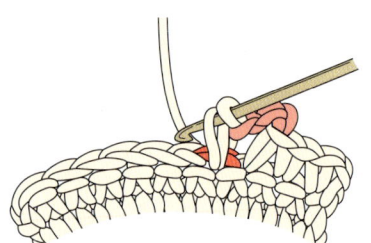

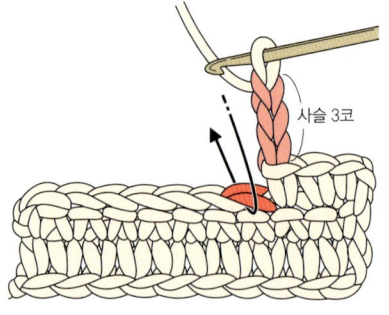

1 짧은뜨기에 이어서 사슬을 3코 뜨고, 앞단의 다음 코를 줍습니다.

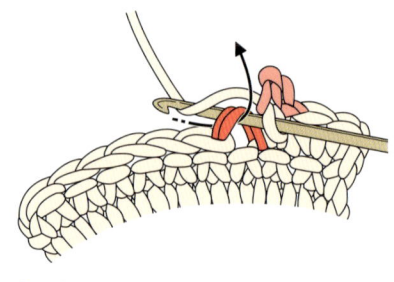

2 실을 걸어 빼냅니다.

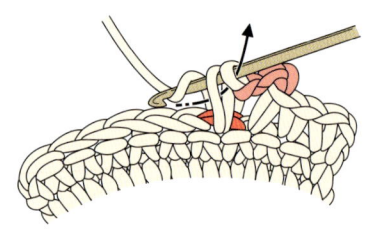

3 사슬 1코만큼의 높이로 실을 빼낸 모습입니다.

4 바늘에 실을 걸어 바늘에 걸린 2개의 고리 사이로 빼냅니다(짧은뜨기를 합니다).

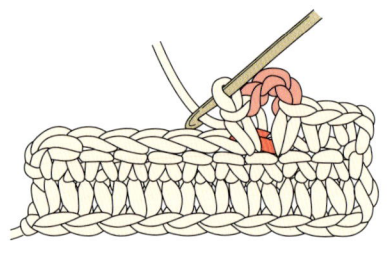

5 '피코뜨기'를 했습니다. 높이가 낮은 피코뜨기입니다.

짧은 피코뜨기

 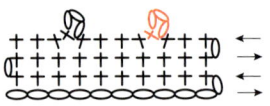

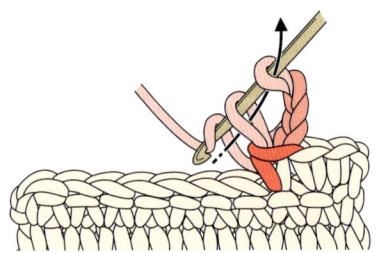

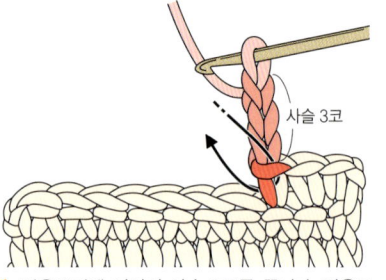

1 짧은뜨기에 이어서 사슬 3코를 뜹니다. 짧은뜨기의 머리에서 앞쪽 반코와 다리 쪽 실 1가닥을 주워서

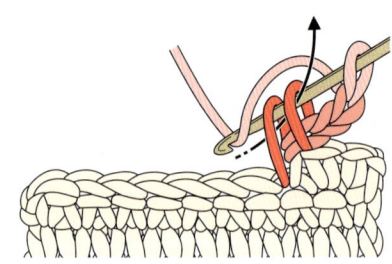

2 실을 걸어 빼냅니다.

3 바늘에 실을 걸어 바늘에 걸린 2개의 고리 사이로 빼냅니다(짧은뜨기를 합니다).

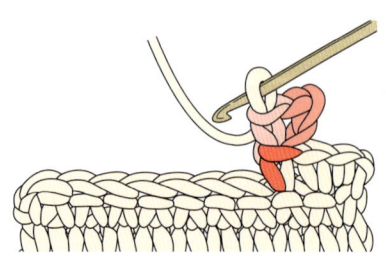

4 '짧은 피코뜨기'를 했습니다.

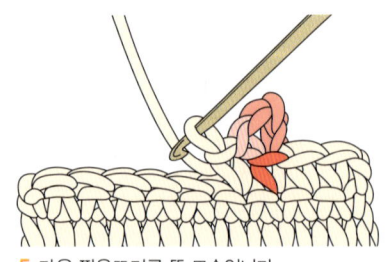

5 다음 짧은뜨기를 뜬 모습입니다.

빼뜨기의 피코뜨기 (짧은뜨기에서)

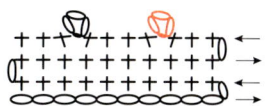

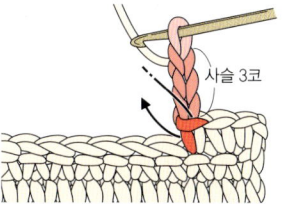
1 짧은뜨기에 이어서 사슬 3코를 뜨고, 짧은뜨기의 머리에서 앞쪽 반코와 다리 쪽 실 1가닥을 줍습니다.

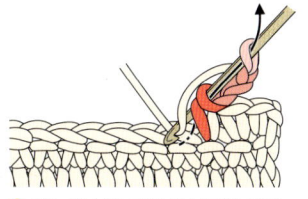
2 바늘에 실을 걸어 화살표와 같이 빼냅니다.

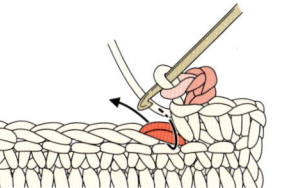
3 '빼뜨기의 피코뜨기'를 짧은뜨기에 떴습니다. 계속해서 뜹니다.

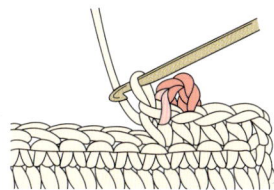
4 다음 짧은뜨기를 한 모습입니다.

빼뜨기의 피코뜨기 (한길 긴뜨기에서)

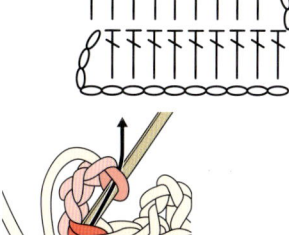

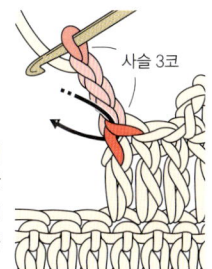
1 한길 긴뜨기에 이어서 사슬 3코를 뜨고, 한길 긴뜨기의 머리에서 앞쪽 반코와 다리 쪽 실 1가닥을 줍습니다.

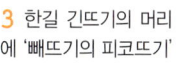
2 실을 걸어 화살표와 같이 빼냅니다.

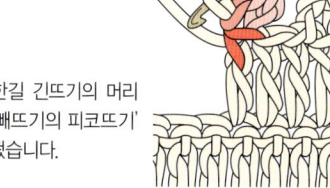
3 한길 긴뜨기의 머리에 '빼뜨기의 피코뜨기'를 떴습니다.

빼뜨기의 피코뜨기 (사슬뜨기에서)

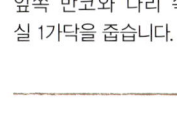

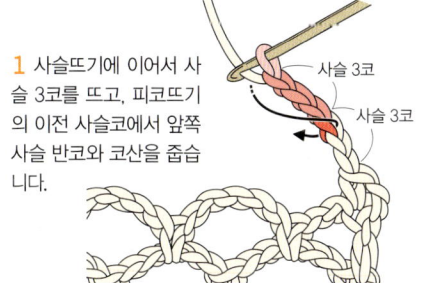
1 사슬뜨기에 이어서 사슬 3코를 뜨고, 피코뜨기의 이전 사슬코에서 앞쪽 사슬 반코와 코산을 줍습니다.

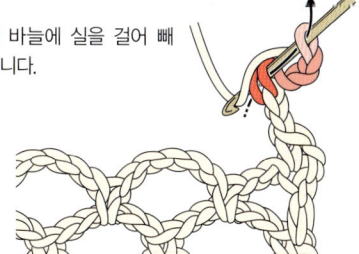
2 바늘에 실을 걸어 빼냅니다.

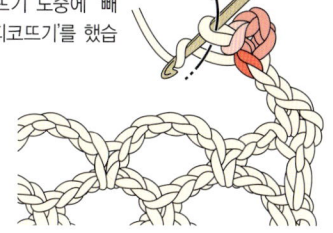
3 사슬뜨기 도중에 '빼뜨기의 피코뜨기'를 했습니다.

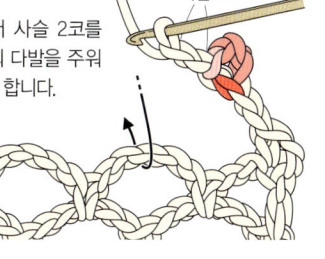
4 계속해서 사슬 2코를 뜨고 앞단의 다발을 주워 짧은뜨기를 합니다.

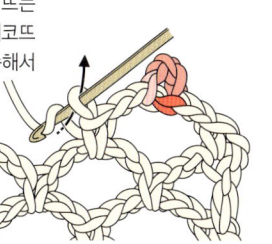
5 사슬로 그물을 뜨는 도중에 '빼뜨기의 피코뜨기'를 했습니다. 계속해서 다음 코를 뜹니다.

STEP 3

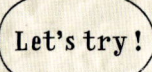 **작품을 떠보자**
이제부터는 여러 작품을 뜰 수 있습니다.

✽ 도일리

사슬로 뜨는 그물뜨기와 구슬뜨기를 조합하면
이렇게 예쁜 무늬의 도일리를 뜰 수 있습니다.

디자인 / 엔도 히로미
사용한 실 / Daruma Hidamari Organic

뜨는 방법 78쪽

✳ 모티브 숄칼라

왼쪽 도일리의 중심 2단을 하나의 모티브로 삼아
옷깃 모양으로 이어 숄칼라를 만들었습니다.
모티브를 더 많이 이으면 큰 숄도 만들 수 있습니다.

디자인 / 엔도 히로미
제작 / 유메노 사야카
사용한 실 / Puppy Boboli

뜨는 방법 79쪽

【 도일리 뜨는 방법 】 Photo 76쪽

× 실 Daruma Hidamari Organic 흐린 분홍(8) 10g　× 바늘 코바늘 5/0호　× 완성 치수 지름 17.5cm

뜨는 방법의 포인트

사슬 6코로 원형코를 만듭니다.

1단 기둥코로 사슬 3코를 뜨고, 한길 긴뜨기를 1코 뜹니다. 이어서 사슬 4코를 뜨고, 1번째 코의 반코와 코산을 주워서 한길 긴뜨기를 1코 뜹니다. 계속해서 원형코를 다발로 주워서 한길 긴 2코 구슬뜨기를 합니다. 같은 요령으로 계속 뜨다가 뜨기 끝에서는 1번째 코 한길 긴뜨기 머리에 빼뜨기를 합니다.

2단 기둥코로 사슬 1코를 뜨고, 앞단 1번째 코인 한길 긴뜨기 머리(1단의 마지막 빼뜨기와 같다)를 주워서 짧은뜨기를 1코 뜹니다. 계속해서 사슬 6코를 뜨고, 앞단 한길 긴 2코 구슬뜨기의 머리에 짧은뜨기를 1코 뜹니다. 같은 요령으로 반복해서 뜨다가 뜨기 끝에서는 사슬 3코를 뜬 다음에 짧은뜨기 머리에 한길 긴뜨기를 1코 뜹니다.

3단 기둥코로 사슬 3코를 뜨고, 앞단 뜨기 끝의 한길 긴뜨기 다리를 다발로 주워서 한길 긴 2코 구슬뜨기를 합니다. 계속해서 사슬 5코를 뜨고, 앞단 사슬을 다발로 주워서 한길 긴 3코 구슬뜨기, 사슬 4코, 한길 긴 3코 구슬뜨기를 합니다. 사슬의 콧수와 구슬뜨기를 뜨는 위치에 주의하면서 뜨다가 뜨기 끝에서는 구슬뜨기를 뜨고서 사슬 1코를 뜨고, 한길 긴 2코 구슬뜨기의 머리를 주워서 한길 긴뜨기를 1코 뜹니다.

4단 기둥코로 사슬 1코를 뜨고, 앞단 뜨기 끝의 한길 긴뜨기 다리를 다발로 주워서 짧은뜨기 1코, 사슬 3코, 짧은뜨기 1코를 뜹니다(피코뜨기). 계속해서 사슬 5코를 뜨고, 앞단의 사슬 고리를 다발로 주워서 짧은뜨기를 합니다. 같은 요령으로 반복해서 뜨다가 뜨기 끝에서는 사슬 2코를 뜨고서 1번째 코의 짧은뜨기 머리에 한길 긴뜨기를 합니다.

5단 사슬 7코(기둥코 3코+4코)를 뜨고, 앞단 뜨기 끝의 한길 긴뜨기 다리를 다발로 주워서 한길 긴뜨기를 1코 뜹니다. 계속해서 도안을 보며 뜨다가 뜨기 끝에서는 사슬 1코를 뜨고서 기둥코의 3번째 코에 빼뜨기를 합니다. 이어서 사슬을 다발로 주워 빼뜨기를 합니다. 이렇게 하면 기둥코의 위치가 바뀝니다.

6단 기둥코로 사슬 3코를 뜨고, 앞단의 사슬을 다발로 주워서 한길 긴 2코 구슬뜨기를 하고, 계속해서 사슬 4코와 한길 긴 3코 구슬뜨기를 반복해서 뜹니다. 뜨기 끝에서는 한길 긴 2코 구슬뜨기의 머리에 빼뜨기를 합니다. 이어서 사슬을 다발로 주워서 빼뜨기를 하면 기둥코의 위치가 바뀝니다.

7단 기둥코로 사슬 1코를 뜨고, 짧은뜨기 1코, 사슬 3코, 짧은뜨기 1코, 사슬 4코를 반복합니다. 뜨기 끝에서는 짧은뜨기에 빼뜨기를 합니다.

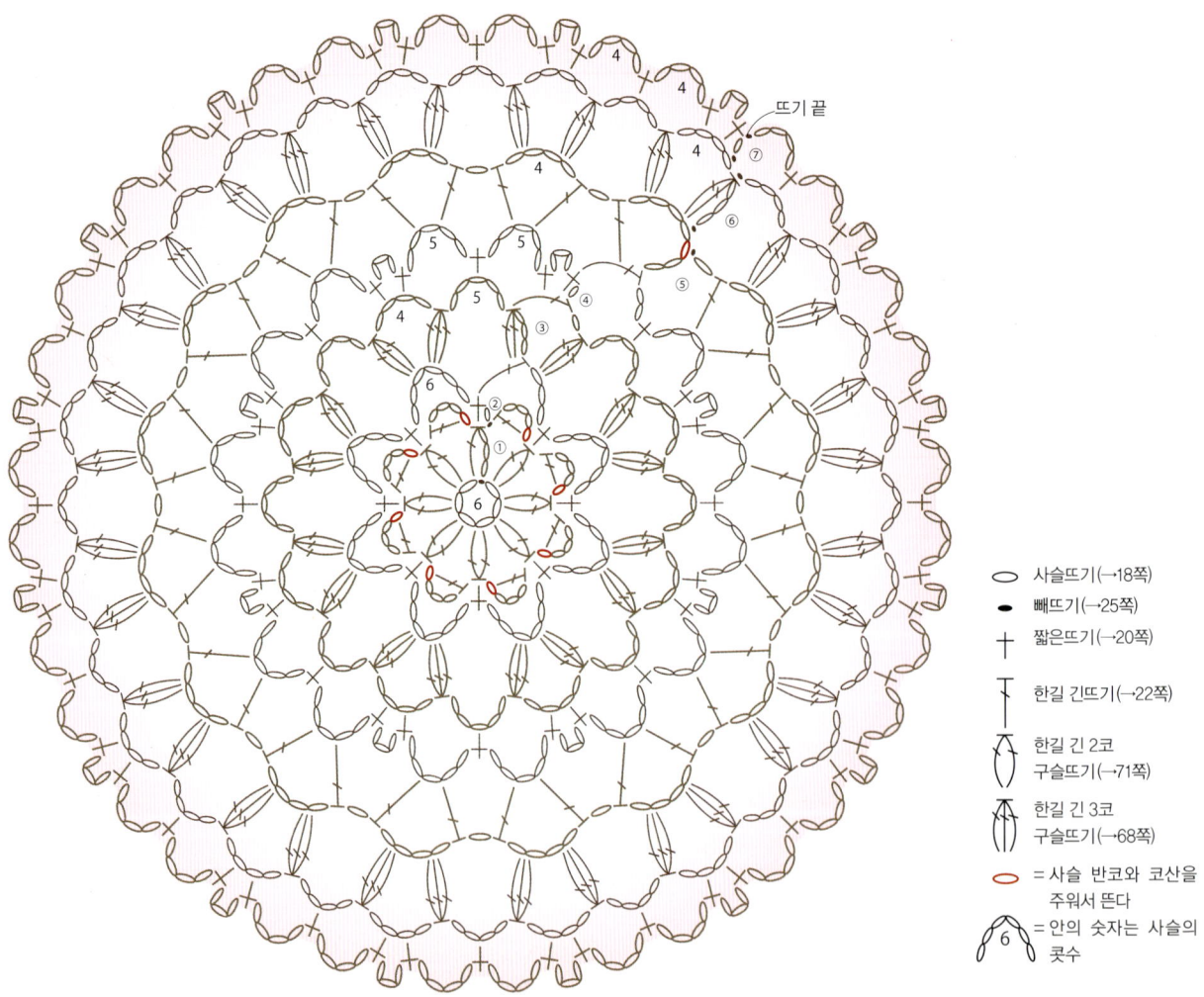

【 모티브 숄칼라 뜨는 방법 】

Photo 77쪽

- 실 Puppy Boboli 회색(434) 55g
- 바늘 코바늘 6/0호
- 모티브 크기 지름 5.5cm
- 완성 치수 길이 66cm, 너비 16cm

뜨는 방법의 포인트

모티브를 뜨는 방법은 78쪽의 도일리 2단까지와 똑같습니다.
2번째 모티브부터는 앞의 모티브와 빼뜨기로 이으면서(→126쪽) 뜹니다.
11번째 모티브를 뜰 때는 도중에 사슬 12코로 단춧고리를 만듭니다. 도안을 참조하여 34장의 모티브를 이어줍니다. 단추는 짧은뜨기로 떠서 첫 번째 모티브에 달아줍니다.

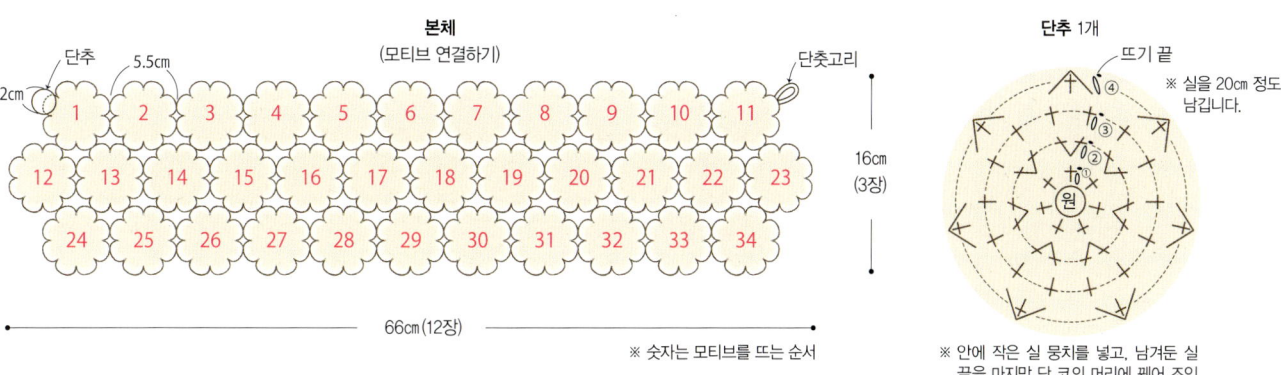

※ 숫자는 모티브를 뜨는 순서

※ 실을 20cm 정도 남깁니다.

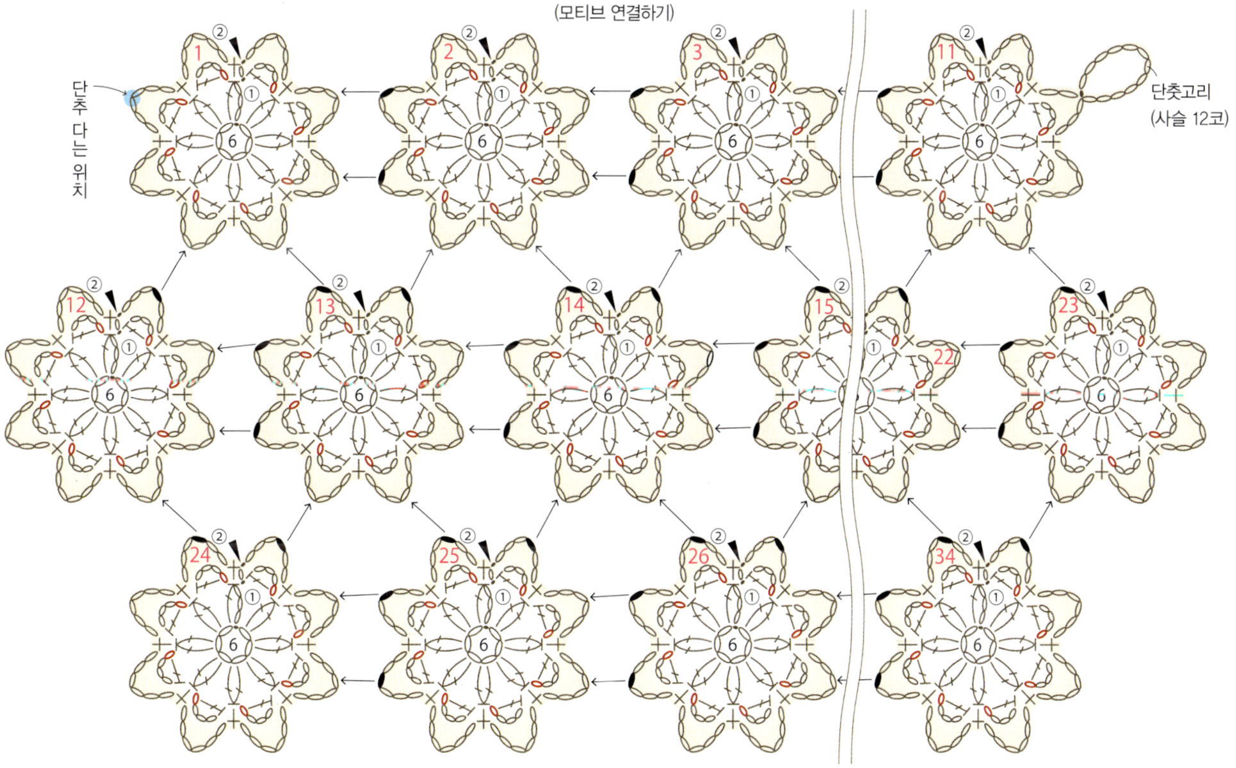

※ 안에 작은 실 뭉치를 넣고, 남겨둔 실 끝을 마지막 단 코의 머리에 꿰어 조인 다음에 지정한 위치에 달아줍니다.

✼ 삼각 숄

사슬로 뜨는 그물과 수많은 피코뜨기를 조합하여 뜬 숄입니다.
알알이 모인 피코는 여성스러운 분위기를 자아냅니다.
가장자리의 조개뜨기가 귀여움을 돋보이게 하는 포인트입니다.

디자인 / 엔도 히로미
사용한 실 / Hamanaka Sonomono Tweed

【 삼각 숄 뜨는 방법 】

- **실** Hamanaka Sonomono Tweed 표백하지 않은 실(71) 180g
- **바늘** 코바늘 6/0호
- **게이지** 가로세로 10cm 무늬뜨기 22코×13단
- **완성 치수** 너비 116cm, 길이 51cm

뜨는 방법의 포인트

본체 사슬 249코로 기초코를 잡습니다. 이어서 사슬을 5코 뜨고, 기초코의 코산을 주워서 짧은뜨기 1코, 빼뜨기의 피코뜨기, 사슬 4코를 뜹니다. 기초코를 3코 걸러서 짧은뜨기를 뜨고, 같은 요령으로 반복해서 뜹니다. 단의 끝에서는 사슬 2코를 뜬 다음에 한길 긴뜨기 1코를 뜨고, 다음 단의 사슬 5코를 뜨고서 뜨개바탕을 뒤집습니다.

2단부터는 앞단의 사슬 고리를 다발로 주워서 짧은뜨기를 뜨고, 빼뜨기의 피코뜨기, 사슬 4코를 반복합니다. 각 단의 뜨기 끝에서는 사슬 2코를 뜬 다음에 앞단 사슬의 3번째 코에서 반코와 코산을 주워 한길 긴뜨기를 하고, 다음 단의 사슬 5코를 뜨고서 뜨개바탕을 뒤집습니다.

같은 요령으로 61단까지 뜹니다. 62단은 사슬 5코를 뜨고서 앞단 사슬의 3번째 코에서 반코와 코산에 빼뜨기를 하고 실을 자릅니다.

테두리뜨기 본체 1단의 오른쪽 가장자리 사슬에서 3번째 코에서 반코와 코산을 주워 새 실을 걸고(82쪽), 사슬 1코로 기둥을 올린 후에 짧은뜨기를 1코 뜹니다. 계속해서 본체 한길 긴뜨기의 머리를 주워서 한길 긴뜨기를 1코 뜨고, 사슬 1코, 같은 곳에 한길 긴뜨기 1코를 반복합니다. 같은 요령으로 본체의 한길 긴뜨기 머리와 사슬코에 테두리뜨기를 하며 1바퀴 돕니다. 모서리에서는 콧수가 다르므로 주의합니다. 뜨기 끝에서는 테두리뜨기의 뜨기 시작 쪽 짧은뜨기 머리에 빼뜨기를 합니다.

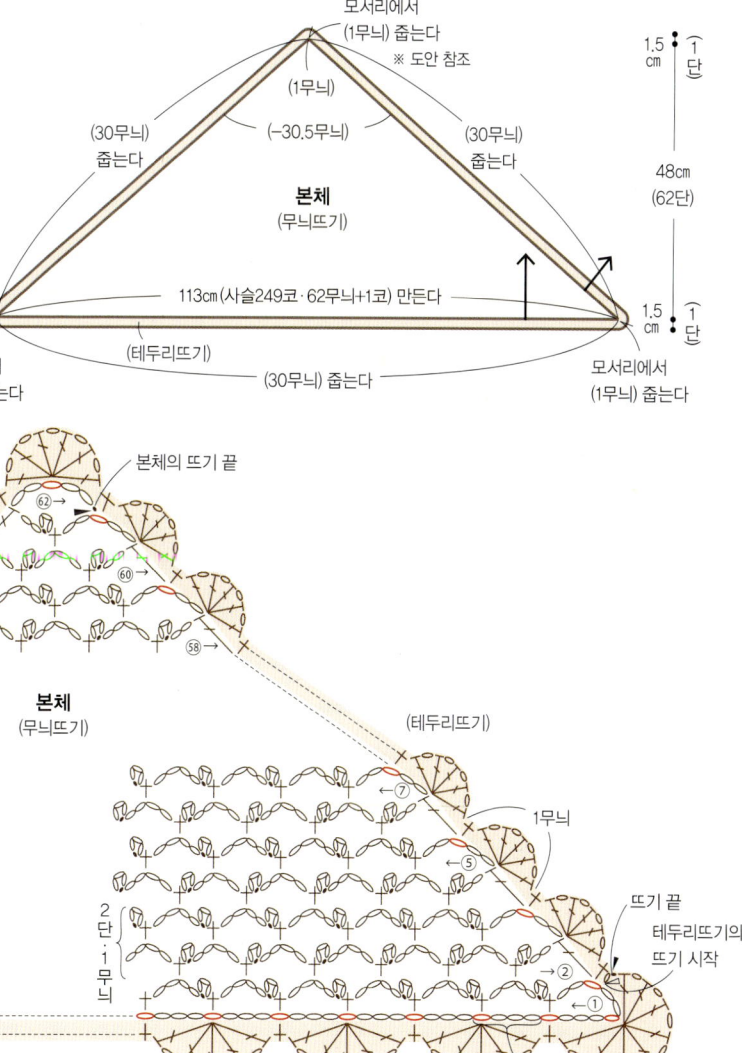

- ○ 사슬뜨기(→18쪽)
- † 짧은뜨기(→20쪽)
- ┬ 한길 긴뜨기(→22쪽)
- • 빼뜨기(→25쪽)
- ◑ = 빼뜨기의 피코뜨기(→75쪽)
- ⬭ = 사슬 반코와 코산을 주워서 뜬다
- ▷ = 새 실을 건다
- ▶ = 실을 자른다

STEP 3 삼각 숄 뜨는 방법

테두리뜨기를 하는 방법 (코를 줍는 방법)

테두리뜨기를 할 때는 이미 완성된 뜨개바탕에서 코를 주울 때가 많습니다.
이럴 때는 뜨개바탕의 코를 갈라서 줍기도 하고 코 아래에서 줍기(→57쪽)도 합니다.
뜨개바탕에 맞춰서 이 두 방법을 적절히 조합해야 완성했을 때의 모습이 깔끔합니다.

코가 촘촘한 뜨개바탕에서 주울 때

코가 촘촘한 뜨개바탕에서 주울 때는 주로 코를 갈라서 줍습니다.
(다발을 주우면 코를 줍는 위치에서 틈이 벌어집니다)

단에서 주울 때

뜨개코의 단(옆선)에서 코를 주울 때는 뜨개코를 갈라서 줍습니다.

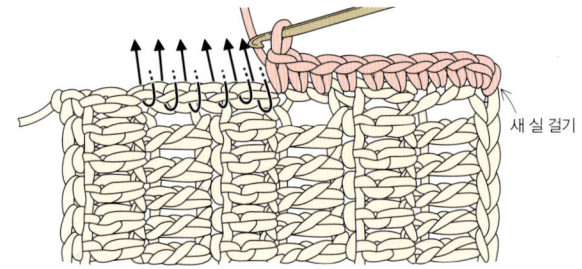

1 뜨개코 안에 바늘을 넣어 다리나 머리를 주워서 (코를 갈라서) 짧은뜨기를 합니다.

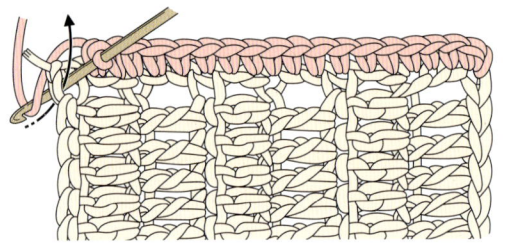

2 뜨개바탕의 위쪽 모서리에서는 본체의 한길 긴뜨기 머리를 주워서 짧은뜨기를 합니다.

코에서 주울 때

본체의 마지막 단 쪽에서 주울 때는 일반적으로 코의 머리를 줍습니다. 기초코 쪽에서 주울 때는 본체의 코를 뜨고 남은 기초코의 실을 줍습니다.

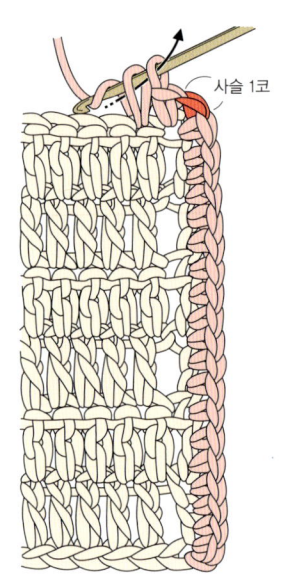

3 모서리에서는 사슬 1코와 짧은뜨기를 더 뜨고(짧은뜨기를 3코 떠 넣기도 합니다), 계속해서 본체 코의 머리를 주워서 짧은뜨기를 합니다.

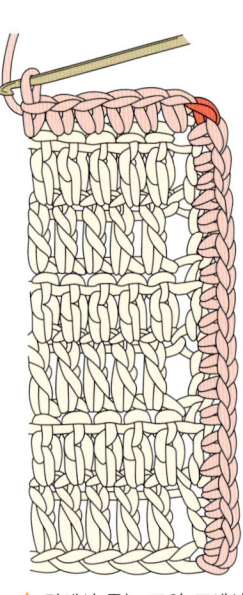

4 단에서 줍는 코와 코에서 줍는 코를 뜬 모습입니다.

새 실을 어떻게 걸어요?

뜨개바탕에 새 실을 걸어서 뜨는 방법입니다.

1 실을 걸고 싶은 곳에 바늘을 넣고,

2 새 실을 걸어서 빼냅니다.

3 빼낸 모습입니다. 다시 실을 걸어서 빼냅니다.

4 새 실이 걸렸습니다. 실 끝을 당겨서 코를 조이고, 실 끝은 뜨개바탕 안에 넣어 정리합니다.

코가 촘촘한 곳과 비어 있는 곳이 있는 뜨개바탕에서 주울 때

모눈뜨기와 같이 코가 촘촘한 곳과 그렇지 않은 곳이 섞여 있는 뜨개바탕에서 코를 주울 때는 '갈라서 줍기'와 '코 아래에서 줍기'를 혼용해야 합니다.

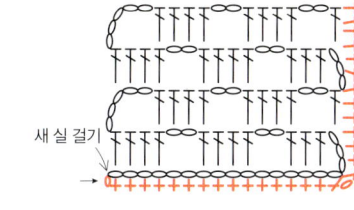

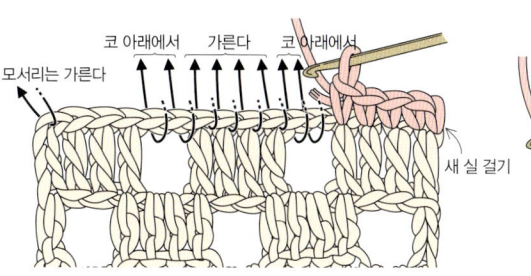
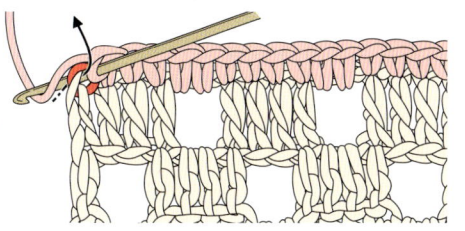

1 기초코 쪽에서 주울 때는 본체의 코를 뜨고 남은 기초코의 실을 주워서(기초코를 갈라서) 뜹니다. 기초코의 사슬이 그대로 남아 있는 곳은 코 아래에서 줍습니다.

2 모서리에서는 테두리뜨기가 어긋나지 않도록 코를 갈라서 사슬의 반코와 코산을 줍습니다.

3 모서리에서는 같은 코에 사슬 1코와 짧은뜨기 1코를 더 뜹니다. 단 쪽에서도 코를 갈라서 줍거나 코 아래에서 줍기를 적절히 섞어가며 뜹니다.

구멍무늬(비침무늬)가 많은 뜨개바탕에서 코를 주울 때

그물뜨기와 같이 전체적으로 구멍이 뚫려 있는 뜨개바탕에서 코를 주울 때는 코와 단 모두 코 아래에서 주워야 합니다. 단, 모서리에서는 테두리뜨기가 어긋나지 않도록 코를 갈라서 줍습니다.

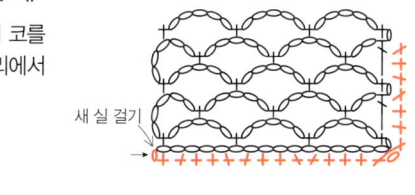

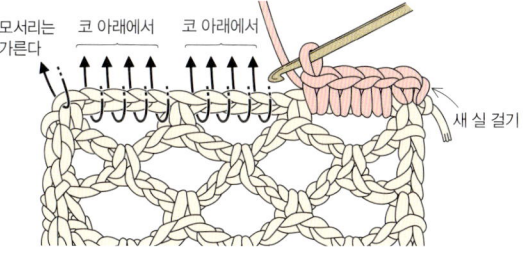

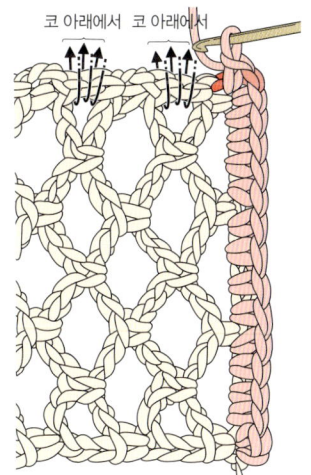
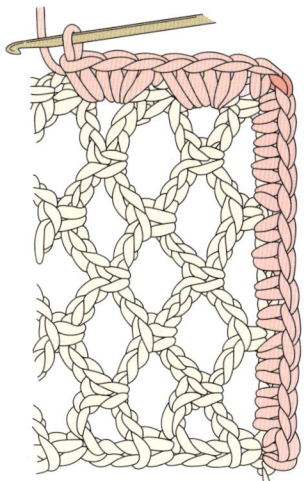

1 뜨기 시작 쪽의 모서리에서는 코를 갈라서 새 실을 걸어 뜨고, 그다음부터는 화살표와 같이 사슬코 아래에서 주워서 뜹니다.

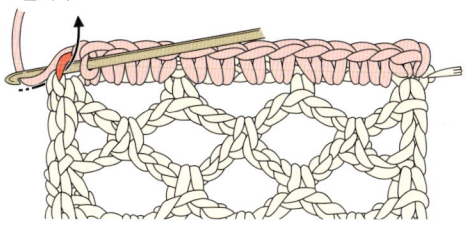

2 모서리에서는 테두리뜨기가 어긋나지 않도록 코를 갈라서 뜹니다.

3 단 쪽에서도 가장자리 전체를(코 아래에서) 주워서 뜹니다.

4 가장자리 코를 코 아래에서 주워 짧은뜨기로 뜬 모습입니다.

STEP 4
플러스알파의 뜨개 기법

STEP 4에서는 이따금씩 등장하는 뜨개 기법을 알아봅니다.
만약 뜨개질 도중에 낯선 기호가 나오면 이 장을 참고하세요.
뜨개 기법마다 사용하는 빈도수는 제각각이지만,
STEP 3에서 뜨개 기법의 기본을 익혔다면
어느 기법이든 어렵지 않게 할 수 있습니다.
그림을 보면서 차분히 따라 해보세요.

두길 긴뜨기

한길 긴뜨기보다 사슬 1개만큼 더 긴 뜨개코입니다. 바늘에 실을 **2번** 감고 나서 뜨기 시작합니다.
기둥코는 **사슬 4코**이고, 이 기둥코도 1코로 계산합니다.
한길 긴뜨기를 응용해서 뜨는 뜨개코는 **기호의 ↘ 수만큼 바늘에 실을 감고서** 뜨기 시작해야 합니다.

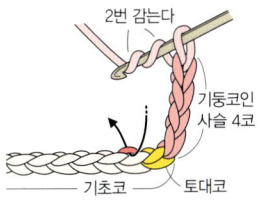

1 '기초코+기둥코 4코'만큼 사슬을 뜨고, 바늘에 실을 2번 감은 후 기초코의 가장자리에서 2번째 코에 바늘을 넣습니다.

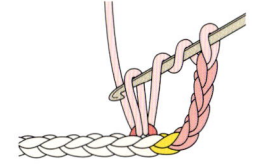

2 바늘에 실을 걸어 사슬 2코만큼의 높이로 빼냅니다.

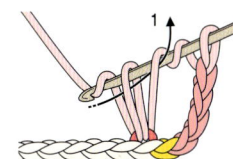

3 바늘에 실을 걸고 바늘에 걸린 2개의 고리 사이로 빼냅니다.

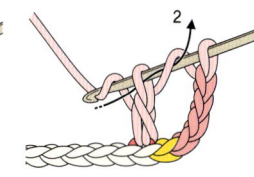

4 다시 바늘에 실을 걸어 바늘에 걸린 2개의 고리 사이로 빼냅니다.

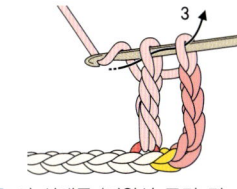

5 이 상태를 '미완성 두길 긴뜨기'라고 합니다. 다시 한 번 실을 걸어 남은 2개의 고리 사이로 빼냅니다.

6 '두길 긴뜨기'를 했습니다. 기둥코도 1코로 계산하므로 이로써 2코를 떴습니다.

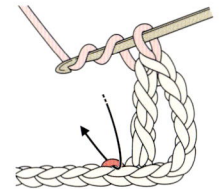

7 다음 코도 바늘에 실을 2번 감고서 1~6을 반복합니다.

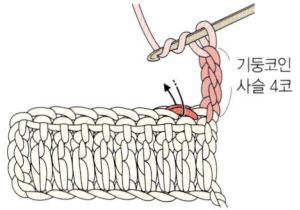

8 2단은 1단의 끝에서 기둥코인 사슬 4코를 뜨고 나서 뜨개바탕을 뒤집고 시작합니다. 바늘에 실을 2번 감고서 앞단의 2번째 코를 주워서 뜨기 시작합니다.

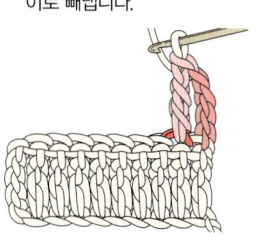

9 2단에서 두길 긴뜨기 1코를 뜬 모습입니다. 기둥코도 1코로 계산하므로 이로써 2코를 떴습니다.

세길 긴뜨기

두길 긴뜨기보다도 사슬 1코만큼 더 긴 뜨개코입니다.
바늘에 실을 **3번** 감고서 뜨기 시작합니다.
기둥코는 **사슬 5코**이며, 이 기둥코도 1코로 계산합니다.
이보다 더 긴 뜨개코는 **처음에 실을 감는 횟수가 뜨개코의 이름**으로 쓰입니다.

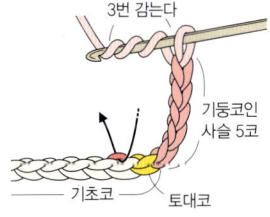

1 '기초코+기둥코 5코'만큼의 사슬을 뜨고, 바늘에 실을 3번 감고서 기초코의 가장자리에서 2번째 코에 바늘을 넣습니다.

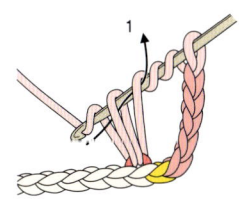

2 실을 걸어 사슬 2코만큼의 높이로 빼내고, 바늘에 실을 걸어 바늘에 걸린 2개의 고리 사이로 빼냅니다.

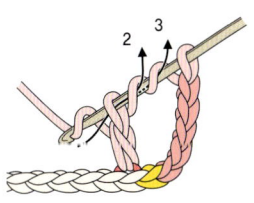

3 다시 바늘에 실을 걸어 2개의 고리 사이로 빼내고, 다시 실을 걸어 2개의 고리 사이로 빼냅니다.

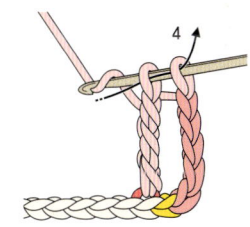

4 이 상태를 '미완성 세길 긴뜨기'라고 합니다. 다시 한 번 바늘에 실을 걸어 남은 2개의 고리 사이로 빼냅니다.

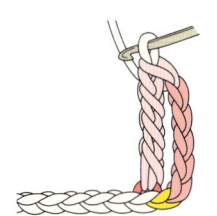

5 '세길 긴뜨기'를 했습니다. 기둥코도 1코로 계산하므로 이로써 2코를 떴습니다.

6 다음 코도 바늘에 실을 3번 감고서 1~5를 반복합니다.

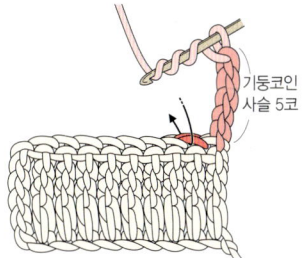

7 2단은 1단의 끝에서 기둥코로 사슬 5코를 뜨고 뜨개바탕을 뒤집은 다음 시작합니다. 바늘에 실을 3번 감고 나서 앞단의 2번째 코를 주워 뜹니다.

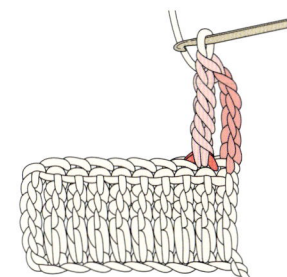

8 2단에서 세길 긴뜨기 1코를 뜬 모습입니다. 기둥코도 1코로 계산하므로 이로써 2코를 떴습니다.

네길 긴뜨기

세길 긴뜨기보다 사슬 1코만큼 더 긴 뜨개코입니다.
바늘에 실을 **4번** 감고 나서 뜨기 시작합니다.
기둥코는 **사슬 6코**로, 이 기둥코도 1코로 계산합니다.

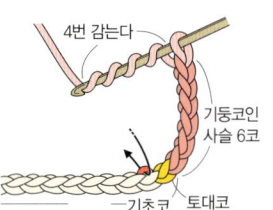
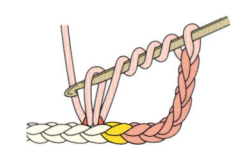
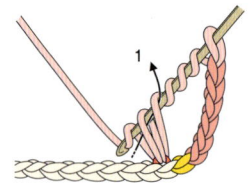
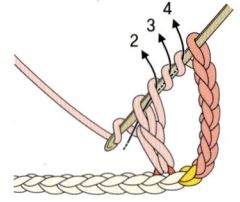

1 '기초코+기둥코 6코'만큼의 사슬을 뜨고, 바늘에 실을 4번 감고서 기초코의 가장자리에서 2번째 코에 바늘을 넣습니다.

2 실을 걸어 사슬 2코만큼의 높이로 빼냅니다.

3 바늘에 실을 걸어 바늘에 걸린 2개의 고리 사이로 빼냅니다.

4 다시 바늘에 실을 걸어 바늘에 걸린 2개의 고리 사이로 빼냅니다. 이를 2번 더 반복합니다.

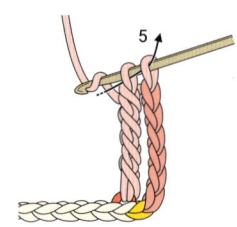
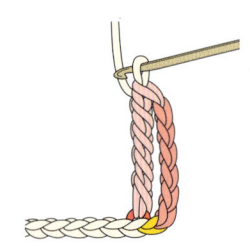
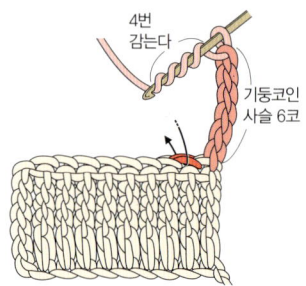
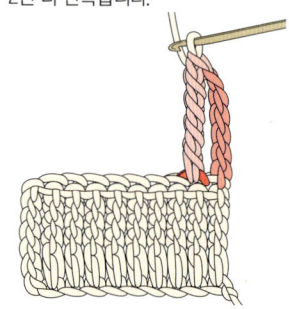

5 이 상태를 '미완성 네길 긴뜨기'라고 부릅니다. 다시 바늘에 실을 걸어 남은 2개의 고리 사이로 빼냅니다.

6 '네길 긴뜨기'를 했습니다. 기둥코도 1코로 계산하므로 이로써 2코를 뜬 것입니다.

7 2단은 1단의 끝에서 기둥코로 사슬 6코를 뜨고 나서 뜨개바탕을 뒤집고 시작합니다. 바늘에 실을 4번 감고서 앞단의 2번째 코를 주워 뜹니다.

8 2단에서 '네길 긴뜨기' 1코를 떴습니다. 기둥코도 1코로 계산하므로 이로써 2코를 떴습니다.

감아뜨기

많이 사용하지 않는 특수한 기법이지만 재미있는 뜨개코이므로 연습해보세요.
바늘에 실을 감는 횟수는 뜨개 도안의 지시에 따릅니다.

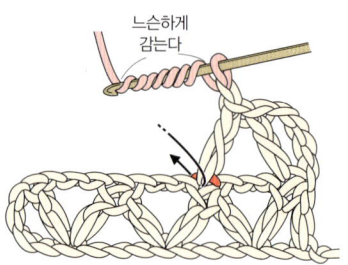
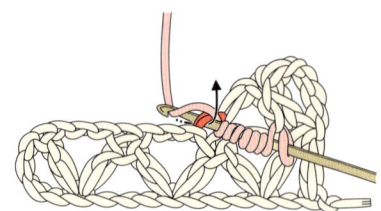
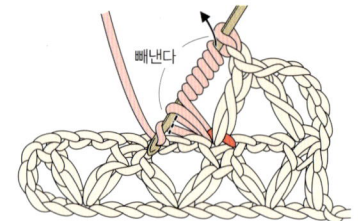

1 도안에 지정된 횟수만큼 바늘에 실을 감고서 앞단의 코를 줍습니다.

2 실을 걸어 빼냅니다.

3 바늘에 실을 걸고, 빼낸 고리와 실을 감아 만든 고리 사이로 한 번에 빼냅니다.

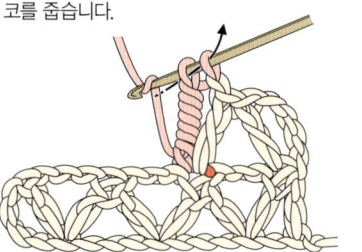
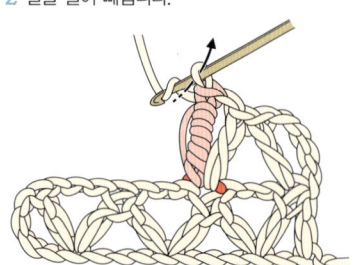
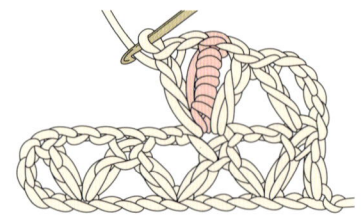

4 바늘에 실을 걸어 바늘에 걸린 2개의 고리 사이로 빼냅니다.

5 '감아뜨기'를 했습니다. 계속해서 뜹니다.

6 코일 모양의 뜨개코가 떠졌습니다.

이랑뜨기

코를 줍는 방법에 변화를 주면 같은 기법이라고 해도 모양이 다르게 나옵니다.

 짧은 이랑뜨기

단마다 앞단의 오른쪽 반코를 주워서 왕복으로 뜹니다.
뜨개바탕에 이랑과 같은 요철이 생기기 때문에 '이랑뜨기'라고 부릅니다.

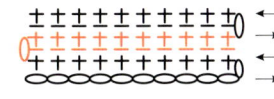 

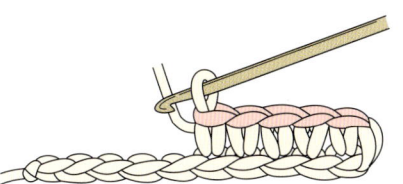

1 1단은 일반적인 짧은뜨기를 합니다.

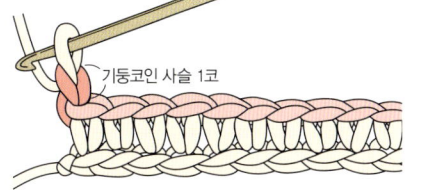

2 1단을 떴다면 2단의 기둥코인 사슬 1코를 뜨고서 뜨개바탕을 돌려 뒤집습니다.

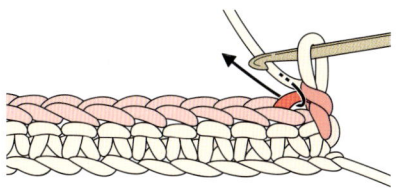

3 앞단 가장자리 코의 오른쪽 반코에 바늘을 넣습니다.

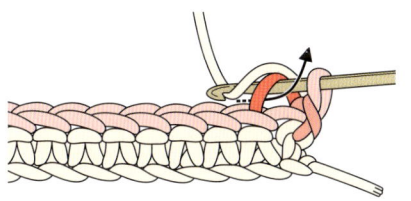

4 실을 걸어 빼냅니다.

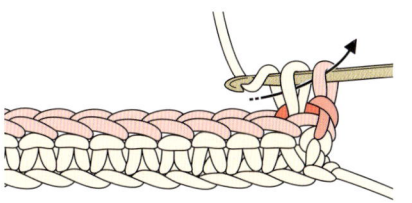

5 다시 바늘에 실을 걸고 바늘에 걸린 고리 사이로 빼냅니다(짧은뜨기를 합니다).

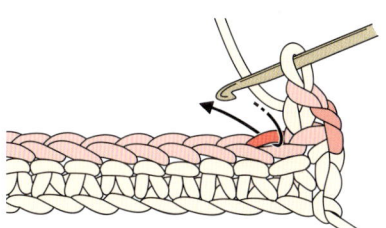

6 다음 코도 앞단의 오른쪽 반코를 주워서,

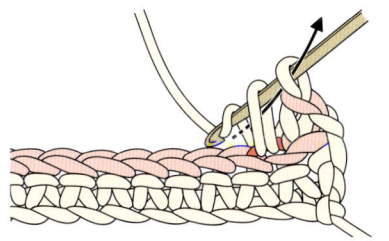

7 짧은뜨기를 합니다.

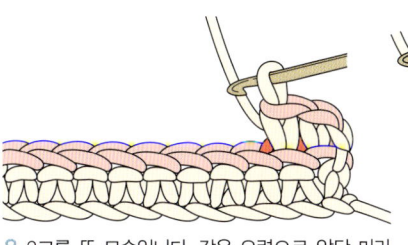

8 2코를 뜬 모습입니다. 같은 요령으로 앞단 머리의 **오른쪽 반코**를 주워서 계속 뜹니다.

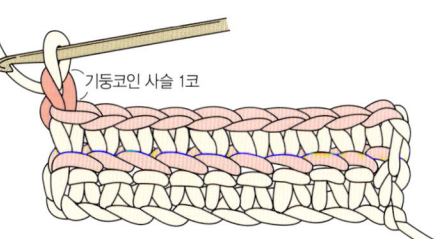

9 2단을 떴다면 3단의 기둥코인 사슬 1코를 뜨고서 뜨개바탕을 돌려 뒤집습니다.

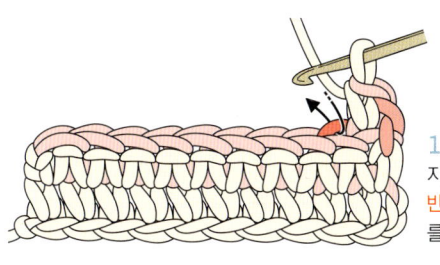

10 3단도 2단과 마찬가지로 앞단 머리의 **오른쪽 반코**를 주워서 짧은뜨기를 합니다.

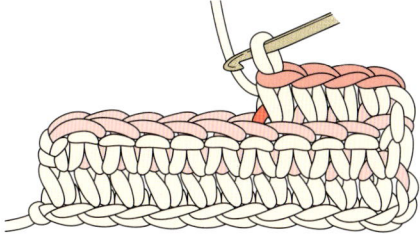

11 4코를 뜬 모습입니다.

짧은 이랑뜨기 (왕복뜨기)

앞단의 오른쪽 반코를 주워서 뜨면 왼쪽 반코가 줄무늬 모양으로 남습니다. 왕복해서 뜰 때(평뜨기)는 겉쪽에만 줄기무늬가 생기도록 앞단의 오른쪽 반코와 왼쪽 반코를 단마다 번갈아가면서 떠야 합니다.

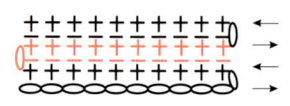

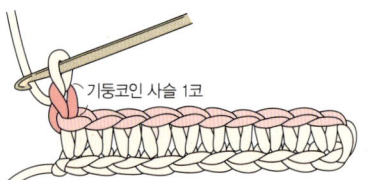

1 1단은 일반적인 짧은뜨기로 뜨고, 2단의 기둥코인 사슬 1코를 뜨고서 뜨개바탕을 돌려 뒤집습니다.

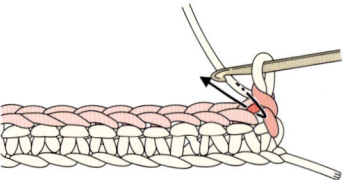

2 2단은 안쪽을 보면서 뜨는 단입니다. 앞단 가장자리 코의 왼쪽 반코를 주워서,

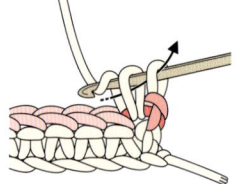

3 짧은뜨기를 합니다.

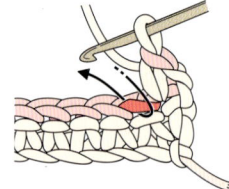

4 계속해서 다음 코도 왼쪽 반코를 주워서 짧은뜨기를 합니다.

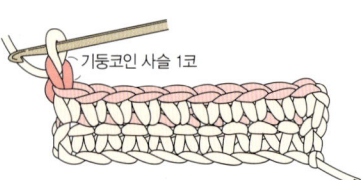

5 2단을 떴다면, 3단의 기둥코인 사슬 1코를 뜨고서 뜨개바탕을 겉쪽으로 돌려 뒤집습니다.

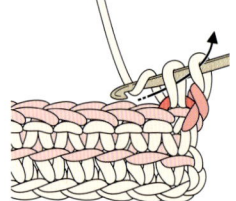

6 3단은 겉쪽을 보며 뜨는 단입니다. 앞단 가장자리 코의 오른쪽 반코를 주워서 짧은뜨기를 합니다.

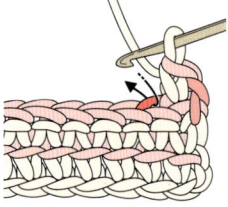

7 계속해서 다음 코도 오른쪽 반코를 주워서 짧은뜨기를 합니다.

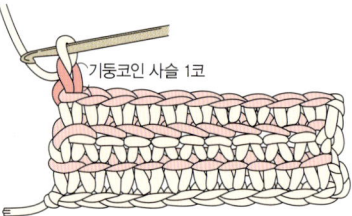

8 3단을 떴다면, 4단의 기둥코인 사슬 1코를 뜨고서 뜨개바탕을 돌려 뒤집습니다. 겉쪽으로 뜨개코 머리의 반코가 남도록 뜹니다.

짧은 이랑뜨기 (원형뜨기)

원형뜨기로 뜰 때는 뜨개바탕의 겉쪽만 보면서 뜨게 되므로 항상 앞단의 오른쪽 반코를 주워 떠야 합니다.

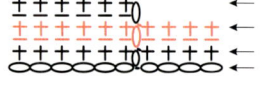

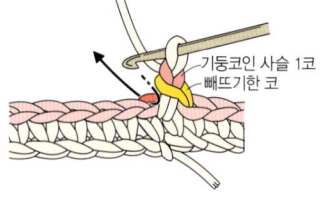

1 짧은뜨기를 1바퀴 뜨고 1번째 코 짧은뜨기의 머리에 빼뜨기를 합니다. 이어서 2단의 기둥코인 사슬 1코를 뜨고, 앞단 1번째 코 짧은뜨기의 오른쪽 반코를 주워서,

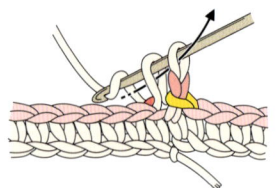

2 짧은뜨기를 합니다.

3 계속해서 다음 코도 오른쪽 반코를 주워서 짧은뜨기를 합니다.

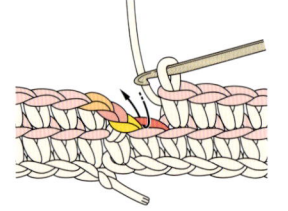

4 같은 요령으로 오른쪽 반코를 주워서 짧은뜨기를 하며 1바퀴 돕니다.

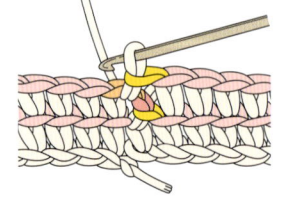

5 2단의 끝에서도 1번째 코 짧은뜨기의 머리에 빼뜨기를 합니다.

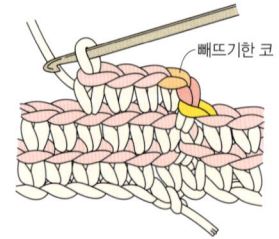

6 3단도 1~4를 반복하며 앞단의 오른쪽 반코를 주워 뜹니다.

POINT

여러 가지 이랑뜨기

다른 뜨개코 역시 짧은뜨기 때와 같은 요령으로 이랑뜨기를 합니다.

긴 이랑뜨기 (원형뜨기)

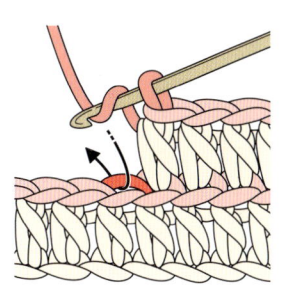
1 바늘에 실을 걸고서 앞단의 오른쪽 반코를 줍습니다.

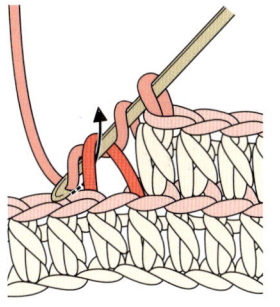
2 실을 걸어 빼내고,

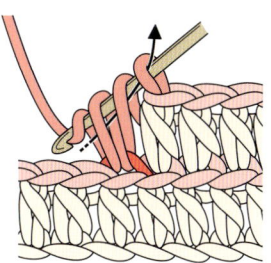
3 다시 바늘에 실을 걸어 바늘에 걸린 3개의 고리 사이로 한 번에 빼냅니다 (긴뜨기를 뜹니다).

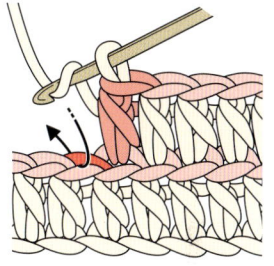
4 같은 요령으로 계속 뜹니다.

한길 긴 이랑뜨기 (원형뜨기)

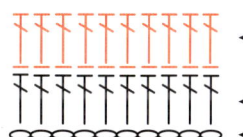

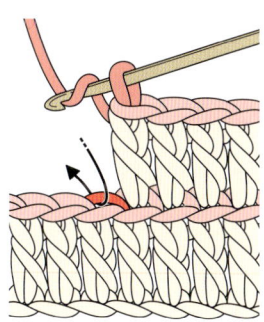
1 바늘에 실을 걸고서 앞단의 오른쪽 반코를 줍습니다.

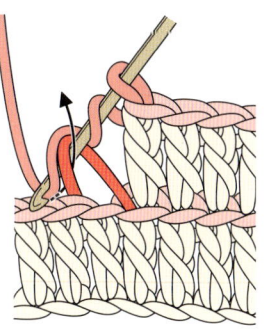
2 실을 걸어 빼내고,

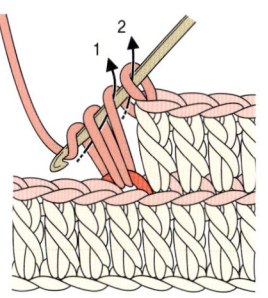
3 바늘에 실을 걸어 바늘에 걸린 2개의 고리 사이로 빼냅니다. 다시 바늘에 실을 걸어 남은 2개의 고리 사이로 빼냅니다 (한길 긴뜨기를 합니다).

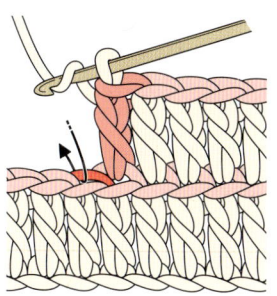
4 같은 요령으로 계속 뜹니다.

걸어뜨기

뜨개 기호만 보면 어려워 보이지만, 바늘을 넣는 위치만 다를 뿐 뜨는 방법은 같습니다(기호의 고리가 걸려 있는 코 전체를 주워서 뜹니다). 아래쪽 코를 끌어 올리듯이 뜨기 때문에 뜨개코가 입체적입니다. 뜨개 기호는 바늘을 넣는 위치에 따라서 길게 표현되기도 합니다.

⭠ 짧은 앞걸어뜨기

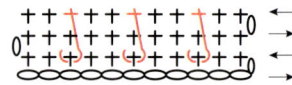

* 안쪽은 '뒤걸어뜨기'와 모습이 똑같습니다.

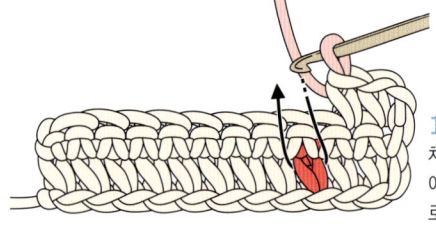

1 전전단 코의 다리 전체를 줍는데, 이때 앞쪽에서 바늘을 넣어 앞쪽으로 뺍니다.

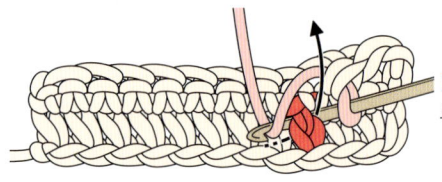

2 실을 걸어 다리 사이로 길게 빼냅니다.

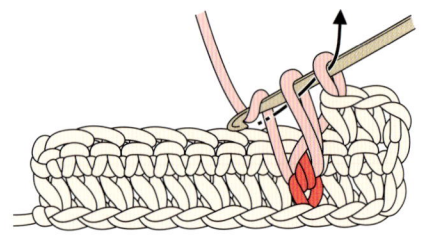

3 바늘에 실을 걸어 바늘에 걸린 2개의 고리 사이로 빼냅니다(짧은뜨기를 합니다).

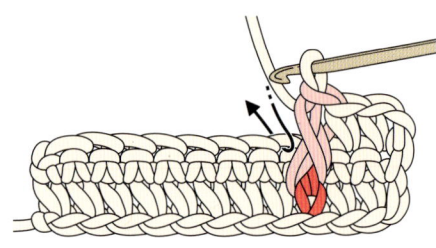

4 '짧은 앞걸어뜨기'를 했습니다. 앞단의 코를 1코 걸러서 다음 코를 뜹니다.

⭢ 짧은 뒤걸어뜨기

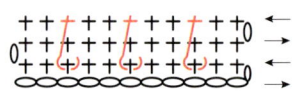

* 안쪽은 '앞걸어뜨기'와 모습이 똑같습니다.

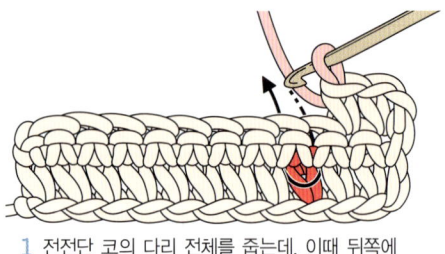

1 전전단 코의 다리 전체를 줍는데, 이때 뒤쪽에서 바늘을 넣어 뒤쪽으로 뺍니다.

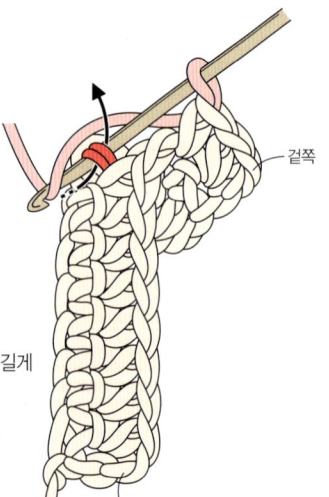

2 실을 걸어 길게 빼냅니다.

겉쪽

안쪽

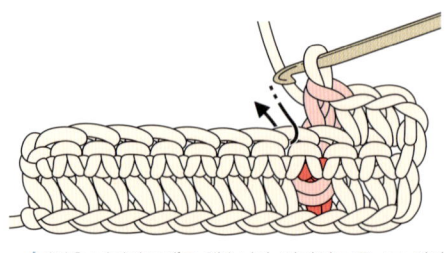

3 바늘에 실을 걸어 바늘에 걸린 2개의 고리 사이로 빼냅니다(짧은뜨기를 합니다).

4 '짧은 뒤걸어뜨기'를 했습니다. 앞단의 코를 1코 걸러서 다음 코를 뜹니다.

긴 앞걸어뜨기

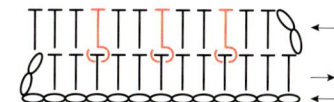 

* 안쪽은 '뒤걸어뜨기'와 모습이 똑같습니다.

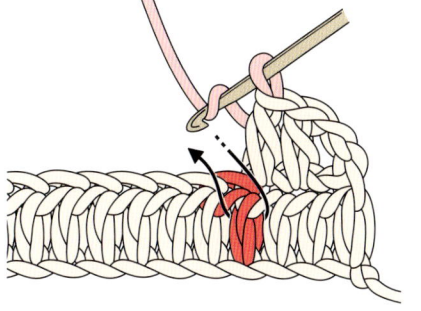

1 바늘에 실을 걸고서 앞단 코의 다리 전체를 줍는데, 이때 앞쪽에서 바늘을 넣어 앞쪽으로 뺍니다.

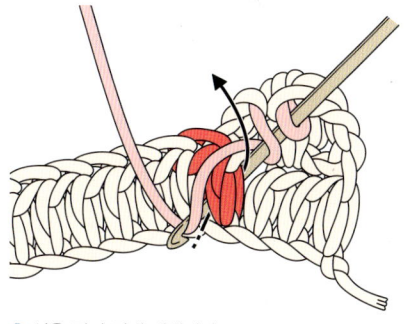

2 실을 걸어 길게 빼냅니다.

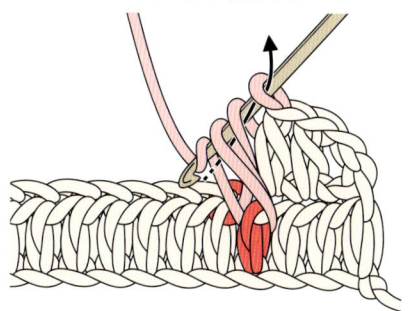

3 바늘에 실을 걸고 바늘에 걸린 모든 고리 사이로 한 번에 빼냅니다(긴뜨기를 합니다).

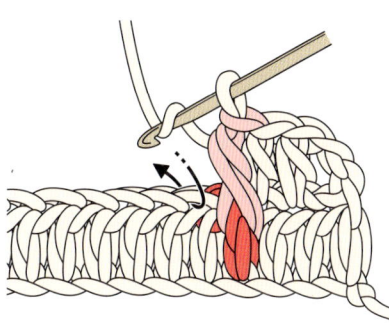

4 '긴 앞걸어뜨기'를 떴습니다. 앞단의 코를 1코 걸러서 다음 코를 뜹니다.

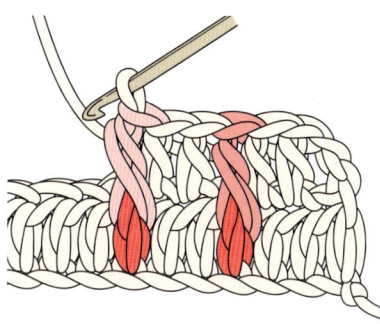

5 2회째의 '긴 앞걸어뜨기'를 한 모습입니다.

긴 뒤걸어뜨기

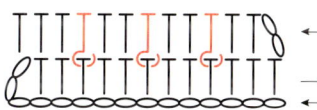 

* 안쪽은 '앞걸어뜨기'와 모습이 똑같습니다.

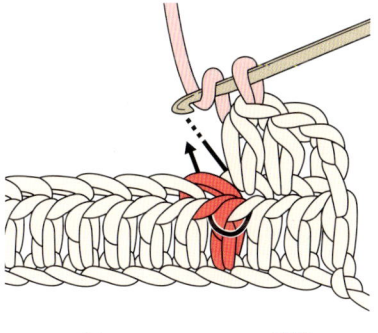

1 바늘에 실을 걸고서 앞단 코의 다리 전체를 줍는데, 이때 뒤쪽에서 바늘을 넣어 뒤쪽으로 뺍니다.

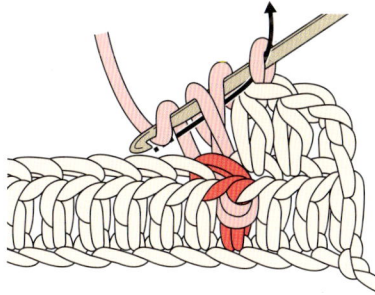

2 실을 걸어 길게 빼내고, 바늘에 실을 걸어 바늘에 걸린 모든 고리 사이로 한 번에 빼냅니다(긴뜨기를 합니다).

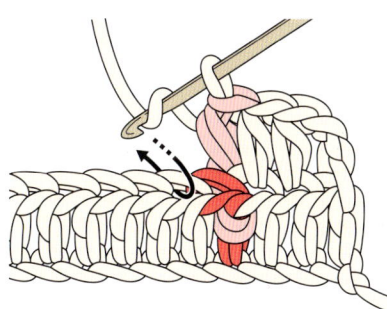

3 '긴 뒤걸어뜨기'를 했습니다. 앞단의 코를 1코 걸러서 다음 코를 뜹니다.

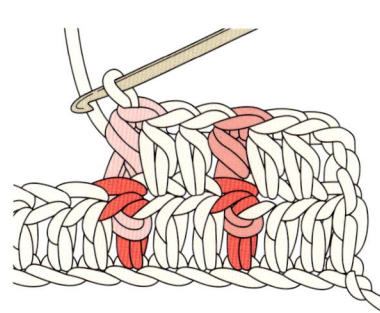

4 2회째의 '긴 뒤걸어뜨기'를 한 모습입니다.

한길 긴 앞걸어뜨기

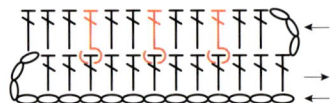

* 안쪽은 '뒤걸어뜨기'와 모습이 똑같습니다.

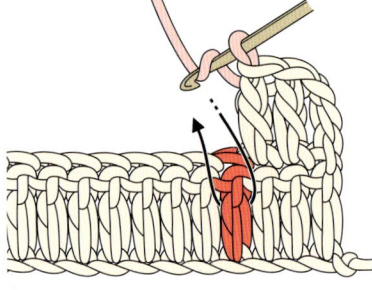

1 바늘에 실을 걸고서 앞단 코의 다리 전체를 줍는데, 이때 앞쪽에서 바늘을 넣어 앞쪽으로 뺍니다.

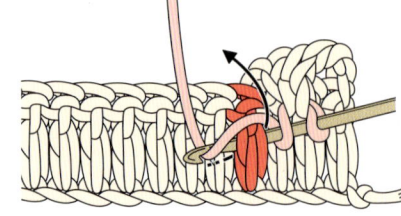

2 실을 걸어 길게 빼냅니다.

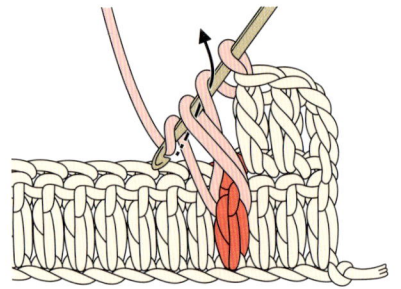

3 바늘에 실을 걸어 바늘에 걸린 2개의 고리 사이로 빼냅니다.

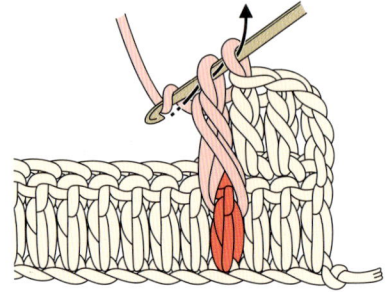

4 다시 바늘에 실을 걸어 남은 2개의 고리 사이로 빼냅니다(한길 긴뜨기를 합니다).

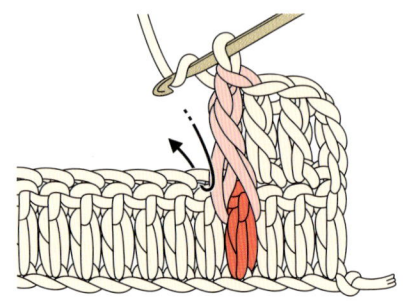

5 '한길 긴 앞걸어뜨기'를 했습니다. 앞단의 코를 1코 걸러서 다음 코를 뜹니다.

한길 긴 뒤걸어뜨기

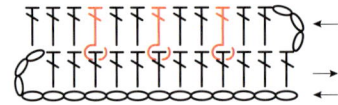

* 안쪽은 '앞걸어뜨기'와 모습이 똑같습니다.

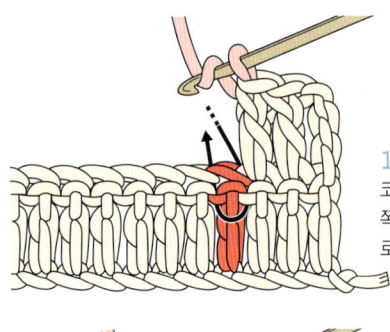

1 바늘에 실을 걸고서 앞단 코의 다리 전체를 줍는데, 뒤쪽에서 바늘을 넣어 뒤쪽으로 뺍니다.

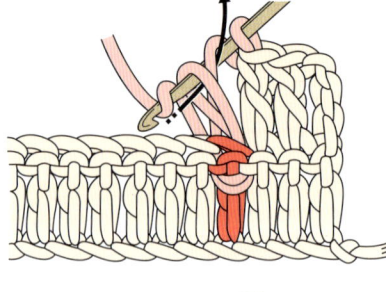

2 실을 걸어 길게 빼내고, 바늘에 실을 걸어 바늘에 걸린 2개의 고리 사이로 빼냅니다.

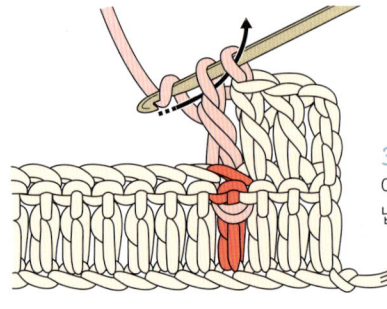

3 다시 한 번 바늘에 실을 걸어 남은 2개의 고리 사이로 빼냅니다(한길 긴뜨기를 합니다).

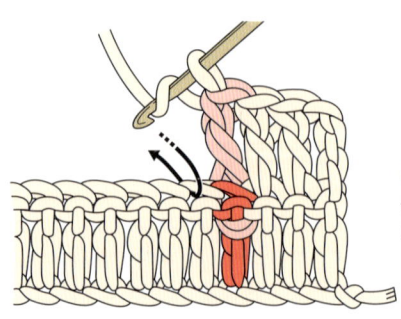

4 '한길 긴 뒤걸어뜨기'를 했습니다. 앞단의 코를 1코 걸러 다음 코를 뜹니다.

POINT

걸어뜨기의 응용 기법

뜨개 기호의 아래쪽에 갈고리가 달려 있으면 이는 '걸어뜨기'를 뜻합니다.
기호의 갈고리가 어느 코에 걸려 있는지를 확인하고,
그곳에 바늘을 넣어 뜨개코의 다리 전체를 주워서 실을 길게 빼내어 뜹니다.

 **한길 긴 앞걸어 1코 교차뜨기**(사이에 사슬 1코)

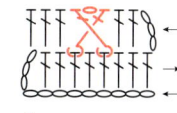

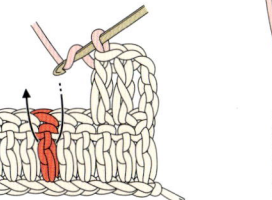 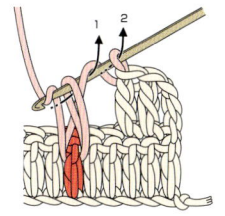 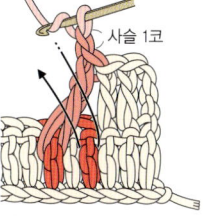 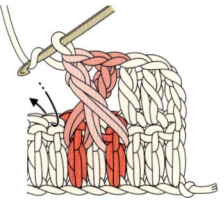

1 바늘에 실을 걸고, 앞단 한길 긴뜨기를 2코 걸러 3번째 코의 다리 전체를 줍습니다. 이때 앞쪽에서 바늘을 넣어 앞쪽으로 뺍니다.

2 실을 길게 빼내어 한길 긴뜨기를 합니다.

3 이어서 사슬 1코를 뜨고, 바늘에 실을 걸고서 앞단의 전전코 다리를 주워서 실을 길게 빼낸 후에 한길 긴뜨기를 합니다.

4 한길 긴 앞걸어 1코 교차뜨기(사이에 사슬 1코)를 떴습니다. 앞단 코를 3코 걸러서 다음 코를 뜹니다.

 한길 긴 앞걸어 2코 늘려뜨기(한 코에서)

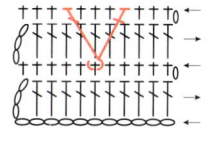

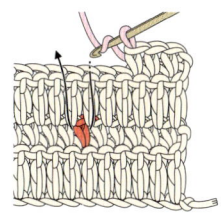 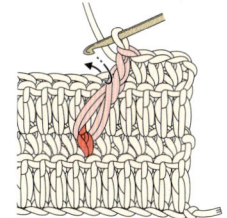 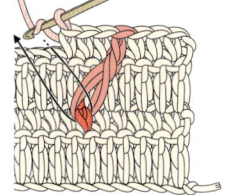 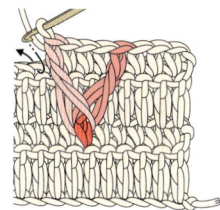

1 바늘에 실을 걸고서 전전단 짧은뜨기를 2코 걸러서 3번째 코의 다리 전체를 줍는데, 이때 앞쪽에서 바늘을 넣어 앞쪽으로 뺍니다. 실을 걸고 길게 빼서 한길 긴뜨기를 합니다.

2 앞단 코를 1코 걸러서 짧은뜨기를 3코 뜨고,

3 바늘에 실을 걸고, 1과 같은 곳에 앞쪽에서 바늘을 넣어 앞쪽으로 빼낸 다음, 실을 길게 빼서 한길 긴뜨기를 합니다.

4 사이에 짧은뜨기 3코를 넣어서 한길 긴뜨기의 앞걸어 2코 늘려뜨기를 했습니다. 앞단 코를 1코 걸러서 코를 짧은뜨기로 뜹니다.

＊ 걸어뜨기에는 '앞'과 '뒤'가 있다

코바늘 손뜨개의 뜨개 기호는 겉에서나 안에서나 같은 기호로 표시되고 뜨는 방법도 같습니다. 그러나 걸어뜨기에는 '앞걸어뜨기'와 '뒤걸어뜨기'가 있습니다.
뜨개바탕의 겉쪽(앞쪽)에서 바늘을 넣으면 앞걸어뜨기, 안쪽(뒤쪽)에서 바늘을 넣으면 뒤걸어뜨기가 됩니다. 걸어뜨기는 코의 다리를 주워서 끌어 올리듯이 뜨기 때문에 뜨개코가 입체적입니다. 앞걸어뜨기로 뜨면 뜨개코가 겉쪽에 나타나고, 뒤걸어뜨기로 뜨면 뜨개코가 안쪽에 나타납니다.

뜨개 도안은 모두 겉쪽에서 본 상태를 나타내므로, '앞걸어뜨기'를 안쪽에서 뜰 때는 '뒤걸어뜨기'로 떠야 합니다(그래야 겉쪽에서 보았을 때 '앞걸어뜨기'로 나타납니다).
설명으로는 복잡해 보이지만 실제로 몇 번 떠보면 원리를 이해할 수 있어 어렵지 않습니다.

짧은뜨기의 응용 기법

짧은뜨기도 여러 기법으로 응용할 수 있습니다.
특히 테두리뜨기의 마지막 단에서 사용하면 효과적입니다.

╤ 되돌아 짧은뜨기

뜨개바탕의 방향은 그대로 둔 채 왼쪽에서 오른쪽으로 진행하며 짧은뜨기를 합니다.

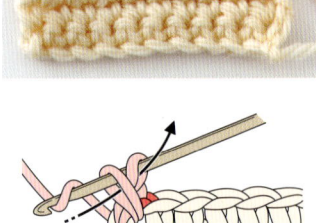

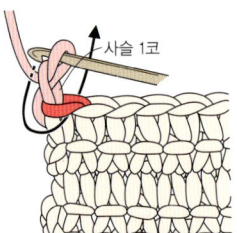

1 기둥코인 사슬 1코를 뜨고, 화살표와 같이 바늘을 돌려서 앞단 가장자리 코의 머리를 줍습니다.

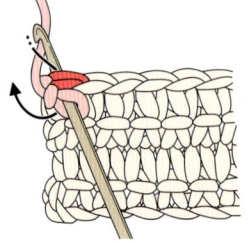

2 실 위에서 그대로 바늘에 실을 걸어 앞쪽으로 빼냅니다.

3 실을 빼낸 모습입니다.

4 바늘에 실을 걸어 바늘에 걸린 2개의 고리 사이로 빼냅니다 (짧은뜨기).

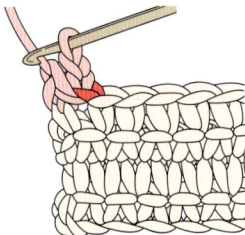

5 '되돌아 짧은뜨기'를 1코 뜬 모습입니다.

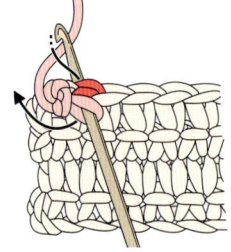

6 다음 코도 1과 같이 바늘을 돌려서 앞단 코의 머리를 줍고, 실 위에서 그대로 바늘에 실을 걸어 앞쪽으로 빼냅니다.

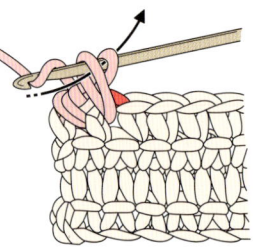

7 바늘에 실을 걸어 바늘에 걸린 2개의 고리 사이로 빼냅니다 (짧은뜨기).

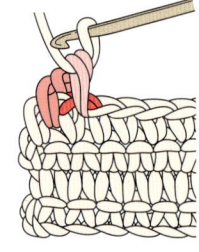

8 2코를 떴습니다. 6~7을 반복하며 왼쪽에서 오른쪽으로 뜹니다.

╤ 변형 되돌아 짧은뜨기 (반코 줍기)

95쪽의 한 코 줍기를 응용한 기법입니다.

1~8까지는 95쪽과 같고, 되돌아간 코에서 실을 1가닥만 줍습니다.

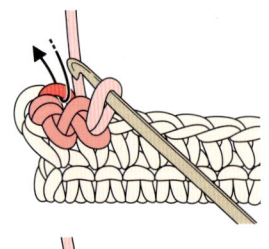

9 1코 되돌아가 화살표와 같이 바늘을 넣습니다.

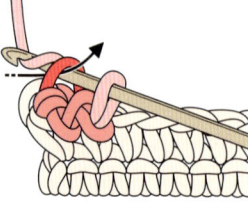

10 바늘에 실을 걸어 빼내고,

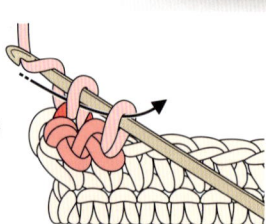

11 다시 바늘에 실을 걸어 바늘에 걸린 2개의 고리 사이로 빼냅니다 (짧은뜨기).

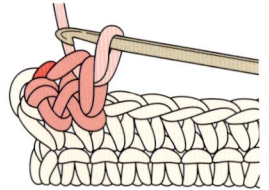

12 변형 되돌아 짧은뜨기 (반코 줍기)의 2번째 코를 떴습니다. 7~11을 반복하고, 되돌아간 코에서는 반코 (1가닥)만 주워서 왼쪽에서 오른쪽으로 진행하며 뜹니다.

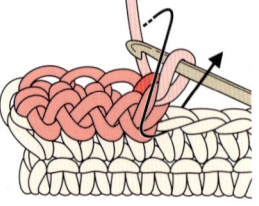

13 변형 되돌아 짧은뜨기 (반코 줍기)를 4코 뜬 모습입니다.

변형 되돌아 짧은뜨기 (한 코 줍기)

되돌아 짧은뜨기를 응용한 기법입니다.
뜨개바탕은 그대로 두고, 왼쪽에서 오른쪽으로 되돌아가며 뜹니다.

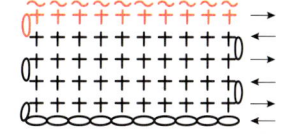

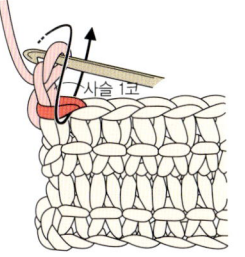

1 기둥코인 사슬 1코를 뜨고, 화살표와 같이 바늘을 돌려서 앞단 가장자리 코의 머리를 줍습니다.

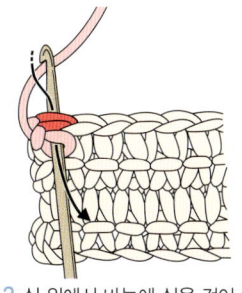

2 실 위에서 바늘에 실을 걸어 바늘에 걸린 고리 사이로 빼냅니다.

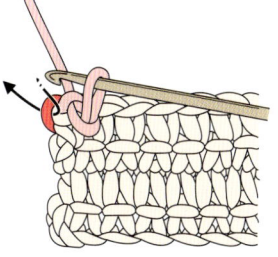

3 기둥코의 코산에 바늘을 넣고,

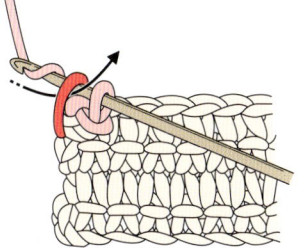

4 실을 걸어 빼냅니다.

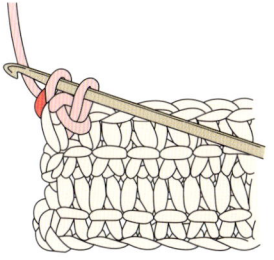

5 실을 빼낸 모습입니다.

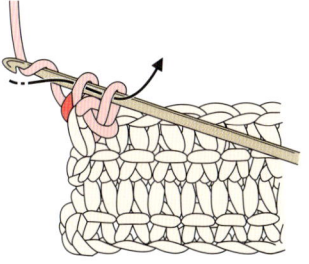

6 바늘에 실을 걸어 바늘에 걸린 2개의 고리 사이로 빼냅니다 (짧은뜨기).

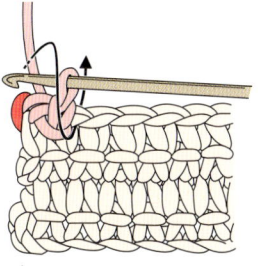

7 '변형 되돌아 짧은뜨기'를 1코 떴습니다. 다음 코도 1과 같이 바늘을 돌려서 앞단 오른쪽 코의 머리를 줍고,

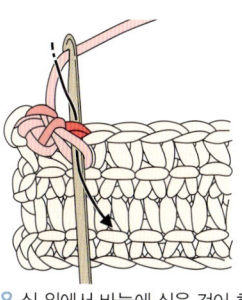

8 실 위에서 바늘에 실을 걸어 화살표와 같이 빼냅니다.

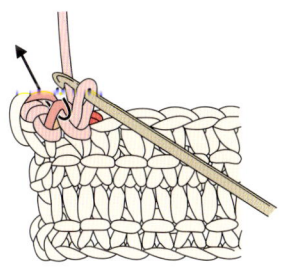

9 1코 되돌아가서 화살표와 같이 한 코를 줍습니다.

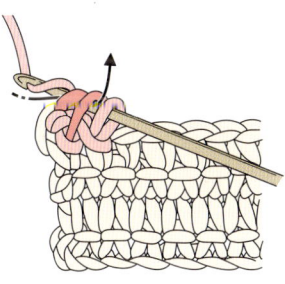

10 실을 걸어 빼냅니다.

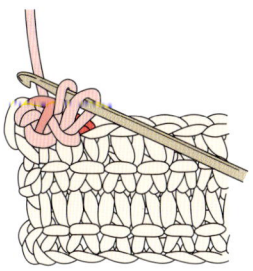

11 실을 빼낸 모습입니다.

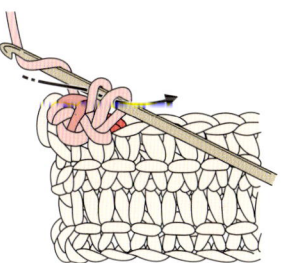

12 바늘에 실을 걸어 바늘에 걸린 2개의 고리 사이로 빼냅니다 (짧은뜨기).

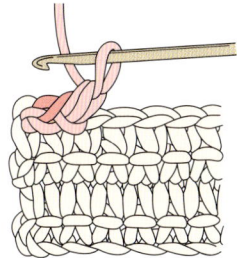

13 변형 되돌아 짧은뜨기(한 코 줍기)의 2번째 코를 떴습니다. 7~12를 반복하고, 되돌아간 코에서는 한 코(2가닥)를 주워 오른쪽으로 진행하며 뜹니다.

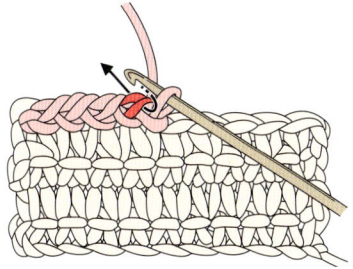

14 5코를 뜬 모습입니다.

바늘 돌려서 짧은뜨기

바늘로 빼낸 실을 돌려서 짧은뜨기를 하는 기법입니다.

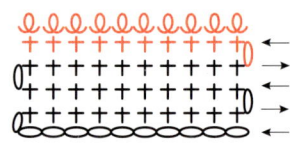

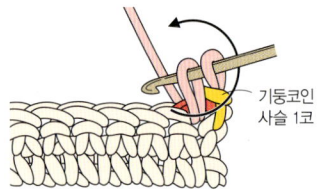
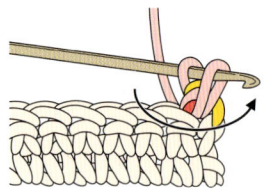
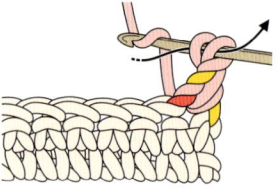
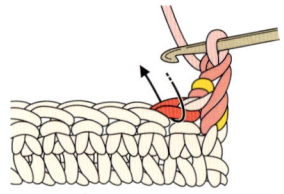

1 기둥코인 사슬 1코를 뜬 다음, 앞단 오른쪽 가장자리 코의 머리에 바늘을 넣고 실을 걸어 길게 빼냅니다. 그 상태로 화살표와 같이 바늘을 돌립니다.

2 돌리는 도중입니다. 계속해서 1바퀴를 다 돌립니다.

3 바늘에 실을 걸어 바늘에 걸린 2개의 고리 사이로 한 번에 빼냅니다(짧은뜨기).

4 '바늘 돌려서 짧은뜨기'를 1코 떴습니다. 계속해서 다음 코도 앞단 코의 머리에 바늘을 넣습니다.

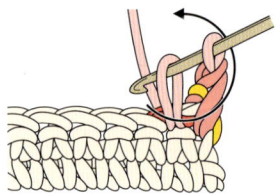
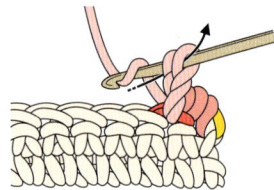
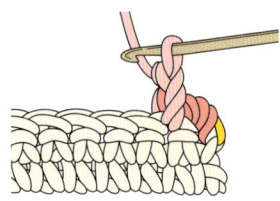
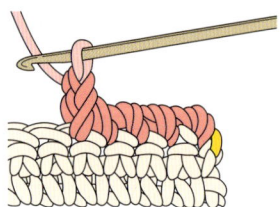

5 1과 마찬가지로 실을 길게 뺀 다음, 화살표 방향으로 1바퀴 돌립니다.

6 바늘에 실을 걸어 바늘에 걸린 2개의 고리 사이로 한 번에 빼냅니다(짧은뜨기).

7 2코 떴습니다.

8 4~6을 반복해서 뜹니다. 5코를 뜬 모습입니다.

실 돌려서 짧은뜨기

빼낸 실에 실을 감아 짧은뜨기를 하는 기법입니다. 뜨개 기호는 일반적인 짧은뜨기와 똑같지만 뜨개 도안에 주석이 붙습니다.

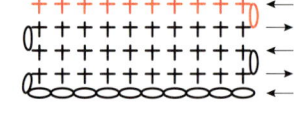

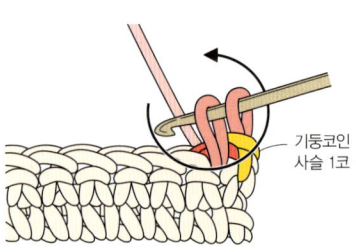
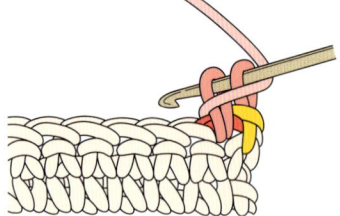
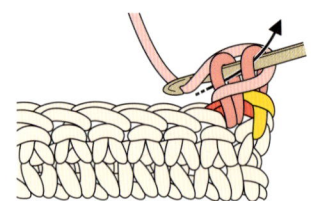

1 기둥코인 사슬 1코를 뜨고, 앞단 오른쪽 가장자리 코를 주워서 실을 걸어 빼냅니다. 진행하던 실을 왼쪽에서 오른쪽으로 감습니다.

2 실을 감은 모습입니다.

3 그 상태로 바늘에 실을 걸어 바늘에 걸린 2개의 고리 사이로 한 번에 빼냅니다(짧은뜨기).

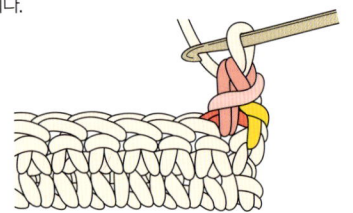
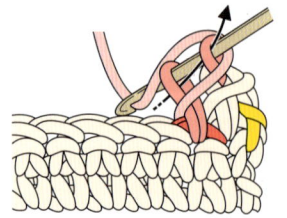
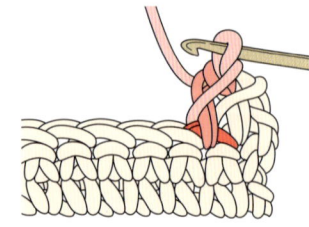

4 '실 돌려서 짧은뜨기'를 1코 떴습니다.

5 다음 코도 마찬가지로, 미완성 짧은뜨기 상태로 실을 감고, 바늘에 실을 걸어 고리 사이로 빼냅니다.

6 2코를 뜬 모습입니다.

이럴 때는?

아직 뜨는 중인데 실을 다 썼어요! (실을 잇는 방법)

새 실을 묶어서 이을 수도 있지만 이렇게 하면 매듭 때문에 뜨개바탕이 지저분해지므로 뜨면서 새 실로 바꿔주는 것이 더 좋습니다. 실타래 안에서 매듭이 나올 때도 있는데, 이때도 매듭을 풀거나 잘라버리고 새 실을 이어야 합니다. (설명에서는 알아보기 쉽게 다른 색깔의 실로 이었습니다)

뜨개바탕의 겉쪽에서 이을 때

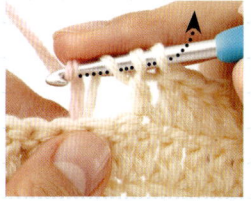  

1 뜨개코가 미완성 상태(→66쪽)일 때 진행하던 실을 바늘의 앞쪽에서 뒤쪽으로 걸어놓고 새 실을 바늘에 걸어 빼냅니다.

2 새 실로 바뀌었습니다.

3 실 끝도 같이 주워 감싸듯이 뜹니다.

뜨개바탕의 안쪽에서 이을 때

1 뜨개코가 미완성 상태(→66쪽)일 때 진행하던 실을 바늘의 뒤쪽에서 앞쪽으로 걸어 놓고 새 실을 바늘에 걸어 빼냅니다.

2 새 실로 바뀌었습니다.

3 실 끝도 같이 주워 감싸듯이 뜹니다.

잘못 떴어요!

뜨는 도중에 잘못 떴다는 사실을 알아챘다면 잘못 뜬 위치까지 실을 풀고 다시 뜨면 됩니다.

1 한길 긴뜨기를 1코 더 뜨고 말았습니다.

2 잘못 뜬 코의 머리에 바늘을 넣습니다.

3 실 끝을 당겨서 뜨개코를 풉니다.

4 잘못 뜬 코까지만 풉니다.

기초코를 너무 많이 떴어요!

손뜨개에 익숙하지 않을 때는 기초코의 콧수를 맞추지 못할 때도 있습니다. 사슬의 뜨기 시작 쪽은 풀어낼 수 있습니다. 부족한 콧수를 더하는 것은 어려우므로 콧수가 맞을지 걱정된다면 차라리 여유 있게 뜨고서 나중에 푸는 편이 좋습니다.

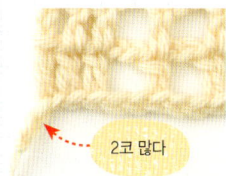 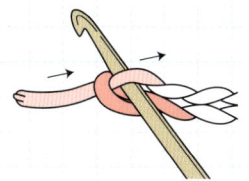 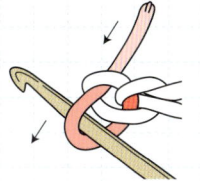 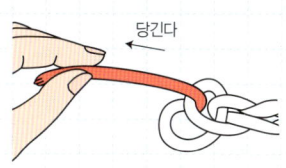

1 기초코를 많이 뜨고 말았습니다.

2 사슬의 겉을 보며 가장자리 코의 실 끝쪽 반코에 바늘을 넣어 실 끝을 천천히 빼냅니다.

3 계속해서 실 끝을 빼냅니다.

4 실 끝을 당기면 사슬이 풀어집니다(너무 많이 풀지 않도록 주의).

팝콘뜨기

구슬뜨기와 비슷하지만 더욱 입체적이고 풍성한 뜨개코입니다.
겉쪽과 안쪽에서 번갈아가며 바늘을 넣어 뜨개코가 겉쪽으로만 도드라지게 떠야 합니다.

 한길 긴 5코 팝콘뜨기 (한 코에서)

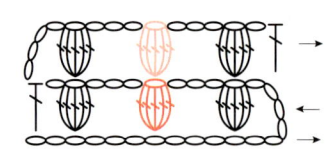  
　　　　　　　　　　　　　　1단　　　　　2단

1단 (겉을 보며 뜨는 단)

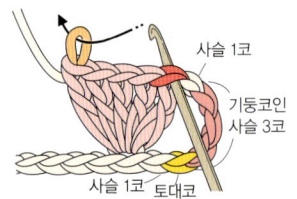 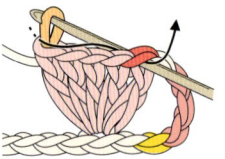 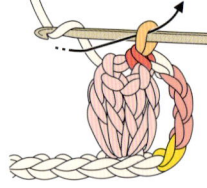 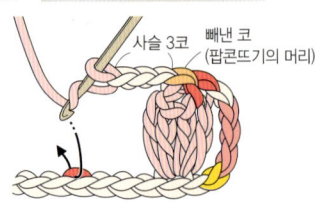

1 앞단(여기에서는 기초코)의 1코에 한길 긴뜨기 5코를 뜨고 일단 바늘을 뺍니다. 바늘에 걸려 있던 코는 그대로 두고 (쉬게 하고), 1번째 코의 한길 긴뜨기 머리에 **앞쪽에서부터** 바늘을 넣습니다.

2 쉬고 있던 코를 걸어서 1번째 코의 머리 아래로 빼냅니다.

3 빼낸 코가 느슨해지지 않도록 사슬을 1코 떠서 조입니다.

4 뜨개코가 앞쪽으로 도드라지고, 3에서 뜬 사슬코가 팝콘뜨기의 머리가 됩니다. 계속해서 뜹니다.

2단 (안을 보며 뜨는 단)

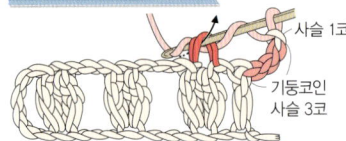 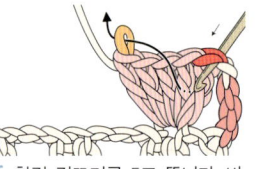 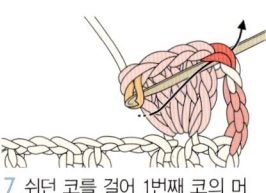 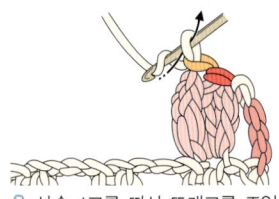

5 바늘에 실을 걸어 앞단 팝콘뜨기의 머리(3의 사슬)에 바늘을 넣고,

6 한길 긴뜨기를 5코 뜹니다. 바늘에 걸린 코를 쉬게 놔두고 1번째 코의 한길 긴뜨기 머리에 **뒤쪽에서부터** 바늘을 넣습니다.

7 쉬던 코를 걸어 1번째 코의 머리 아래로 빼냅니다.

8 사슬 1코를 떠서 뜨개코를 조입니다. 뜨개코는 뒤쪽으로 도드라집니다.

한길 긴 5코 팝콘뜨기 (코 아래에서)

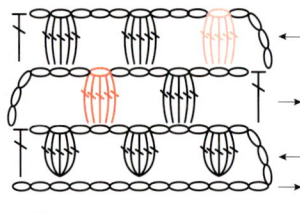 

2단 (안을 보며 뜨는 단)

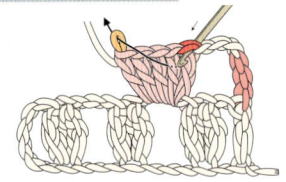 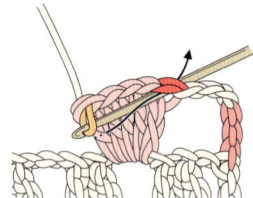 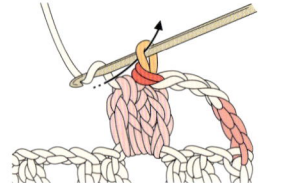

1 앞단 사슬의 아래쪽 공간에 바늘을 넣어 한길 긴뜨기를 5코 뜨고, 바늘에 걸린 코를 쉬게 놔두고서 1번째 코인 한길 긴뜨기 머리에 **뒤쪽에서부터** 바늘을 넣습니다.

2 쉬던 코를 걸어 1번째 코의 머리 아래로 빼냅니다.

3 사슬 1코를 떠서 뜨개코를 조입니다. 뜨개코는 뒤쪽으로 도드라집니다.

4 계속해서 앞단의 사슬을 다발로 주워서 뜹니다.

3단 (겉을 보며 뜨는 단)

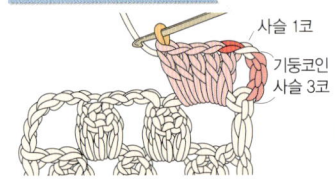 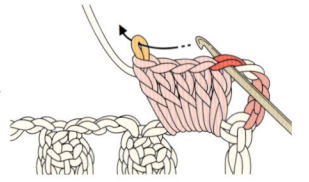 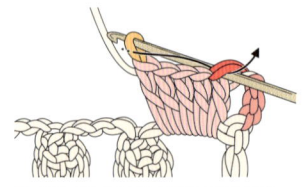 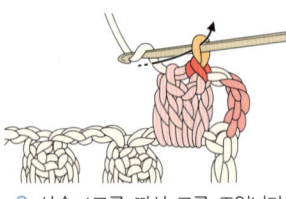

5 앞단 사슬의 아래쪽 공간에 바늘을 넣고 한길 긴뜨기를 5코 뜹니다.

6 바늘에 걸린 코를 쉬게 하고, 한길 긴뜨기의 1번째 코 머리에 **앞쪽에서부터** 바늘을 넣습니다.

7 쉬던 코를 걸어 1번째 코의 머리 아래로 빼냅니다.

8 사슬 1코를 떠서 코를 조입니다. 뜨개코는 앞쪽으로 도드라집니다.

긴 5코 팝콘뜨기
(한 코에서)

뜨개코는 달라도 뜨는 방법은 같습니다.

1단 (겉을 보며 뜨는 단)

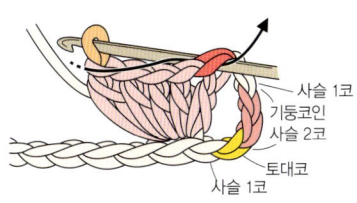

1 앞단(여기에서는 기초코)의 1코에 긴뜨기를 5코 뜨고, 일단 바늘을 빼서 바늘에 걸려 있던 코를 쉬게 합니다. 1번째 코 긴뜨기의 머리에 앞쪽에서부터 바늘을 넣어 쉬던 코를 걸어 빼냅니다.

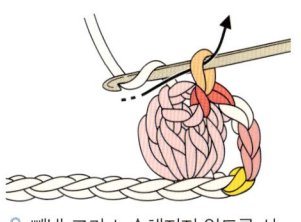

2 빼낸 코가 느슨해지지 않도록 사슬을 1코 떠서 조입니다.

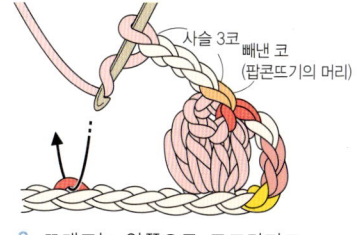

3 뜨개코는 앞쪽으로 도드라지고, 2에서 뜬 사슬코는 팝콘뜨기의 머리가 됩니다. 계속해서 뜹니다.

2단 (안을 보며 뜨는 단)

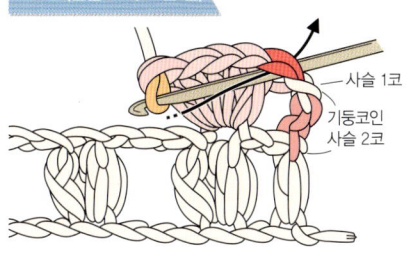

4 앞단 팝콘뜨기의 머리(2의 사슬코)에 긴뜨기를 5코 뜹니다. 일단 바늘을 빼서 바늘에 걸린 코를 쉬게 하고, 1번째 코 긴뜨기의 머리에 뒤쪽에서부터 바늘을 넣어 쉬던 코를 걸어 빼냅니다.

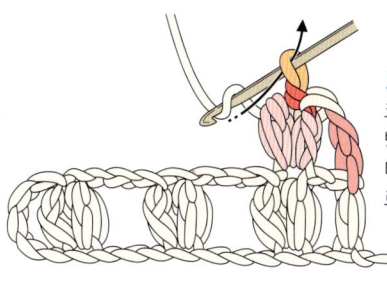

5 사슬 1코를 떠서 코를 조입니다. 같은 방법으로 계속 뜹니다. 뜨개코는 뒤쪽으로 도드라집니다.

POINT

팝콘뜨기의 특징
(구슬뜨기와 다른 점)

팝콘뜨기는 구슬뜨기보다 풍성하고 큰, 입체적인 뜨개코입니다. 구슬뜨기는 여러 개의 미완성 뜨개코를 1코로 정리하는 뜨개코이고, 팝콘뜨기는 여러 개의 완성된 뜨개코를 1코로 정리해서 사슬로 코를 조이는 뜨개코입니다. 구슬뜨기는 안쪽(뒤쪽)으로 입체감이 도드라지는 데 비해 팝콘뜨기는 1코로 정리할 때 바늘을 넣는 방법에 따라 도드라지는 방향이 달라집니다(겉과 안에서 다르게 떠야 합니다).

한길 긴 5코 팝콘뜨기

(겉)  (안)

(겉을 보며 뜰 때) 앞쪽(겉쪽)으로 코를 빼낸다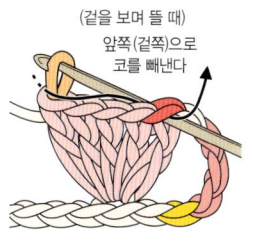

(안을 보며 뜰 때) 뒤쪽(안쪽)으로 코를 빼낸다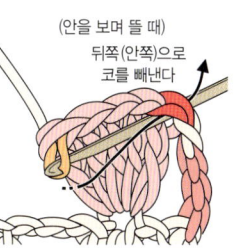

한길 긴 5코 구슬뜨기

(겉)  (안)

미완성 한길 긴뜨기 5코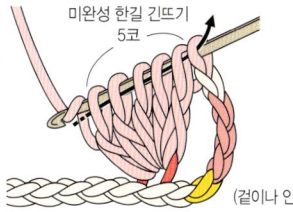

(겉이나 안이나 뜨는 방법이 같다)

두길 긴 5코 구슬뜨기 (한 코에서)

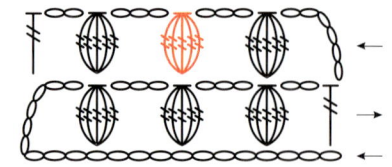

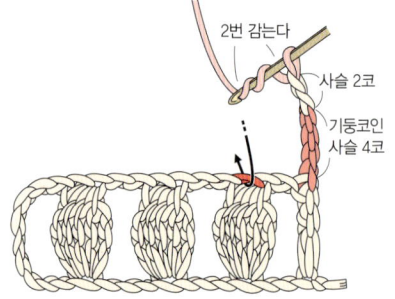

1 바늘에 실을 2번 감고서 앞단 구슬뜨기의 머리(한 코)에 바늘을 넣습니다(안쪽에서 보면 머리가 왼쪽에 있으므로 줍는 위치에 주의합니다).

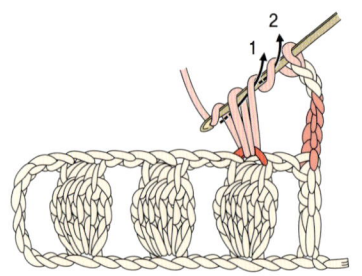

2 실을 걸어 빼내고, 다시 실을 걸어 바늘에 걸린 2개의 고리로 2번 빼내어 미완성 두길 긴뜨기를 합니다.

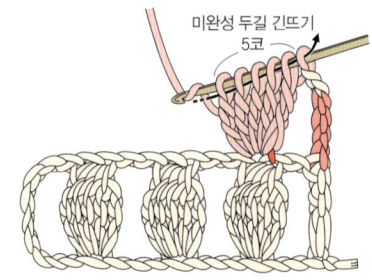

3 같은 요령으로 남은 4코의 미완성 두길 긴뜨기를 뜨고(전부 5코), 바늘에 실을 걸어 바늘에 걸린 6개의 고리 사이로 한 번에 빼냅니다.

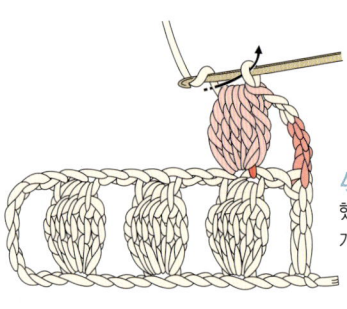

4 '두길 긴 5코 구슬뜨기'를 했습니다. 다음 코를 뜨면 뜨개코가 안정됩니다.

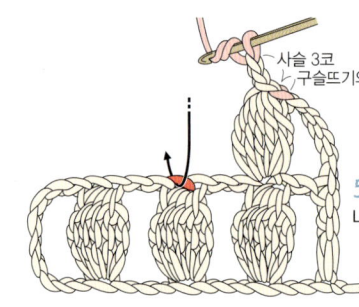

5 이어서 같은 요령으로 뜹니다.

두길 긴 5코 팝콘뜨기 (한 코에서)

겉을 보며 뜨는 단

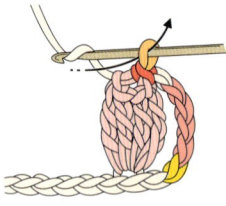

1 앞단(여기에서는 기초코)의 1코에 두길 긴뜨기 5코를 뜨고 바늘을 뺀 다음, 1번째 코인 두길 긴뜨기 머리에 **앞쪽에서부터** 바늘을 넣어 쉬던 코를 걸어 빼냅니다.

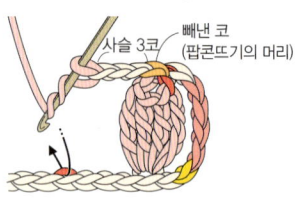

2 빼낸 코가 느슨해지지 않도록 사슬을 1코 떠서 조입니다.

3 뜨개코는 앞쪽으로 도드라지고, 2에서 뜬 사슬코가 팝콘뜨기의 머리가 됩니다. 계속 뜹니다.

안을 보며 뜨는 단

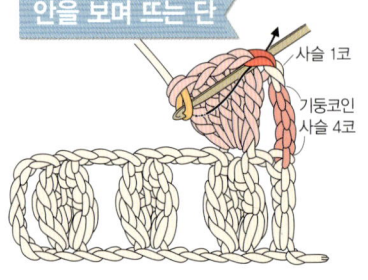

4 앞단 팝콘뜨기의 머리(2의 사슬)에 두길 긴뜨기 5코를 뜨고 바늘을 뺀 다음, 1번째 코인 두길 긴뜨기 머리에 **뒤쪽에서부터** 바늘을 넣어 쉬던 코를 빼냅니다.

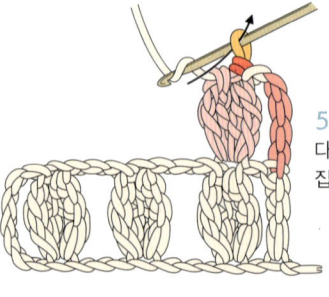

5 사슬 1코를 떠서 코를 조입니다. 뜨개코는 뒤쪽으로 도드라집니다.

여러 가지 구슬뜨기

 ### 한길 긴 3코 구슬 2코 모아뜨기

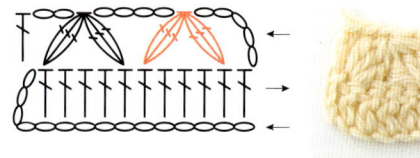

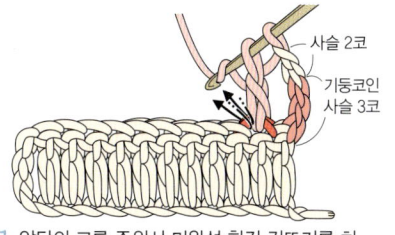

1 앞단의 코를 주워서 미완성 한길 긴뜨기를 하고, 이어서 바늘에 실을 걸어 같은 곳에 미완성 한길 긴뜨기를 2코 더 뜹니다.

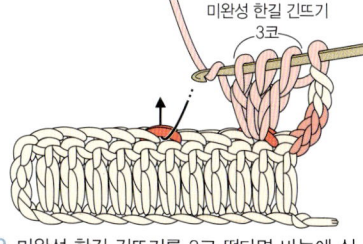

2 미완성 한길 긴뜨기를 3코 떴다면 바늘에 실을 걸어 앞단의 코를 3코 걸러서 줍습니다.

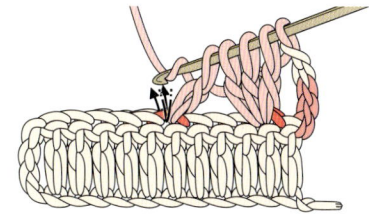

3 미완성 한길 긴뜨기를 뜨고, 계속해서 같은 곳에 미완성 한길 긴뜨기를 2코 더 뜹니다.

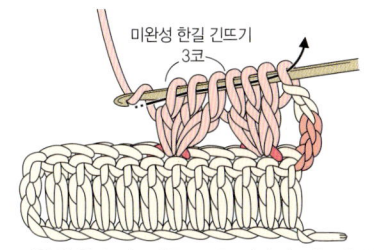

4 왼쪽에도 미완성 한길 긴뜨기를 3코를 떴다면, 바늘에 실을 걸어 바늘에 걸린 모든 고리(7개)로 한 번에 빼냅니다.

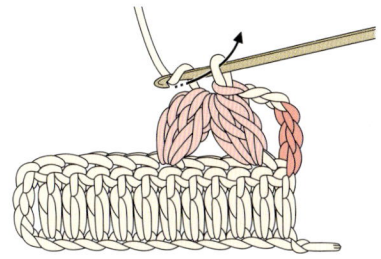

5 '한길 긴 3코 구슬 2코 모아뜨기'를 했습니다. 이어서 사슬코를 뜨면 뜨개코가 안정됩니다.

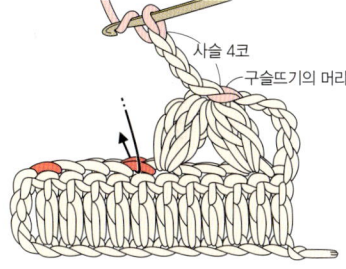

6 계속 뜹니다.

 ### 긴 3코 구슬 2코 모아뜨기

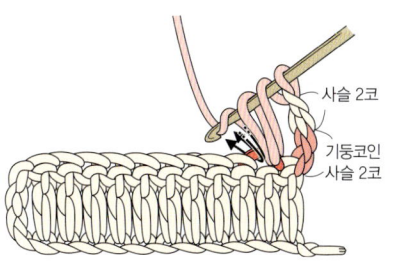

1 앞단의 코를 주워서 미완성 긴뜨기를 뜨고, 이어서 바늘에 실을 걸어 같은 곳에 미완성 긴뜨기를 2코 더 뜹니다.

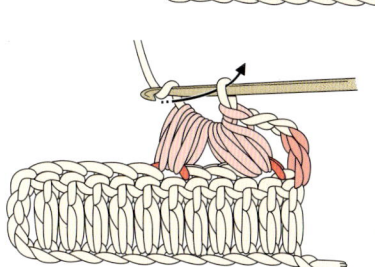

2 미완성 긴뜨기를 3코 떴다면 바늘에 실을 걸어 앞단의 코를 3코 걸러 줍습니다.

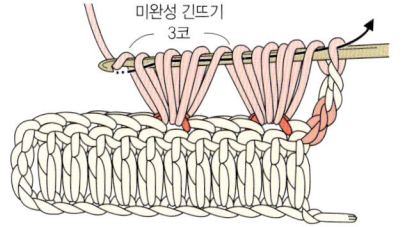

3 왼쪽에도 미완성 긴뜨기를 3코 떴다면, 바늘에 실을 걸어 바늘에 걸린 모든 고리(13코) 사이로 한 번에 빼냅니다.

4 '긴 3코 구슬 2코 모아뜨기'를 했습니다. 이어서 사슬코를 뜨면 뜨개코가 안정됩니다.

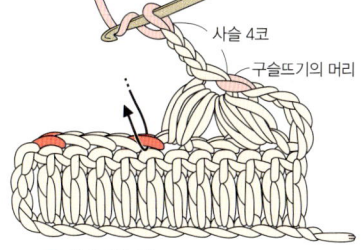

5 계속 뜹니다.

교차뜨기

한길 긴 1코 교차뜨기

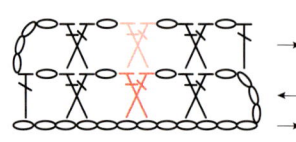
 1단
 2단

1단

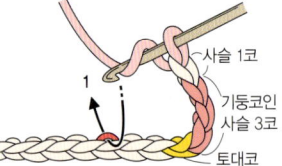

1 바늘에 실을 걸어 앞단(여기에서는 기초코)의 가장자리에서 4번째 코를 주워 한길 긴뜨기를 합니다.

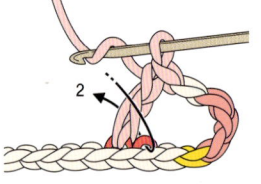

2 바늘에 실을 걸어 1코 이전 코에 바늘을 넣고,

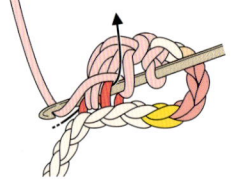

3 앞의 한길 긴뜨기를 감싸듯이 실을 걸어 빼냅니다.

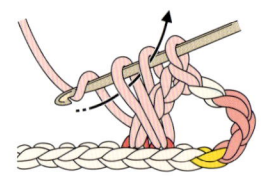

4 바늘에 실을 걸어 2개의 고리 사이로 빼내고,

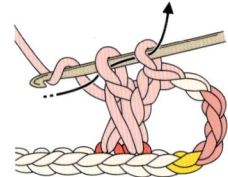

5 다시 바늘에 실을 걸어 2개의 고리 사이로 빼냅니다 (한길 긴뜨기를 합니다).

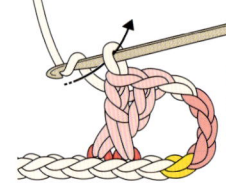

6 '한길 긴 1코 교차뜨기'를 했습니다. 계속 뜹니다.

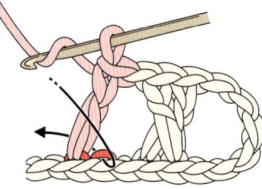

7 교차하는 코는 1코 이전 코를 주워서 앞쪽의 한길 긴뜨기를 감싸듯이 한길 긴뜨기를 합니다.

2단

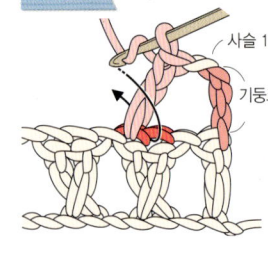

8 앞단의 가장자리에서 4번째 코를 주워 한길 긴뜨기를 1코 뜨고, 바늘에 실을 걸어 1코 이전 코를 주워서,

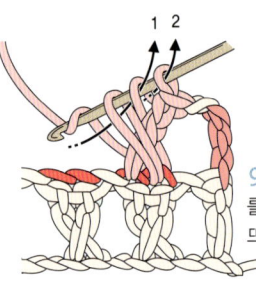

9 앞의 한길 긴뜨기를 감싸듯이 한길 긴뜨기를 합니다.

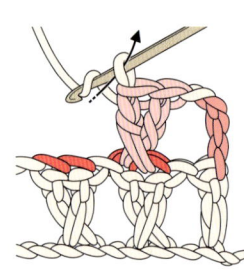

10 '한길 긴 1코 교차뜨기'를 했습니다. 뜨는 방법이 겉에서나 안에서나 같기 때문에 단마다 교차하는 방향이 반대가 됩니다.

한길 긴 1코 교차뜨기 (사이에 사슬 1코)

사이에 사슬 1코를 넣어도 뜨는 요령은 같습니다.

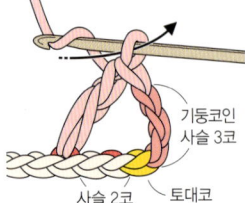

1 앞단(여기에서는 기초코)의 가장자리에서 4번째 코를 주워 한길 긴뜨기를 하고, 이어서 사슬 1코를 뜹니다.

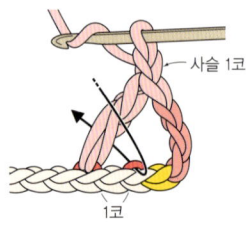

2 바늘에 실을 걸어 2코 이전 코에 바늘을 넣습니다.

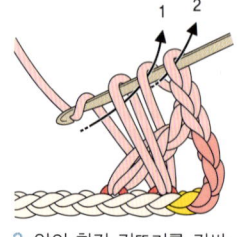

3 앞의 한길 긴뜨기를 감싸듯이 한길 긴뜨기를 합니다.

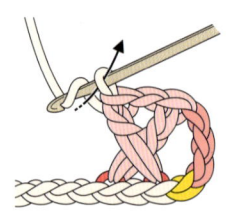

4 한길 긴 1코 교차뜨기(사이에 사슬 1코)를 했습니다.

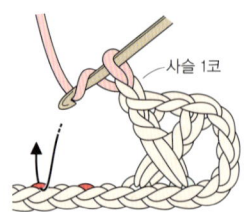

5 코를 줍는 위치에 주의하며 뜹니다.

긴 1코 교차뜨기

1단

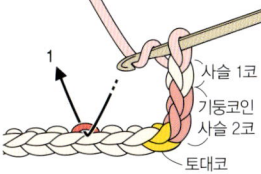

1 바늘에 실을 걸어 앞단(여기에서는 기초코)의 가장자리에서 4번째 코를 주워 긴뜨기를 합니다.

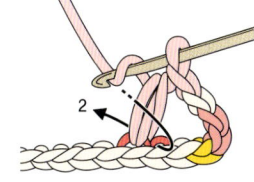

2 바늘에 실을 걸어 1코 이전 코에 바늘을 넣고,

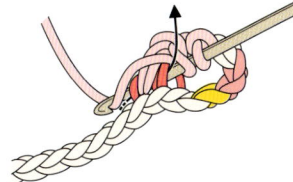

3 앞의 긴뜨기를 감싸듯이 실을 걸어 빼냅니다.

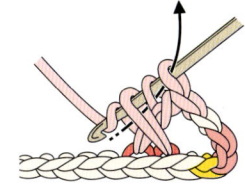

4 바늘에 실을 걸어 바늘에 걸린 3개의 고리 사이로 한 번에 빼냅니다(긴뜨기를 합니다).

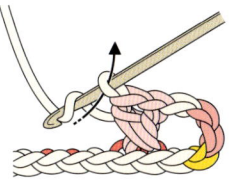

5 '긴 1코 교차뜨기'를 했습니다. 계속 뜹니다.

2단

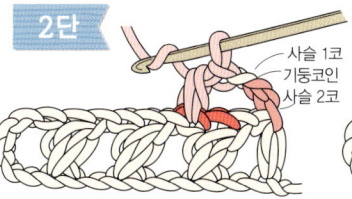

6 앞단의 코를 주워서 긴뜨기를 1코 뜨고, 바늘에 실을 걸고서 1코 이전 코를 줍습니다.

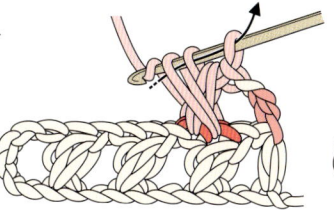

7 앞의 긴뜨기를 감싸듯이 긴뜨기를 합니다.

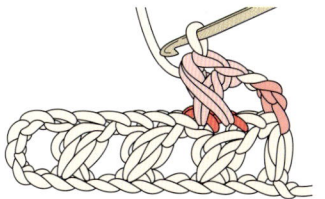

8 '긴 1코 교차뜨기'를 했습니다. <mark>또는 방법이 겉에서나 안에서나 같기 때문에 단마다 교차하는 방향이 반대</mark>가 됩니다.

두길 긴 1코 교차뜨기

1단

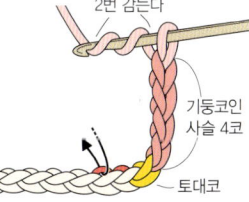

1 바늘에 실을 2번 감고, 앞단(여기에서는 기초코)의 가장자리에서 3번째 코를 주워 두길 긴뜨기를 합니다.

2 이어서 바늘에 실을 2번 감고서 1코 이전 코를 주워,

3 앞의 두길 긴뜨기를 감싸듯이 실을 걸어 빼냅니다.

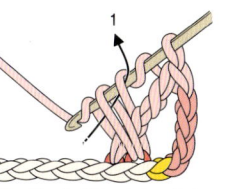

4 바늘에 실을 걸어 2개의 고리 사이로 빼내고,

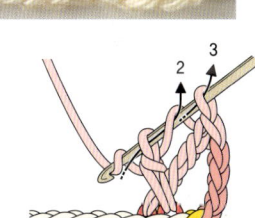

5 다시 바늘에 실을 걸어 2개의 고리 사이로 2번 빼냅니다(두길 긴뜨기를 합니다).

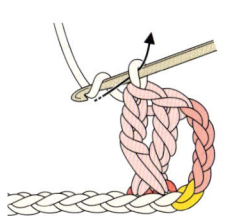

6 '두길 긴 1코 교차뜨기'를 했습니다. 계속 뜹니다.

2단

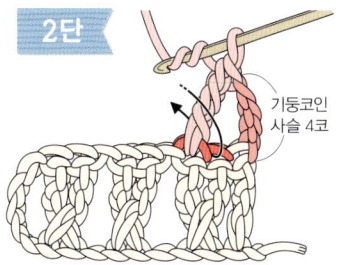

7 앞단의 코를 주워서 두길 긴뜨기를 하고, 바늘에 실을 2번 감아 1코 이전 코를 주워서,

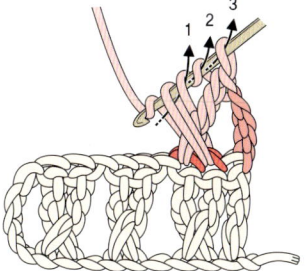

8 앞의 두길 긴뜨기를 감싸듯이 두길 긴뜨기를 합니다.

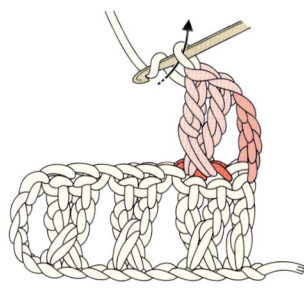

9 '두길 긴 1코 교차뜨기'를 했습니다. <mark>뜨는 방법이 겉에서나 안에서나 같기 때문에 단마다 교차하는 방향이 반대</mark>가 됩니다.

변형 한길 긴 1코 교차뜨기 (오른코 뒤)

기호도에서 끊어진 쪽의 뜨개코가 뒤쪽에 놓이도록 교차해서 뜨는 뜨개코입니다.

1단

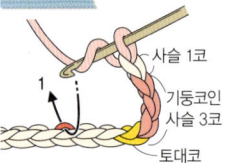
1 바늘에 실을 걸고 앞단(여기에서는 기초코)의 가장자리에서 4번째 코를 주워 한길 긴뜨기를 합니다.

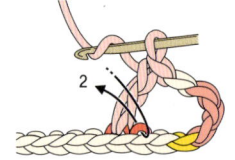
2 바늘에 실을 걸고 화살표와 같이 방금 뜬 왼쪽 한길 긴뜨기의 이전 코를 앞쪽에서 줍고,

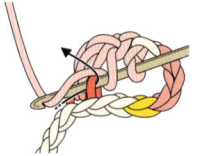
3 실을 걸어 빼냅니다.

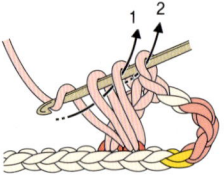
4 바늘에 실을 걸어 2개의 고리 사이로 2번 빼내어 한길 긴뜨기를 합니다. 오른쪽 한길 긴뜨기가 뒤쪽으로 교차됩니다.

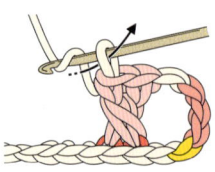
5 '변형 한길 긴 1코 교차뜨기(오른코 뒤)'를 했습니다. 계속 뜹니다.

2단

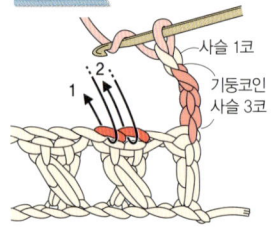
6 앞단의 코를 주워서 왼쪽에 한길 긴뜨기를 1코 뜨고, 다시 바늘에 실을 걸어 2와 같이 1코 이전 코를 앞쪽에서 줍습니다.

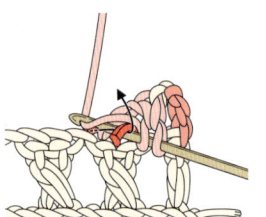
7 앞(왼쪽)의 한길 긴뜨기 앞으로 실을 걸어 빼냅니다.

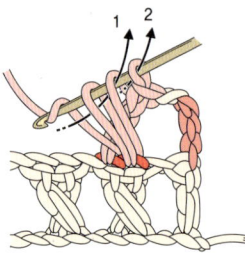
8 바늘에 실을 걸고 2개의 고리에 2번 빼내어 한길 긴뜨기를 합니다. 오른쪽의 한길 긴뜨기가 뒤쪽으로 교차됩니다.

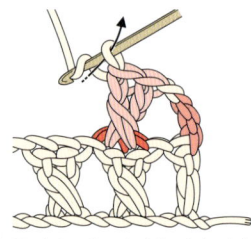
9 계속 뜹니다. 뜨는 방법에 걸과 안의 구별은 없지만, ==뜨개코를 감싸지 않고 교차시키기 때문에 교차 방향은 언제나 일정합니다.==

변형 한길 긴 1코 교차뜨기 (왼코 뒤)

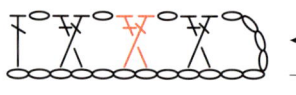

1단

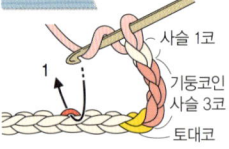
1 바늘에 실을 걸고 앞단(여기에서는 기초코)의 가장자리에서 4번째 코를 주워 한길 긴뜨기를 합니다.

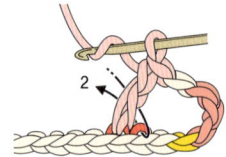
2 바늘에 실을 걸고 1코 이전 코를 주워 앞(왼쪽)의 한길 긴뜨기 뒤쪽에서 줍고,

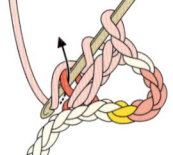
3 실을 걸어 빼냅니다.

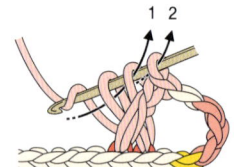
4 바늘에 실을 걸어 2개의 고리로 2번 빼내어 한길 긴뜨기를 합니다. 왼쪽의 한길 긴뜨기가 뒤쪽에서 교차됩니다.

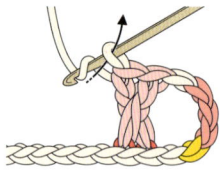
5 '변형 한길 긴 1코 교차뜨기(왼코 뒤)'를 했습니다. 계속 뜹니다.

2단

6 앞단의 코를 주워서 왼쪽에 한길 긴뜨기를 1코 뜨고, 다시 바늘에 실을 걸어서 2와 같이 바늘을 넣어 1코 이전 코를 뒤쪽에서 줍습니다.

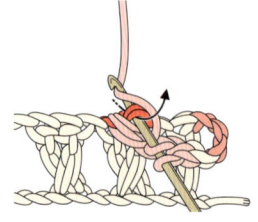
7 앞(왼쪽)의 한길 긴뜨기 뒤로 실을 걸어 빼냅니다.

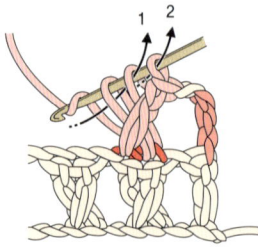
8 바늘에 실을 걸고 2개의 고리 사이로 2번 빼내어 한길 긴뜨기를 합니다. 왼쪽의 한길 긴뜨기가 뒤쪽에서 교차됩니다.

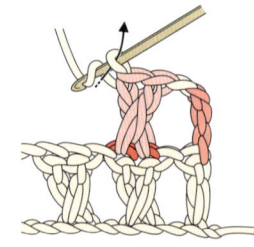
9 계속 뜹니다. 뜨는 방법에 걸과 안의 구별은 없지만, ==뜨개코를 감싸지 않고 교차시키기 때문에 교차 방향은 언제나 일정합니다.==

변형 한길 긴 1코와 3코 교차뜨기 (오른코 뒤)

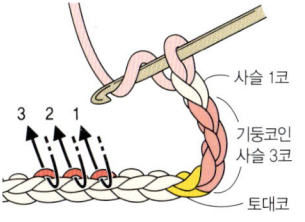
1 바늘에 실을 걸고 앞단(여기에서는 기초코)의 가장자리에서 4번째 코를 주워 한길 긴뜨기를 합니다.

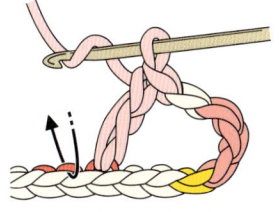
2 이어서 그 왼쪽 코에 한길 긴뜨기를 합니다.

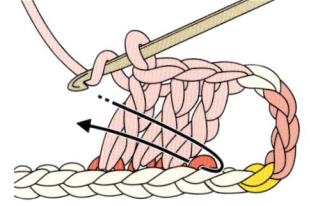
3 한길 긴뜨기 3코를 차례대로 뜨고서 처음에 뜬 한길 긴뜨기의 이전 코(오른쪽 코)를 앞쪽에서 줍습니다.

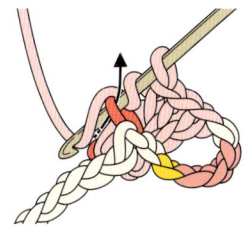
4 실을 걸어서 길게 빼냅니다.

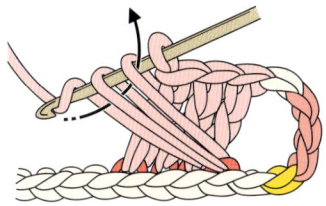
5 바늘에 실을 걸어 2개의 고리 사이로 빼냅니다.

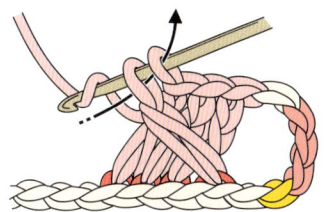
6 다시 바늘에 실을 걸어 2개의 고리 사이로 빼냅니다(한길 긴뜨기를 합니다).

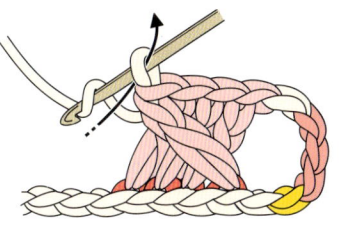
7 '변형 한길 긴 1코와 3코 교차뜨기(오른코 뒤)'를 했습니다. 오른쪽의 한길 긴뜨기 1코가 3코의 앞으로 교차됩니다. 계속 뜹니다.

변형 한길 긴 1코와 3코 교차뜨기 (왼코 뒤)

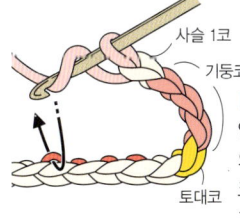
1 바늘에 실을 걸고서 앞단(여기에서는 기초코)의 가장자리에서 6번째 코를 줍습니다. 실을 길게 빼내어 한길 긴뜨기를 합니다.

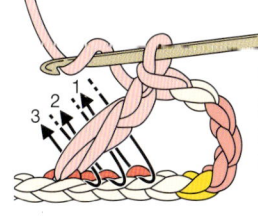
2 바늘에 실을 걸고, 방금 뜬 한길 긴뜨기 오른쪽 3번째 코를 뒤쪽에서 줍습니다.

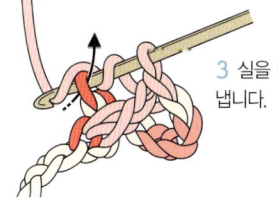
3 실을 걸어 길게 빼냅니다.

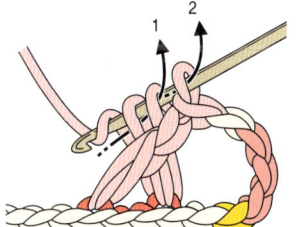
4 바늘에 실을 걸어 2개의 고리 사이로 2번 빼내어 한길 긴뜨기를 합니다.

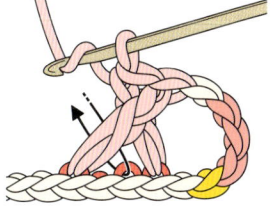
5 바늘에 실을 걸어 같은 요령으로 다음 한길 긴뜨기를 합니다.

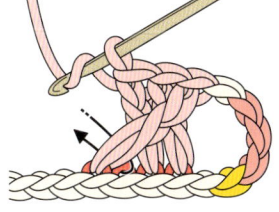
6 바늘에 실을 걸어 다시 한길 긴뜨기를 합니다.

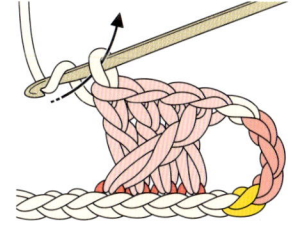
7 '변형 한길 긴 1코와 3코 교차뜨기(왼코 뒤)'를 했습니다. 왼쪽의 한길 긴뜨기 1코가 3코의 앞쪽에서 교차됩니다. 계속 뜹니다.

STEP 4 교차뜨기

 한길 긴 X자뜨기

'한길 긴 2코 모아뜨기'와 '한길 긴 2코 늘려뜨기'를 연결해서 뜬다고 생각하면 쉽습니다.

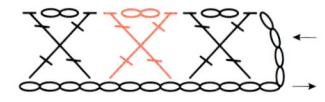 

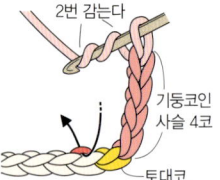 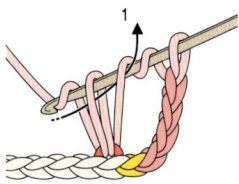 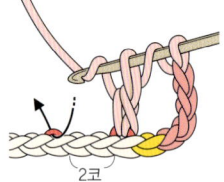 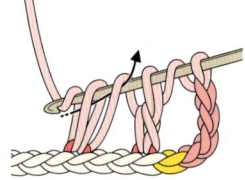 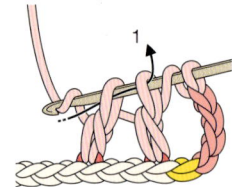

1 바늘에 실을 2번 감고 앞단(여기에서는 기초코)의 가장자리에서 2번째 코를 주워서,

2 실을 걸어 빼냅니다. 다시 바늘에 실을 걸어 2개의 고리 사이로 빼냅니다(미완성 한길 긴뜨기).

3 바늘에 실을 걸고 2코 걸러 코를 줍고

4 미완성 한길 긴뜨기를 1코 더 뜹니다.

5 바늘에 실을 걸어 2개의 고리 사이로 빼내어 미완성 한길 긴뜨기 2코를 1코로 줄입니다.

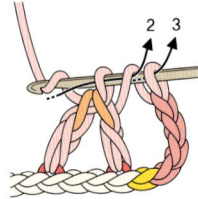 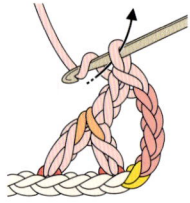 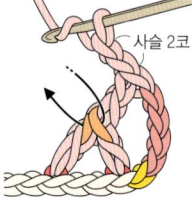 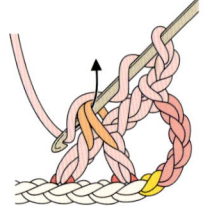 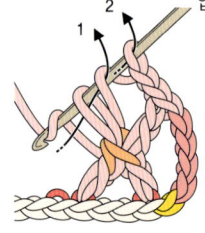 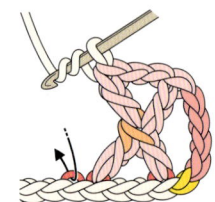

6 다시 바늘에 실을 걸어 2개의 고리 사이로 2번 빼냅니다(한길 긴뜨기 요령으로).

7 계속해서 사슬을 2코 뜹니다.

8 바늘에 실을 걸고서 5에서 뜬 한길 긴뜨기 2코의 다리를 1가닥씩 주워,

9 실을 걸어 빼냅니다.

10 바늘에 실을 걸어 2개의 고리 사이로 2번 빼냅니다(한길 긴뜨기 뜨는 요령으로).

11 '한길 긴 X자뜨기'를 했습니다. 같은 요령으로 계속 뜹니다.

 두길 긴 X자뜨기

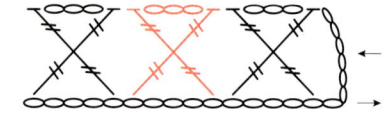 

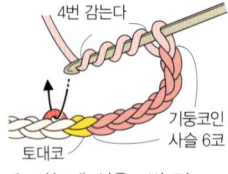 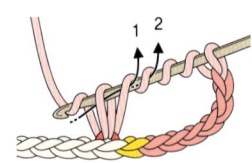 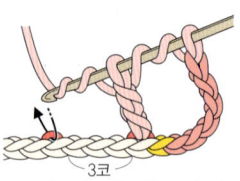 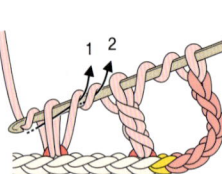 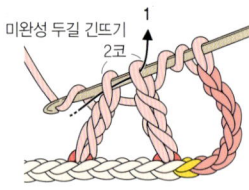

1 바늘에 실을 4번 감고, 앞단(여기에서는 기초코)의 가장자리에서 2번째 코를 줍습니다.

2 실을 걸어 빼내고, 다시 바늘에 실을 걸어 2개의 고리 사이로 2번 빼냅니다(미완성 두길 긴뜨기).

3 바늘에 실을 2번 감고, 3코 걸러 코를 줍습니다.

4 미완성 두길 긴뜨기를 다시 1코 뜹니다.

5 바늘에 실을 걸어 2개의 고리 사이로 빼내어 미완성 두길 긴뜨기 2코를 1코로 줄입니다.

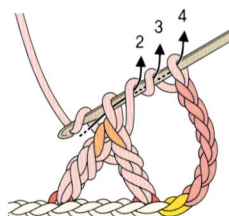 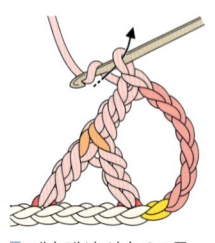 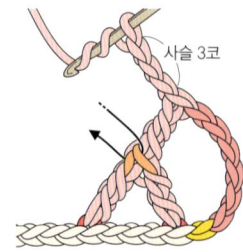 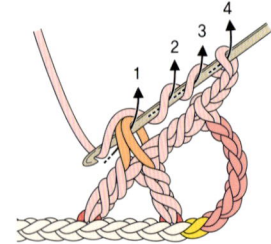 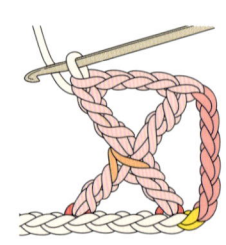

6 다시 바늘에 실을 걸어 2개의 고리 사이로 3번 빼냅니다(두길 긴뜨기 요령으로).

7 계속해서 사슬 3코를 뜨고,

8 바늘에 실을 2번 감고서 5에서 뜬 두길 긴뜨기 2코의 다리를 1가닥씩 주워서,

9 실을 걸어 빼냅니다. 이어서 바늘에 실을 걸고 2개의 고리 사이로 3번 빼냅니다(두길 긴뜨기 요령으로).

10 '두길 긴 X자뜨기'를 했습니다.

Y자뜨기

한길 긴 X자뜨기를 응용한 뜨개 기법입니다. 두길 긴뜨기를 하고, 이 뜨개코의 중간에서 가지가 뻗어 나가듯이 한길 긴뜨기를 합니다.

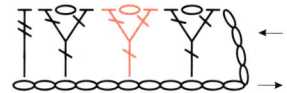

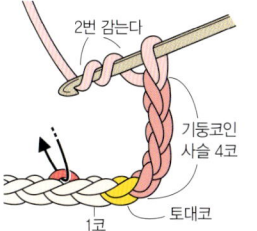

1 바늘에 실을 2번 감고서 앞단(여기에서는 기초코)의 가장자리에서 3번째 코를 주워 두길 긴뜨기를 합니다.

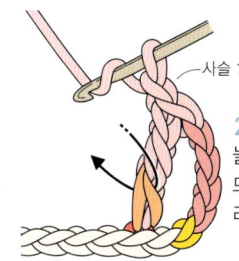

2 사슬 1코를 뜨고 바늘에 실을 걸어 두길 긴뜨기의 가장 아래쪽 다리 2가닥을 줍습니다.

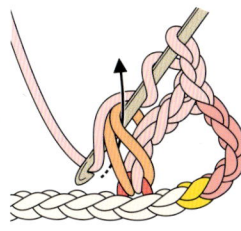

3 바늘에 실을 걸어 빼냅니다.

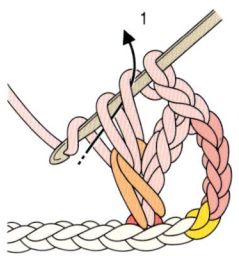

4 바늘에 실을 걸어 2개의 고리 사이로 빼냅니다.

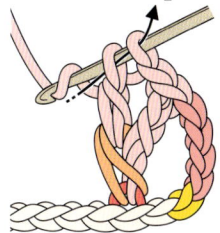

5 다시 바늘에 실을 걸어 2개의 고리 사이로 빼냅니다(한길 긴뜨기 뜨는 요령으로).

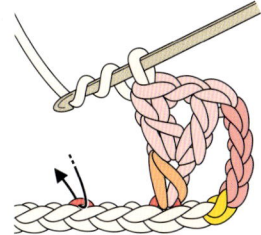

6 'Y자뜨기'를 했습니다. 계속해서 바늘에 실을 2번 감아 같은 요령으로 뜹니다.

역Y자뜨기

'한길 긴 2코 모아뜨기' 위에 한길 긴뜨기를 한 듯한, 혹은 두길 긴뜨기의 다리가 두 쪽으로 나뉜 듯한 느낌의 뜨개코입니다.

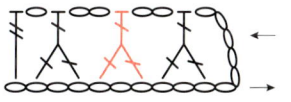

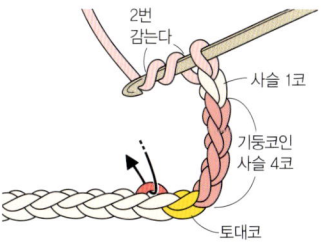

1 바늘에 실을 2번 감고, 앞단(여기에서는 기초코)의 가장자리에서 2번째 코를 줍습니다.

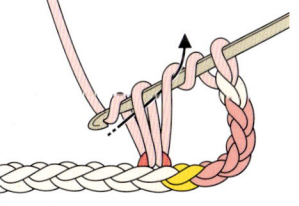

2 실을 걸어 빼내고, 바늘에 실을 걸어 2개의 고리 사이로 빼냅니다(미완성 한길 긴뜨기).

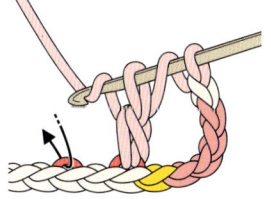

3 바늘에 실을 걸고서 1코 걸러서 코를 줍습니다.

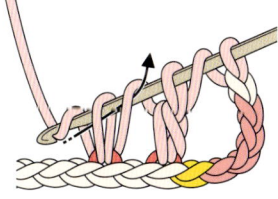

4 미완성 한길 긴뜨기를 다시 1코 뜹니다.

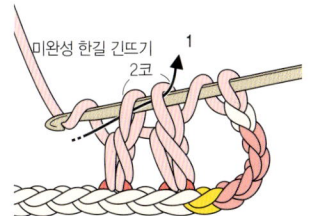

5 바늘에 실을 걸고 2개의 고리 사이로 빼내어 미완성 한길 긴뜨기 2코를 1코로 줄입니다.

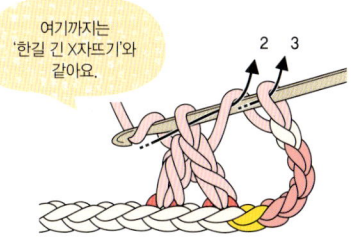

여기까지는 '한길 긴 X자뜨기'와 같아요.

6 다시 바늘에 실을 걸어 2개의 고리로 2번 빼냅니다(한길 긴뜨기 요령으로).

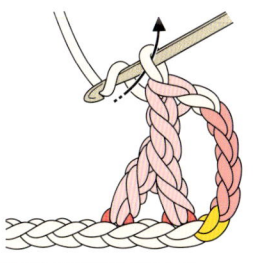

7 '역Y자뜨기'를 했습니다.

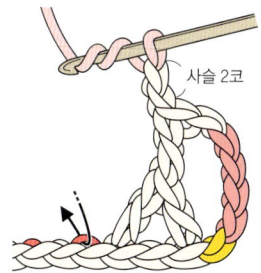

8 계속해서 사슬 2코를 뜨고, 바늘에 실을 2번 감아 같은 요령으로 뜹니다.

장식뜨기

솔잎뜨기(60쪽)를 응용한 뜨개코입니다. 테두리뜨기에 사용하면 효과적입니다.

한길 긴 3코 늘려뜨기 (짧은뜨기와 같은 코에)

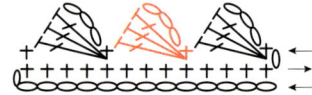

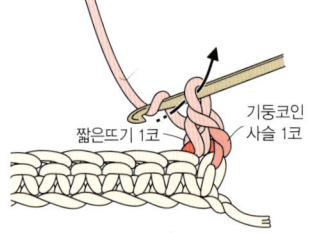
1 앞단의 코를 주워서 짧은뜨기를 1코 뜨고, 이어서 사슬 3코를 뜹니다.

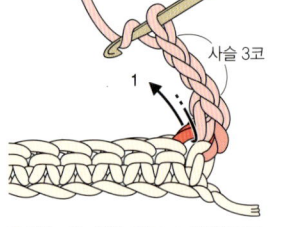
2 바늘에 실을 걸고 1의 짧은뜨기와 같은 코에 바늘을 넣고,

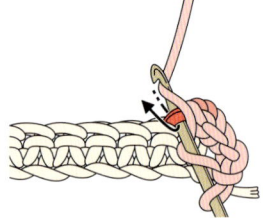
3 실을 걸어 빼냅니다.

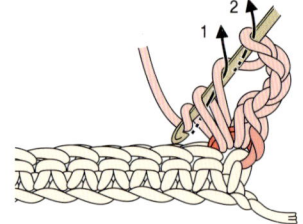
4 바늘에 실을 걸어 2개의 고리 사이로 2번 빼냅니다(한길 긴뜨기를 합니다).

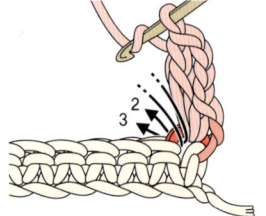
5 바늘에 실을 걸고 같은 곳에 한길 긴뜨기를 2코 더 뜹니다.

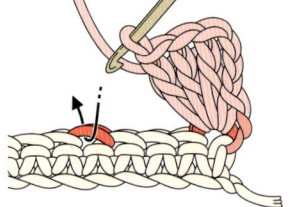
6 한길 긴뜨기를 3코 떴다면 앞단 코를 3코 걸러서 짧은뜨기를 합니다.

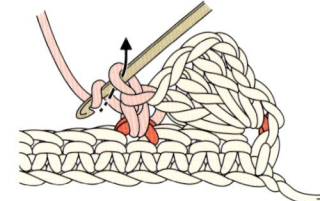
7 같은 요령으로 계속 뜹니다.

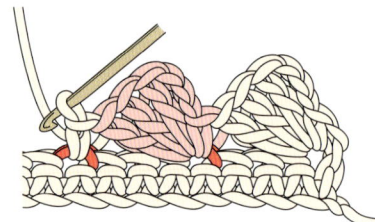
8 무늬 2개를 뜬 모습입니다.

한길 긴 3코 늘려뜨기 (짧은뜨기의 다리에)

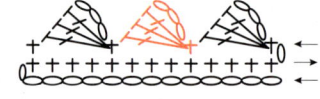

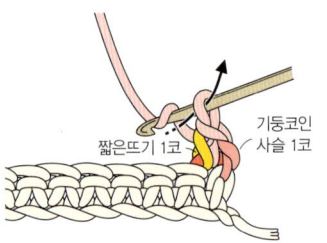
1 앞단의 코를 주워서 짧은뜨기를 1코 뜨고, 이어서 사슬 3코를 뜹니다.

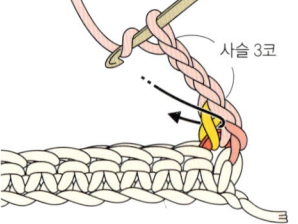
2 바늘에 실을 걸고서 1의 짧은뜨기 다리(실 2가닥)에 바늘을 넣습니다.

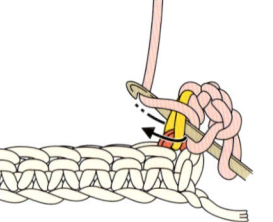
3 실을 걸어 빼냅니다.

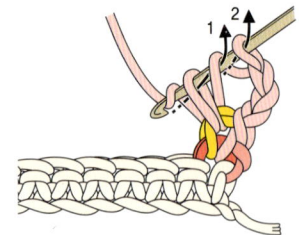
4 바늘에 실을 걸어 2개의 고리로 2번 빼냅니다(한길 긴뜨기를 합니다).

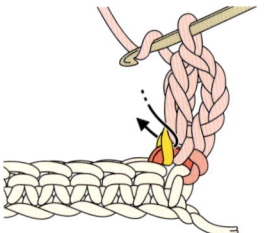
5 바늘에 실을 걸고서 같은 곳에 한길 긴뜨기를 2코 더 뜹니다.

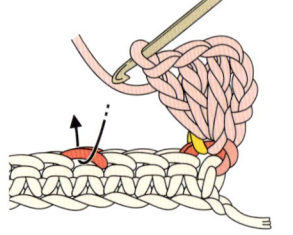
6 한길 긴뜨기를 모두 3코 떴다면 앞단 코를 3코 걸러서 짧은뜨기를 합니다.

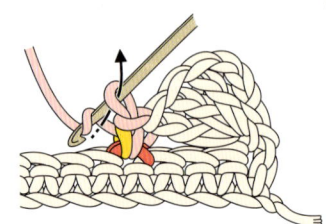
7 같은 요령으로 계속 뜹니다.

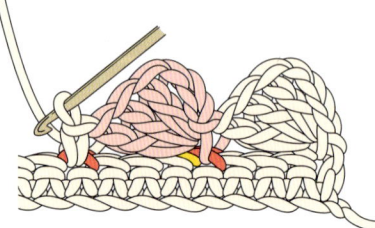
8 무늬 2개를 뜬 모습입니다.

 ## 한길 긴 2코 구슬뜨기
(짧은뜨기의 다리에)

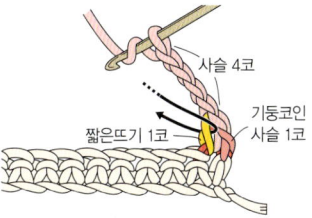
1 앞단 코를 주워서 짧은뜨기를 1코 뜨고, 이어서 사슬 4코를 뜹니다. 바늘에 실을 걸어 짧은뜨기의 다리를 줍습니다.

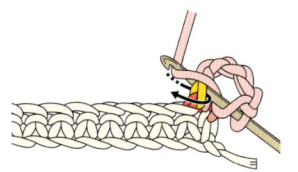
2 실을 걸어 빼냅니다.

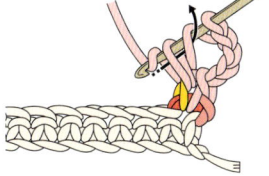
3 바늘에 실을 걸어 2개의 고리 사이로 빼냅니다(미완성 한길 긴뜨기).

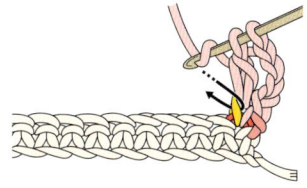
4 바늘에 실을 걸고서 같은 곳에 바늘을 넣고 미완성 한길 긴뜨기를 1코 더 뜹니다.

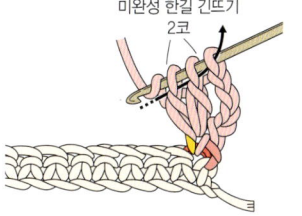
5 미완성 한길 긴뜨기를 2코 떴다면, 바늘에 실을 걸어 바늘에 걸린 모든 고리 사이로 한 번에 빼냅니다.

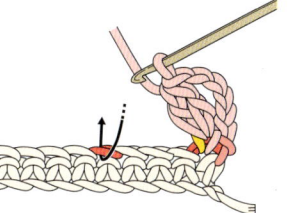
6 '한길 긴 2코 구슬뜨기'를 짧은뜨기의 다리에 떴습니다. 이어서 앞단 코를 3코 걸러 짧은뜨기를 합니다.

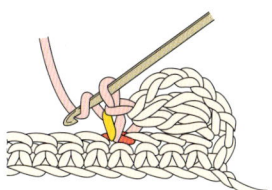
7 같은 요령으로 계속 뜹니다.

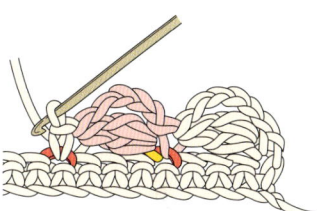
8 무늬 2개를 뜬 모습입니다.

 ## 긴 3코 구슬뜨기
(짧은뜨기의 다리에)

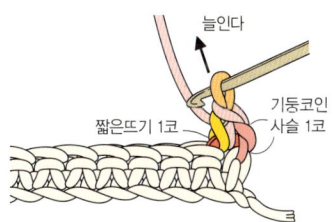
1 앞단 코를 주워서 짧은뜨기를 1코 뜨고, 바늘에 걸린 코를 사슬 2코만큼의 길이로 늘입니다.

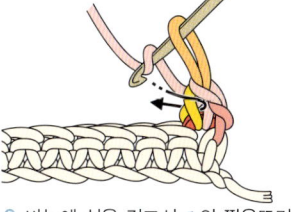
2 바늘에 실을 걸고서 1의 짧은뜨기 다리(실 2가닥)에 바늘을 넣고,

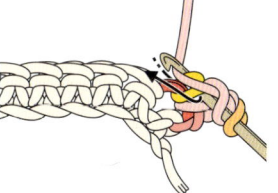
3 실을 걸어 빼냅니다.

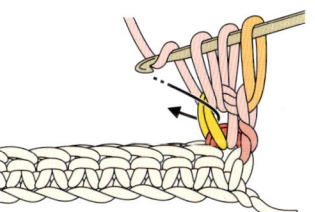
4 미완성 긴뜨기를 떴습니다. 다시 바늘에 실을 걸고 같은 곳에 바늘을 넣고 미완성 긴뜨기를 2코 더 뜹니다.

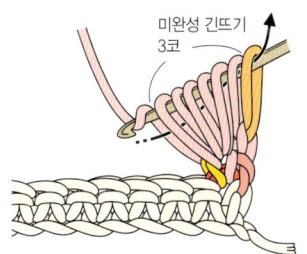
5 미완성 긴뜨기를 3코 떴다면, 바늘에 실을 걸어 바늘에 걸린 모든 고리 사이로 한 번에 빼냅니다.

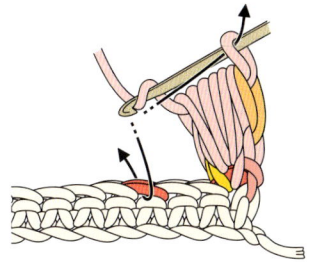
6 '긴 3코 구슬뜨기'를 떴습니다. 이어서 사슬코를 뜨면 뜨개코가 안정됩니다. 계속해서 앞단 코를 2코 걸러 짧은뜨기를 합니다.

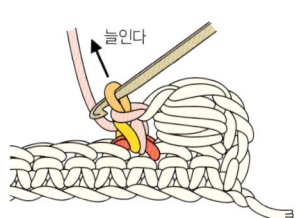
7 같은 요령으로 계속 뜹니다.

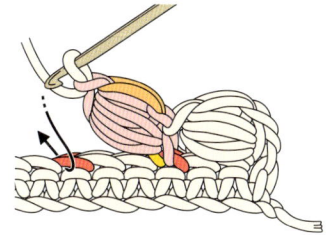
8 무늬 2개를 뜬 모습입니다.

STEP 4

링뜨기

왼손에 실을 걸면서 뜨는 기법으로 실 고리가 달린 뜨개코입니다.
고리의 크기는 왼손 중지로 조절합니다. 뜨개코가 안쪽에 생기므로 고리의 모양이나 크기는
뜨는 도중에 계속 확인해야 합니다. 큰 고리를 만들려면 중지와 약지를 같이 사용합니다.

 짧은 링뜨기

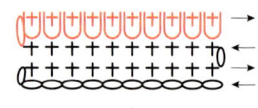  겉  안

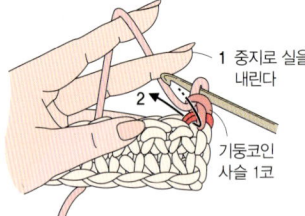

1 실 위에 왼손의 중지를 대고 뜨개바탕의 뒤쪽으로 내립니다. 그 상태로 앞단 코를 줍습니다.

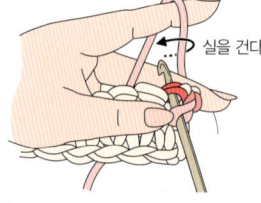

2 왼손 중지로 실을 누른 채(눌린 실의 길이가 고리의 크기) 바늘에 실을 걸고,

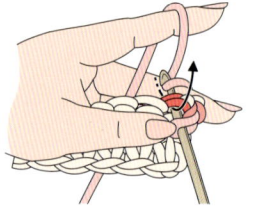

3 빼냅니다.

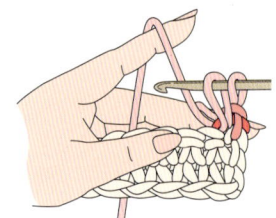

4 실을 빼낸 모습입니다.

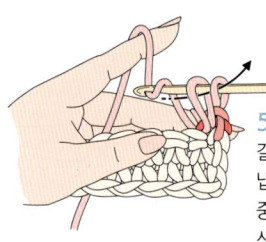

5 바늘에 실을 걸어 바늘에 걸린 2개의 고리 사이로 빼냅니다(짧은뜨기를 합니다). 중지를 빼면 안쪽에 고리가 생깁니다.

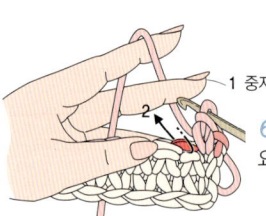

6 계속해서 같은 요령으로 뜹니다

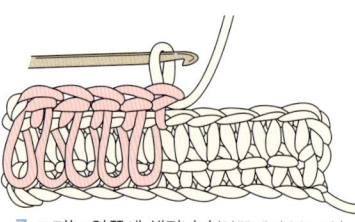

7 고리는 안쪽에 생깁니다(안쪽에서 본 모습).
* 안쪽을 겉으로 사용합니다.

한길 긴 링뜨기

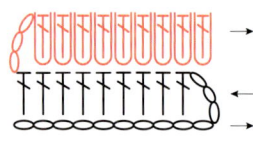 겉 안

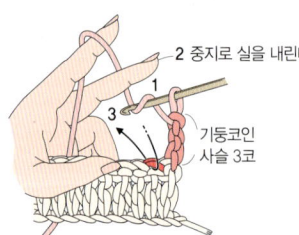

1 바늘에 실을 걸고서 왼손 중지를 실에 대고 뜨개바탕 뒤쪽에서 앞단의 코를 줍습니다.

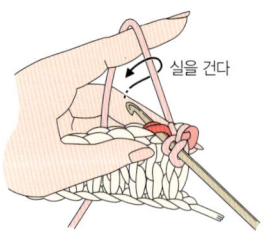

2 왼손 중지로 실을 누른 채(눌린 실의 길이가 고리의 크기) 바늘에 실을 걸어,

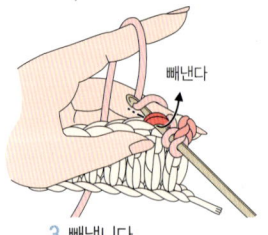

3 빼냅니다.

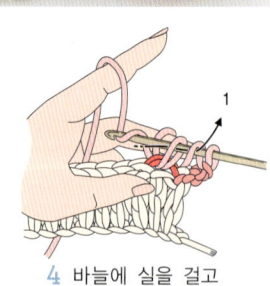

4 바늘에 실을 걸고 2개의 고리 사이로 빼냅니다.

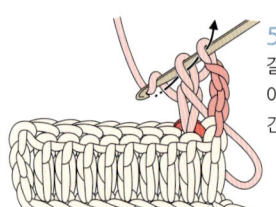

5 다시 바늘에 실을 걸고 2개의 고리 사이로 빼냅니다(한길 긴뜨기를 합니다).

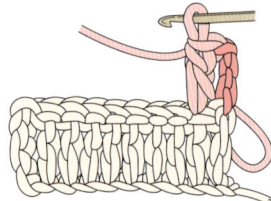

6 중지를 빼면 안쪽에 고리가 생깁니다. 이어서 같은 요령으로 계속 뜹니다.

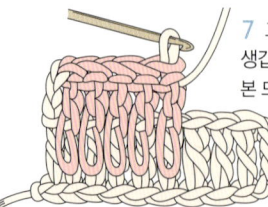

7 고리는 안쪽에 생깁니다(안쪽에서 본 모습).
* 안쪽을 겉으로 사용합니다.

칠보뜨기

길게 늘인 사슬코와 짧은뜨기를 조합해서 칠보 무늬를 만듭니다.
뜨는 방법은 어렵지 않지만 어디를 뜨고 있는지 헷갈리기 쉬우므로 주의해야 합니다.

 칠보뜨기

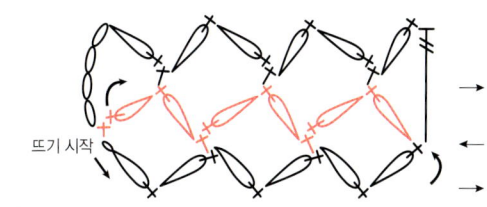

1단

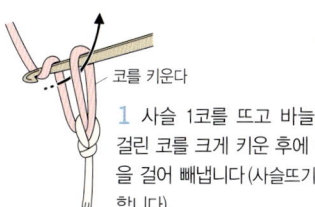

1 사슬 1코를 뜨고 바늘에 걸린 코를 크게 키운 후에 실을 걸어 빼냅니다(사슬뜨기를 합니다).

2 늘어난 사슬코의 코산에 바늘을 넣고 실을 걸어 빼냅니다.

3 바늘에 실을 걸어 바늘에 걸린 2개의 고리 사이로 빼냅니다(짧은뜨기를 합니다).

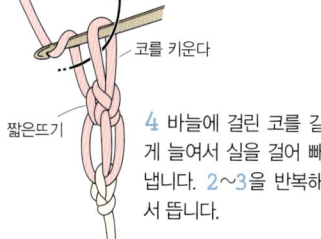

4 바늘에 걸린 코를 길게 늘여서 실을 걸어 빼냅니다. 2~3을 반복해서 뜹니다.

2단

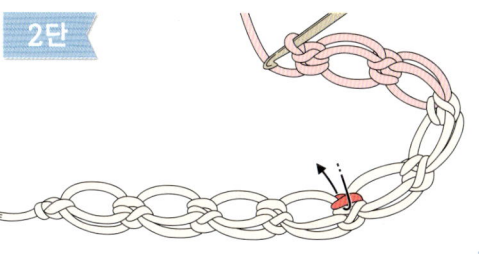

5 1단에 이어서 무늬 2개를 뜨고, 1단의 가장자리에서 2번째 무늬의 짧은뜨기 다리를 줍습니다.

6 실을 걸어 빼내고,

7 바늘에 실을 걸어 바늘에 걸린 2개의 고리 사이로 빼냅니다(짧은뜨기를 합니다).

8 짧은뜨기를 했습니다. 계속해서 무늬 2개를 뜬 다음, 앞단의 짧은뜨기를 1코 걸러 주워 짧은뜨기를 합니다.

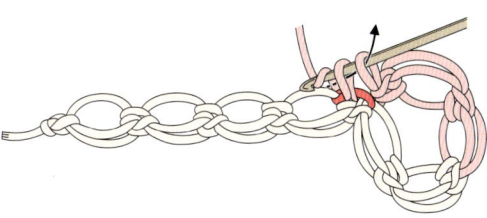

9 2단의 뜨기 끝에서는 1단의 뜨기 시작 쪽 사슬 반코와 코산을 주워서,

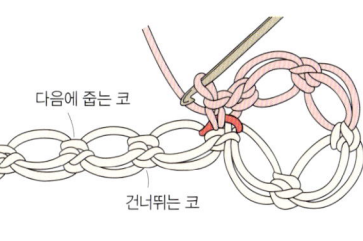

10 짧은뜨기를 합니다.

3단

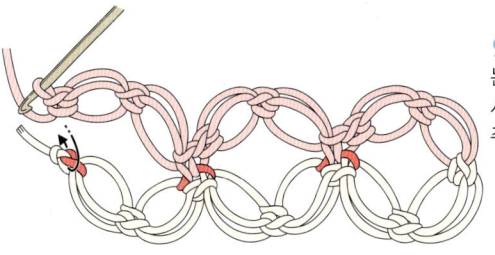

11 기둥코인 사슬 4코를 뜨고서 뜨개바탕을 돌려 뒤집습니다. 무늬를 1개 뜨고 앞단 짧은뜨기의 머리를 주워서,

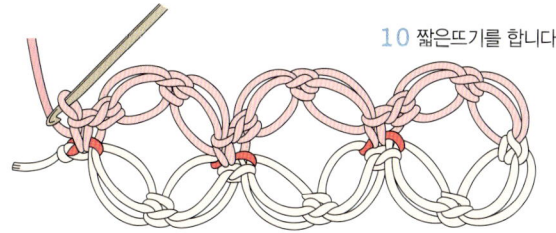

12 짧은뜨기를 합니다. 계속해서 무늬 2개를 뜨고 앞단 짧은뜨기의 머리에 짧은뜨기를 합니다.

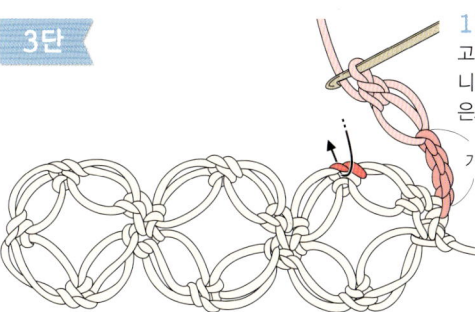

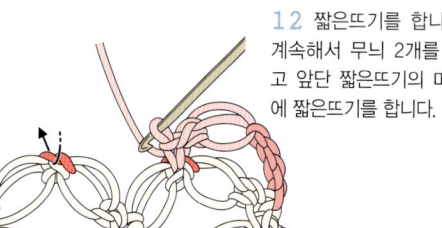

코바늘 손뜨개를 더욱 즐겨보자!
- 다양한 테크닉 -

뜨개 기호에도 익숙해지고 여러 뜨개코를 뜰 수 있게 되었다면
이제부터는 평소에 떠보고 싶었던 작품에 도전해보세요.
이 장에서는 실제로 작품을 뜰 때 필요한 여러 가지 테크닉을 알아봅니다.
인기가 많은 비즈뜨기에서부터 배색뜨기, 모티브 연결하기 등
평소에 알고 싶었고, 알아두면 좋을 기법을 다양하게 소개합니다.
작품을 뜨다가 "이럴 땐 어떻게 하지?" 하고 궁금해지면
이 장의 테크닉들을 살펴보세요.

※ 비즈뜨기 동전 지갑

반짝이는 비즈가 들어가서 화려해 보이는 동전 지갑입니다.
짧은 이랑뜨기만 반복하므로 뜨는 방법도 간단합니다.

디자인 / 오노 유코(ucono)
사용한 실 / Olympus Emmy Grande 〈Bijou〉

뜨는 방법 145쪽

※ 비즈 볼 목걸이

동그란 뜨개 구슬에 비즈를 넣어
완성도를 높인 목걸이입니다.
끈에도 비즈를 넣어 화려하고 근사합니다.

디자인 / 오노 유코(ucono)
사용한 실 / Olympus Emmy Grande 〈Herbs〉

뜨는 방법 145쪽

✴ 배색 무늬 가방

짧은뜨기로 배색뜨기를 하면 뜨개바닥이
탄탄해져서 가방으로 안성맞춤입니다.
A4용지도 들어가는 편리한 크기의 가방입니다.

디자인 / 시즈쿠 도(しずく堂)
사용한 실 / Puppy British Eroika

뜨는 방법 **147쪽**

STEP 5

배색 무늬 가방 ● 모티브 무릎 덮개

✻ 모티브 무릎 덮개

50쪽에 나오는 사각 모티브를
배색뜨기로 떠서 연결한 무릎 덮개입니다.
다 뜬 모티브를 감침질로 이었기 때문에
초보자도 수월하게 완성할 수 있습니다.
쿠션 커버나 가방에도 응용할 수 있습니다.
모티브를 더 연결하면 침대 커버로도 쓸 수 있습니다.

디자인 / 엔도 히로미
제작 / 유메노 사야카
사용한 실 / RichMore SPECTRE MODEM〈FINE〉

뜨는 방법 146쪽

STEP 5 비즈뜨기

비즈를 넣어서 뜰 때는 뜨기 전에 필요한 비즈를 모두 실에 꿰어두어야 합니다(조금 넉넉히 꿰는 편이 좋습니다). 비즈 구멍에 실이 들어가야 하므로 비즈의 크기와 실의 굵기를 잘 맞춰야 합니다.

비즈를 꿰는 방법

● **실에 꿰어 있는 비즈를 사용할 때** 실에 꿰인 비즈를 구입해서 사용하면 좀 더 편리합니다.

* 실과 실을 묶어서 꿰기(비즈의 구멍이 뜨는 실의 2가닥 굵기만큼 클 때)

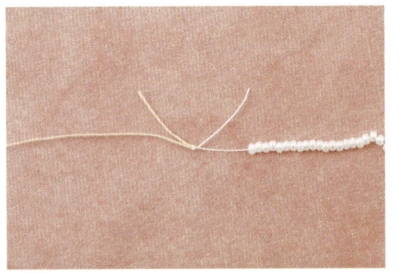
1 뜨개실의 끝과 비즈의 실을 묶습니다.

2 비즈를 뜨개실로 옮깁니다.

3 방해가 되지 않도록 실타래 쪽에 비즈를 모아두고 뜨기 시작합니다.

* 실과 실을 붙여서 꿰기(비즈의 구멍이 뜨는 실 2가닥 굵기보다 작을 때)

뜨개실 끝을 가늘게 잘라서 비즈 실에 접착제로 붙입니다.

● **비즈를 직접 꿰어서 사용할 때**

* 비즈 전용 바늘 사용하기

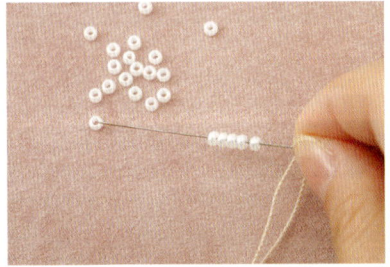
낱개로 흩어져 있는 비즈를 꿸 때는 전용 바늘에 뜨개실을 미리 꿰어놓고서 바늘 끝으로 줍듯이 들어 올립니다.

* 뜨는 실 사용하기

비즈의 구멍이 작아서 바늘에 꿰기 어려울 때는 뜨개실 끝 3~4cm 정도에 접착제를 발라서 딱딱하게 굳힌 후, 그 끝을 비스듬하게 잘라 직접 주워 올립니다.

* 시간이 날 때 미리 재봉실에 비즈를 꿰어두면 작품을 뜨고 싶을 때 바로 뜰 수 있어 좋습니다.

비즈를 넣어 뜨는 방법

'비즈뜨기'라고 해서 더 어려운 것은 아닙니다.
비즈가 들어갈 코를 뜰 때 필요한 수의 비즈를 옮겨놓기만 하면 됩니다.
<mark>비즈는 모두 안쪽에 들어가므로</mark> 뜨개바탕의 안쪽을 겉으로 사용합니다.

사슬뜨기

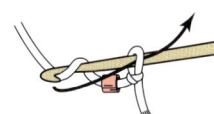

1 비즈를 옮기고 나서 바늘에 실을 걸어 빼냅니다(사슬뜨기). 비즈를 옮기고 나서 느슨해지지 않도록 실을 당겨가며 뜨면 모양이 더욱 예쁩니다.

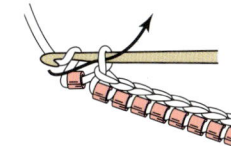

2 비즈는 사슬의 코산에 들어갑니다.

* 1코에 여러 개의 비즈를 넣어 뜨기도 합니다.

짧은뜨기

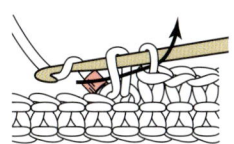

1 앞단의 코를 주워 실을 빼내고 (미완성 짧은뜨기 상태) 나서 비즈를 옮기고, 다시 실을 걸어 바늘에 걸린 코로 빼냅니다.

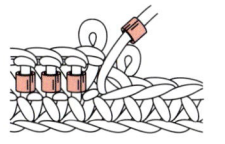

2 비즈는 안쪽으로 들어갑니다.

긴뜨기

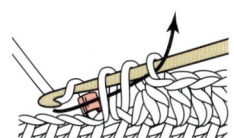

1 바늘에 실을 걸고 앞단 코를 주워 실을 빼낸(미완성 긴뜨기의 상태) 다음에 비즈를 옮깁니다. 다시 실을 걸어 3개의 고리 사이로 한 번에 빼내어 긴뜨기를 합니다.

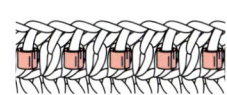

2 비즈는 안쪽에 들어갑니다(1코 걸러 1코씩 넣었을 때의 모습).

한길 긴뜨기

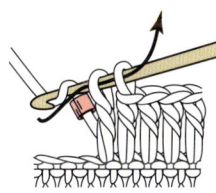

1 미완성 한길 긴뜨기의 상태에서 비즈를 옮깁니다. 다시 실을 걸어 남은 2개의 고리 사이로 빼냅니다.

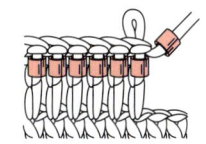

2 비즈는 안쪽에 들어갑니다.

한길 긴뜨기 (1코에 2개 넣을 때)

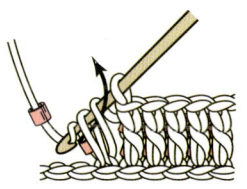

1 바늘에 실을 걸고 앞단 코를 주워 실을 빼낸 다음에 비즈를 1개 옮깁니다. 다시 실을 걸어 2개의 고리 사이로 빼냅니다.

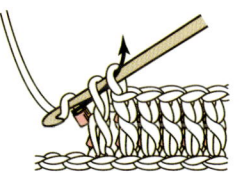

2 미완성 한길 긴뜨기 상태에서 비즈를 1개 더 옮기고, 바늘에 실을 걸어 남은 2개의 고리 사이로 빼냅니다.

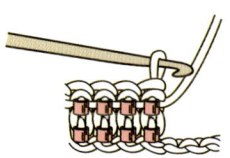

3 비즈는 안쪽에 세로로 나란히 들어갑니다.

두길 긴뜨기 (1코에 2개 넣을 때)

1 바늘에 실을 2번 감고서 앞단 코를 주워 실을 빼냅니다. 바늘에 실을 걸어 2개의 고리 사이로 빼냅니다.

2 비즈를 1개 옮기고, 바늘에 실을 걸어 2개의 고리 사이로 빼냅니다.

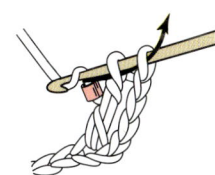

3 미완성 두길 긴뜨기 상태에서 비즈를 1개 더 옮기고, 바늘에 실을 걸어 남은 2개의 고리 사이로 빼냅니다.

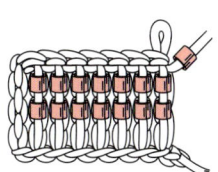

4 비즈는 안쪽에 세로로 나란히 들어갑니다.

STEP 5 배색뜨기

무늬에 따라 실을 걸치는 방법이 다르니 주의합니다.

짧은뜨기의 배색뜨기 (실을 가로로 걸치기)

무늬가 작을 때 적합한 방법입니다.
배색실을 가로로 걸쳐가며 감싸듯이 뜹니다.

1단

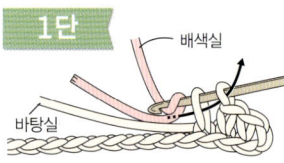
1 배색 무늬가 들어가기 1코 전의 짧은뜨기에서 마지막으로 빼뜨기를 할 때 배색실을 걸어 뺍니다.

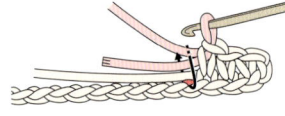
2 바탕실과 배색실의 실 끝을 같이 주워서 실을 걸어 뺍니다.

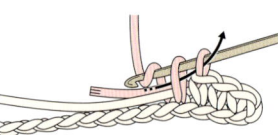
3 바탕실과 실 끝을 감싸듯이 배색실로 짧은뜨기를 합니다.

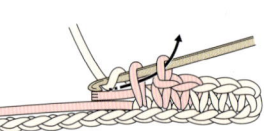
4 배색실의 마지막 빼뜨기를 할 때 바탕실로 바꿉니다.

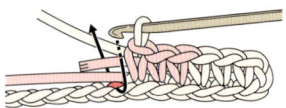
5 배색실을 감싸듯이 바탕실로 짧은뜨기를 합니다.

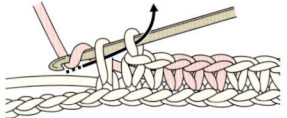
6 같은 요령으로 실을 바꿔가며 뜹니다.

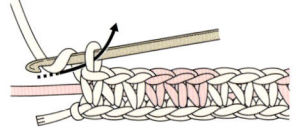
7 단의 끝에서는 다음 단의 기둥코인 사슬코를 뜹니다.

8 사슬코를 1코 떴다면, 오른쪽 끝을 뒤쪽으로 돌려서 뜨개바탕을 뒤집습니다.

2단

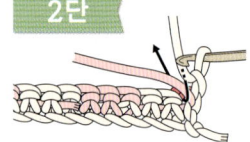
9 배색실을 뒤쪽으로 걸쳐놓고 바탕실로 감싸듯이 짧은뜨기를 합니다.

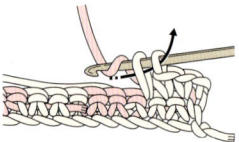
10 바탕실의 마지막 빼뜨기 때 배색실로 바꿉니다.

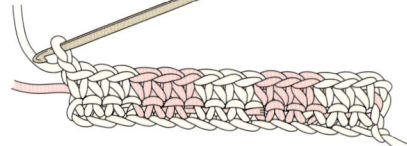
11 같은 요령으로 바탕실과 배색실을 바꿔가며 뜨고, 다음 단의 기둥코로 사슬을 뜨고 겉쪽으로 뒤집습니다.

3단

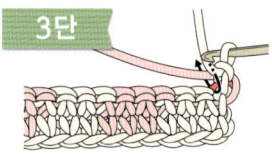
12 배색실을 뜨개바탕의 뒤쪽으로 걸쳐놓고 바탕실로 감싸듯이 뜹니다.

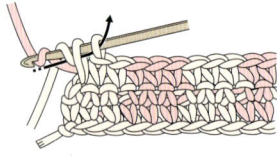
13 3단의 끝에서 색을 바꿉니다. 마지막 빼뜨기 때 바탕실을 바늘에 걸어 쉬게 하고, 배색실을 걸어 뺍니다(쉬는 실이 안쪽을 향하도록 앞쪽에서 뒤쪽으로 걸칩니다).

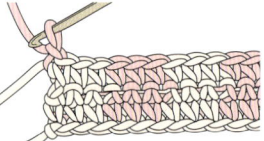
14 이어서 다음 단의 기둥코인 사슬 1코를 뜨고서 뜨개바탕을 뒤집습니다.

4단

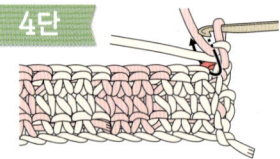
15 바탕실을 감싸가며 배색실로 뜹니다.

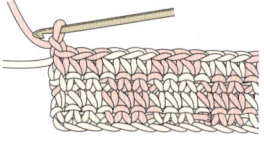
16 같은 요령으로 뜨고, 다음 단의 기둥코인 사슬을 뜨고서 뜨개바탕을 겉쪽으로 뒤집습니다. 감싸며 뜬 바탕실도 같이 안쪽으로 돌립니다.

6단 이후

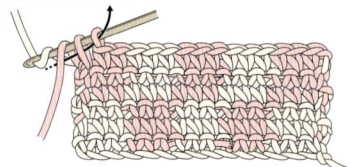
17 안을 보며 뜨는 단에서는 단의 끝을 뜰 때 쉬는 실을 바늘의 뒤쪽에서 앞쪽으로 걸치고(실 끝이 안쪽에 놓이도록) 색을 바꿉니다.

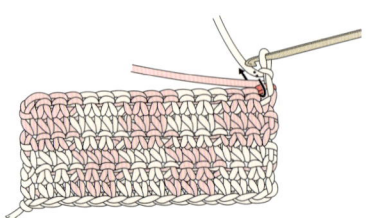
18 쉬는 실을 뜨개바탕 안쪽에 걸쳐놓고 감싸듯이 뜹니다.

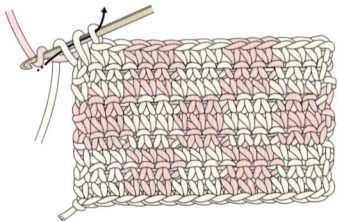
19 같은 요령으로 계속 뜹니다. 단의 끝에서 색을 바꿀 때는 다음 단으로 실이 부드럽게 넘어갈 수 있게 쉬는 실을 바늘에 걸치고 나서 색을 바꿉니다(쉬는 실이 안쪽을 향하도록 걸칩니다).

짧은뜨기의 배색뜨기에서 무늬를 예쁘게 뜨려면

짧은뜨기의 배색뜨기를 왕복뜨기로 뜨면 겉과 안의 뜨개코 모양이 달라서
자잘한 무늬는 윤곽선이 뭉개질 수 있습니다. 이를 막으려면 원형뜨기로 떠야 하는데,
짧은뜨기를 원형뜨기로 뜨면 뜨개코가 비스듬해집니다(73쪽 참조). 이럴 때는 짧은뜨기의 '이랑뜨기'(→88쪽)로 떠보세요.

배색 무늬의 차이 (십자 무늬일 때)

짧은뜨기의 배색뜨기
(왕복뜨기)

무늬의 경계가 흐릿해서 십자 무늬가 선명하지 않습니다.

짧은뜨기의 배색뜨기
(원형뜨기)

무늬가 선명하기는 하나 비스듬해졌습니다.

짧은뜨기를 이랑뜨기로 뜬 배색뜨기
(원형뜨기)

무늬가 선명하고 십자 무늬가 기울어지지 않았습니다.

니트 링을 사용할 때

모티브를 많이 뜰 때는 원형코 대신에 수지(樹脂)로 만든 니트 링을 사용하기도 합니다.
원형코를 만드는 수고를 덜 수 있고, 크기가 일정해서 예쁘게 완성된다는 장점이 있습니다.
또는 머리끈을 만들 때 사용하는 고무줄을 이용할 수도 있습니다. 안에 무엇을 넣든 뜨는 요령은 같습니다.

● 니트 링을 이용해서 짧은뜨기를 할 때

1 링 안으로 바늘을 넣고 실을 걸어 빼냅니다.

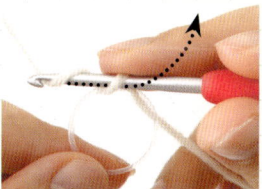

2 다시 바늘에 실을 걸어 빼냅니다.

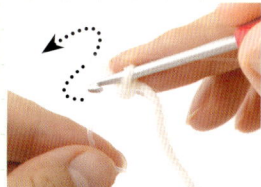

3 또 다시 실을 걸어 빼냅니다.

4 실이 걸렸습니다.

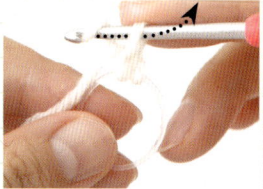

5 실 끝과 링을 같이 잡고 바늘에 실을 걸고 빼내어, 기둥코인 사슬 1코를 뜹니다.

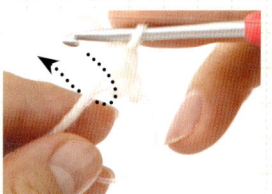

6 사슬 1코를 떴습니다. 링 안에 바늘을 넣고, 실 끝도 같이 주워서 짧은뜨기를 합니다.

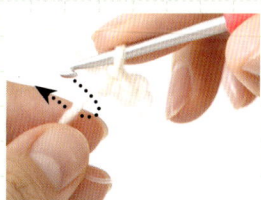

7 짧은뜨기를 1코 떴습니다. 계속해서 같은 요령으로 링과 실 끝을 감싸듯이 짧은뜨기를 합니다.

8 정해진 콧수만큼 뜨고, 뜨기 끝에서는 1번째 코 짧은뜨기의 머리에 빼뜨기를 합니다. 니트 링은 뜨개코 속에 감춰져서 보이지 않게 됩니다.

STEP 5 한길 긴뜨기의 배색뜨기
(실을 가로로 걸치기)

무늬가 가로로 연속할 때나 비교적 작을 때 적합한 방법입니다.
실을 가로로 걸쳐놓고 감싸듯이 뜹니다.
요령은 짧은뜨기와 같으나 훨씬 빨리 뜰 수 있습니다.

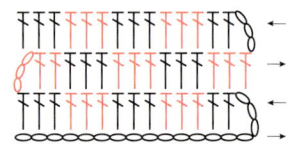

1단

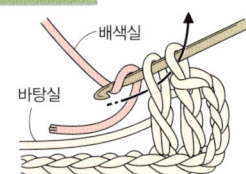

1 배색하기 1코 전의 한길 긴뜨기에서 마지막 빼뜨기를 할 때 배색실을 걸어 빼냅니다.

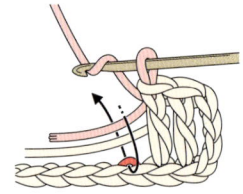

2 바탕실과 배색실의 실 끝을 감싸듯이 한길 긴뜨기를 합니다.

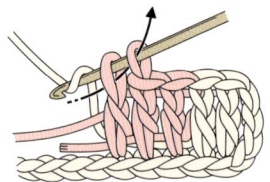

3 배색실의 마지막 빼뜨기 때 바탕실로 바꿉니다.

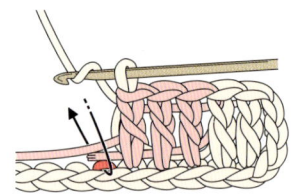

4 배색실을 안에 넣고 감싸듯이 바탕실로 뜹니다.

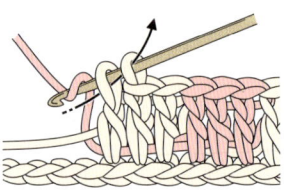

5 바탕실의 마지막 빼뜨기 때 배색실로 바꿉니다.

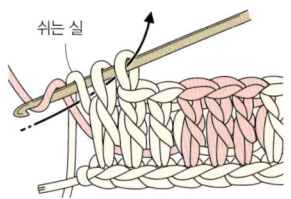

6 단의 끝에서는 마지막 빼뜨기 때 바탕실을 바늘에 걸쳐놓고서 배색실로 바꿉니다 (쉬는 실의 실 끝이 안쪽에 놓이도록 앞에서 뒤로 걸칩니다).

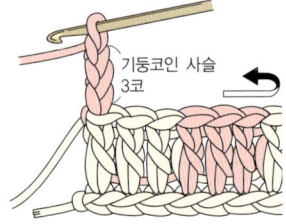

7 다음 단의 기둥코인 사슬 3코를 뜨고, 뜨개바탕의 오른쪽을 뒤로 돌려서 안쪽을 앞에 둡니다.

2단

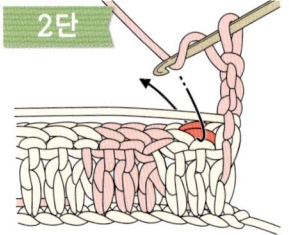

8 배색실을 바늘에 걸고 바탕실도 같이 줍습니다.

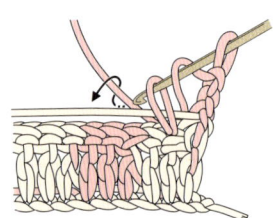

9 바탕실을 감싸듯이 한길 긴뜨기를 합니다.

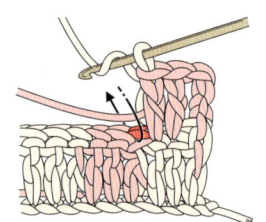

10 배색실의 마지막 빼뜨기 때 바탕실로 바꾸고, 배색실을 감싸듯이 한길 긴뜨기를 합니다.

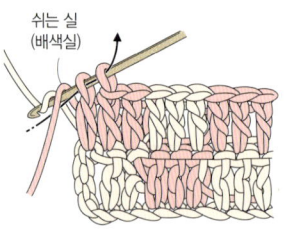

11 2단의 끝에서는 배색실을 바늘에 걸쳐놓고서 바탕실로 바꿉니다 (쉬는 실이 안쪽에 놓이도록 뒤쪽에서 앞쪽으로 걸칩니다).

3단

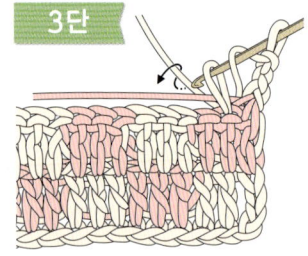

12 기둥코인 사슬 3코를 뜨고서 뜨개바탕을 겉쪽으로 뒤집고, 쉬는 실을 안쪽에 걸쳐놓고서 감싸듯이 뜹니다.

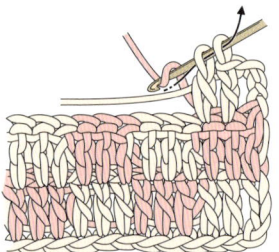

13 바탕실의 마지막 빼뜨기 때 배색실로 바꿉니다.

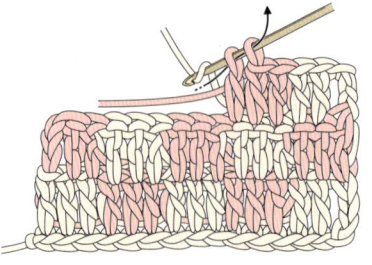

14 같은 요령으로 계속해서 뜹니다.

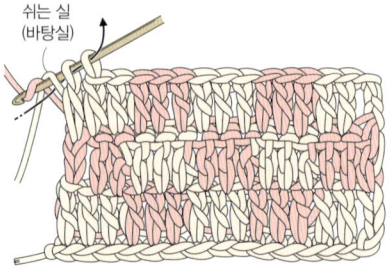

15 단의 끝에서는 다음 단으로 자연스럽게 실이 넘어가도록 쉬는 실을 바늘에 걸쳐놓고서 실을 바꿉니다 (실 끝이 안쪽에 놓이도록 걸칩니다).

한길 긴뜨기의 배색뜨기
(실을 세로로 걸치기)

세로로 연속한 무늬나 큰 무늬를 뜰 때 적합한 방법입니다.
배색실을 감싸지 않고 세로로 걸쳐놓습니다.

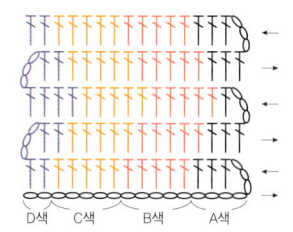
 (겉)
 (안)

1단

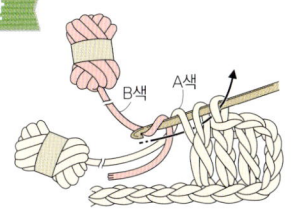
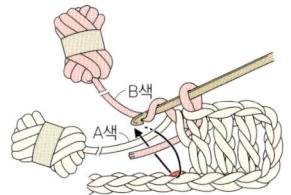
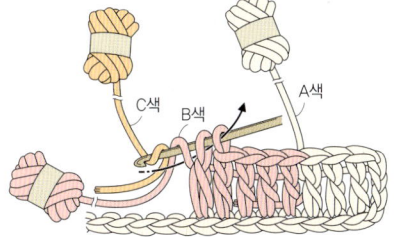

1 A색으로 뜨고, 배색하기 1코 전의 마지막 빼뜨기 때 A색을 바늘에 걸쳐놓고 B색으로 바꿉니다 (쉬는 실 A색은 실 끝이 안쪽에 놓이도록 앞에서 뒤로 걸칩니다).

2 A색은 뒤쪽으로 빼놓습니다. B색으로 B색의 실 끝을 감싸며 뜹니다.

3 배색하기 1코 전의 마지막 빼뜨기 때 B색을 바늘에 걸쳐놓고 C색으로 바꿉니다 (쉬는 실 B색의 실 끝이 안쪽에 놓이도록 걸칩니다).

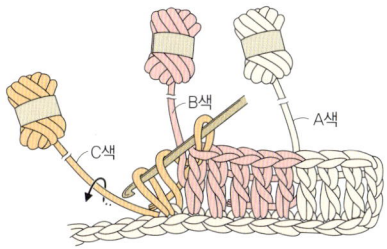
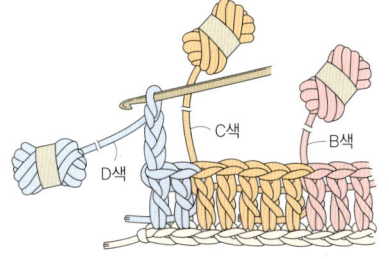

2단

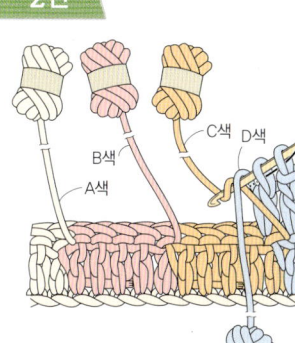

4 B색은 뒤쪽(안쪽)에서 쉬게 하고, C색으로 C색 실 끝을 감싸며 뜹니다.

5 같은 요령으로 D색으로 바꾸어 단의 끝까지 뜹니다. 다음 단의 기둥코인 사슬 3코를 뜨고서 뜨개바탕을 안쪽으로 뒤집습니다.

6 D색으로 뜨고, 배색하기 1코 전의 마지막 빼뜨기 때 D색을 바늘에 걸쳐놓고 C색으로 바꿉니다 (쉬는 실 D색은 실 끝이 안쪽에 놓이도록 뒤에서 앞으로 걸칩니다).

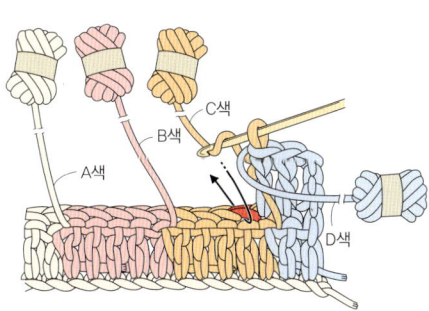
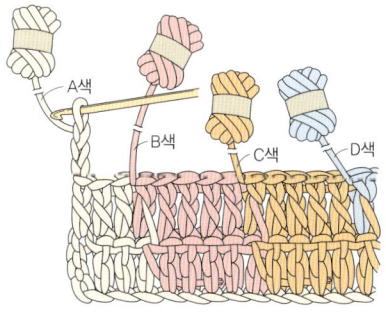

7 쉬게 한 D색은 넣어 뜨지 않고 그대로 앞쪽(안쪽)에 둔 채 C색으로 뜹니다.

8 같은 요령으로 색을 바꾸면서 뜨고, 다음 단의 기둥코를 뜨고 뜨개바탕을 겉쪽으로 뒤집습니다.

3단 이후

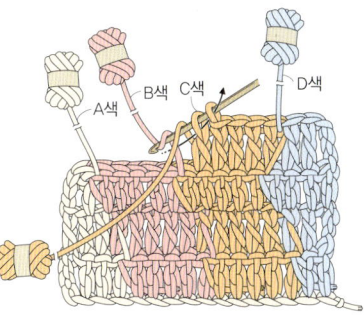
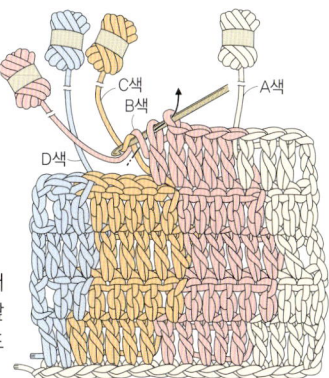

9 뜨개바탕의 안쪽에서 색을 바꿀 때는 쉬는 실을 뒤쪽에서 앞쪽으로 걸치고, 실타래도 앞쪽(안쪽)에 둡니다.

10 뜨개바탕의 겉쪽에서 색을 바꿀 때는 쉬는 실을 앞에서 뒤로 걸치고, 실타래도 뒤쪽(안쪽)에 둡니다.

줄무늬 뜨는 방법

2단마다 색을 바꾸어 줄무늬로 뜰 때는 가장자리에 실을 걸쳐놓고 뜨기도 합니다.

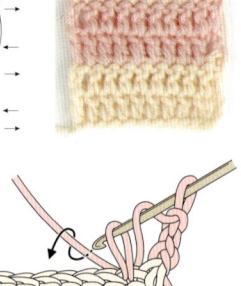

2단 끝

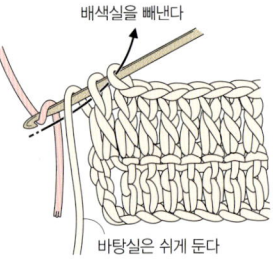

1 바탕실(처음 진행하던 실)의 마지막 빼뜨기 때 새로운 실(배색실)을 걸어 빼냅니다(바탕실은 실 끝이 안쪽에 놓이도록 뒤에서 앞으로 걸칩니다).

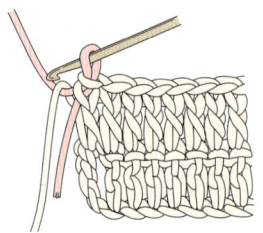

2 배색실로 바뀌었습니다. 바탕실은 그대로 쉬게 합니다.

3단

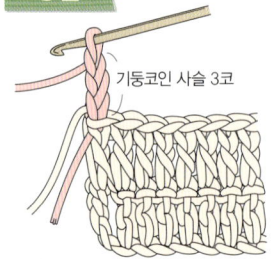

3 계속해서 다음 단의 기둥코를 뜹니다.

4 뜨개바탕을 겉쪽으로 돌려 뒤집고 배색실로 2단을 뜹니다.

4단 끝

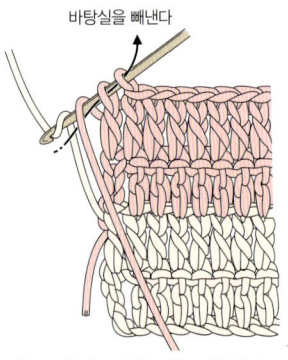

5 바탕실로 바꿀 때는 배색실의 마지막 빼뜨기 때 쉬게 둔 바탕실을 들어 올려서 바늘에 걸고 빼냅니다(배색실은 실 끝이 안쪽에 놓이도록 뒤에서 앞으로 걸칩니다).

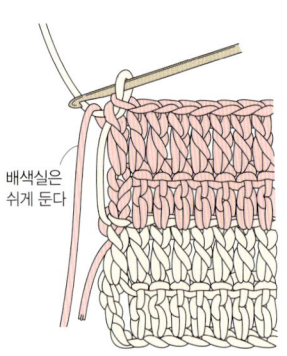

6 바탕실로 바뀌었습니다. 배색실은 쉬게 둡니다.

5단

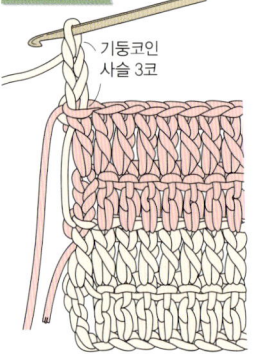

7 걸쳐진 실이 너무 당겨지거나 느슨해지지 않도록 주의하면서 바탕실로 계속 뜹니다.

6단 끝

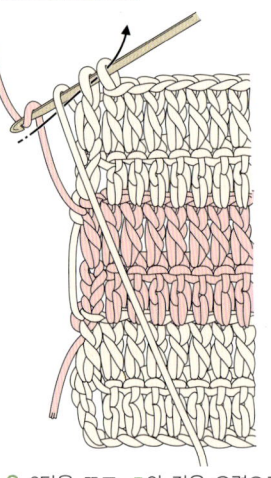

8 2단을 뜨고, 5와 같은 요령으로 배색실을 끌어 올려 빼냅니다.

9 배색실로 바뀌었습니다. 바탕실은 쉬게 둡니다.

10 계속해서 배색실로 2단을 뜹니다. 같은 요령으로 실을 바꿔가며 뜹니다.

실을 정리하는 방법

걸쳐놓은 실은 테두리뜨기를 할 때 같이 주워서 뜹니다.

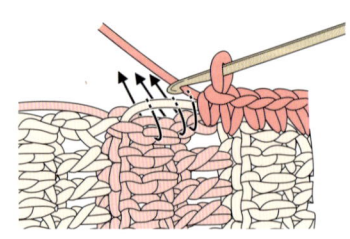

모티브 연결하기 - 다 떠놓고 연결하기

모티브의 형태나 사용한 뜨개코, 작품의 성격에 따라
모티브를 연결하는 방법이 다릅니다.
다 떠놓고 연결할 때는 모티브를 떠서 실 정리까지 마쳐놓고 한꺼번에 연결해야 합니다.
모티브를 1장씩 떠놓을 수 있어서 편리한 방법입니다.

안끼리 맞대고 짧은뜨기로 모티브 연결하기
(반코에 뜰 때)

네모난 모티브에 자주 사용하고, 이음매가 튼튼합니다.
짧은뜨기 자체가 줄무늬를 이루어 입체적이기 때문에 하나의 디자인처럼 보이기도 합니다.

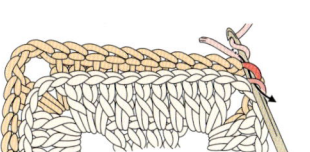

1 모티브 2장을 안끼리 맞대고, 모서리 중앙의 사슬뜨기에서 바깥쪽 반코에 각각 바늘을 넣고 실을 걸어 빼냅니다.

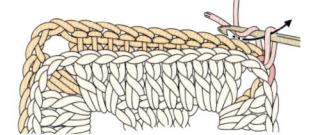

2 다시 실을 걸어 빼냅니다.

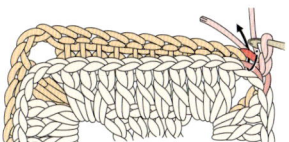

3 다음 코도 바깥쪽 반코를 각각 줍습니다.

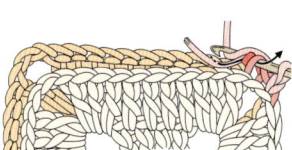

4 이때 실 끝도 같이 줍습니다.

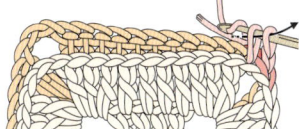

5 짧은뜨기를 합니다.

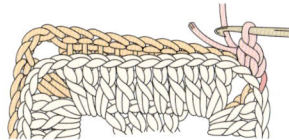

6 모티브 2장에 짧은뜨기를 1코 떴습니다.

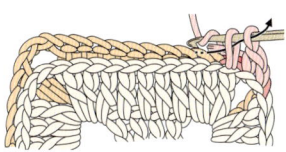

7 같은 요령으로 각각의 모티브에서 바깥쪽 반코를 주워 짧은뜨기를 합니다.

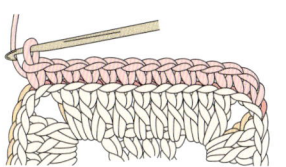

8 계속해서 다음 모서리의 중앙까지 뜹니다.

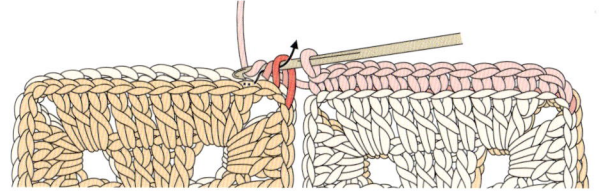

9 이어서 1과 마찬가지로 다음 2장의 모티브를 안끼리 맞대놓고 모서리 중앙의 바깥쪽 반코를 각각 줍습니다.

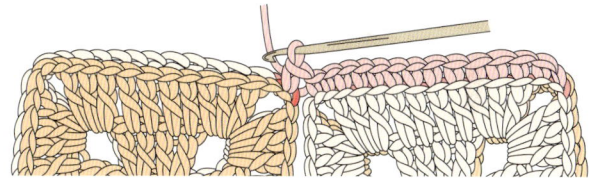

10 짧은뜨기를 합니다. 같은 요령으로 가로 1줄을 연결합니다.

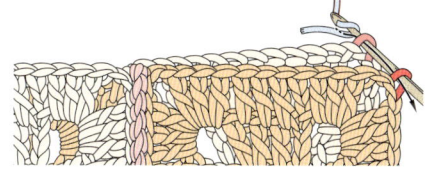

11 가로 방향으로 다 연결했으면 이번에는 세로 방향으로 연결합니다. 1과 마찬가지로 모서리 중앙의 바깥쪽 반코를 각각 주워서 기둥코를 뜨고 짧은뜨기로 이어갑니다.

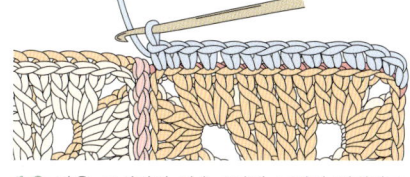

12 다음 모서리의 사슬 1번째 코까지 연결하고, 9와 똑같은 곳에 바늘을 넣어 짧은뜨기를 합니다.

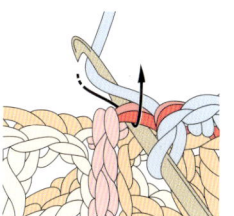

13 계속해서 가로 방향의 코를 걸러서 다시 한 번 같은 코에 바늘을 넣고 실을 걸어 빼냅니다.

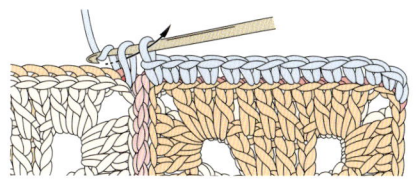

14 짧은뜨기를 합니다.

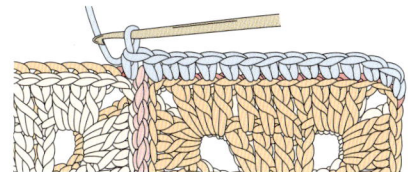

15 같은 요령으로 짧은뜨기를 하면서 연결합니다.

STEP 5 감아서 모티브 연결하기 1
(코 전체를 휘감을 때)

돗바늘을 사용해서 뜨개코의 머리를 주워 휘감는 방법입니다.
뜨개코가 촘촘한 모티브나 사각형, 육각형과 같이 직선으로 이루어진 모티브에 알맞은 방법입니다.
휘감는 실은 60㎝ 정도로 잘라서 쓰고, 부족해지면 새 실을 걸어서 휘감습니다.

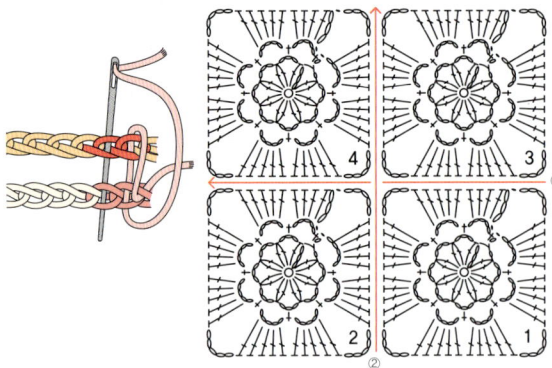

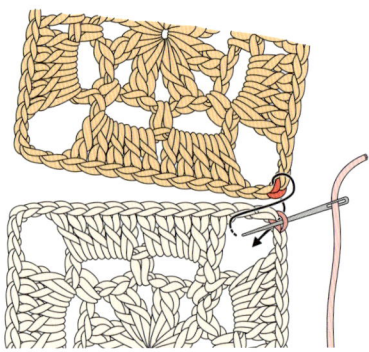

1 모티브 2장을 겉이 위로 가도록 놓고, 모서리 중앙의 사슬 반코에 밑에서부터 바늘을 넣어 화살표와 같이 움직입니다.

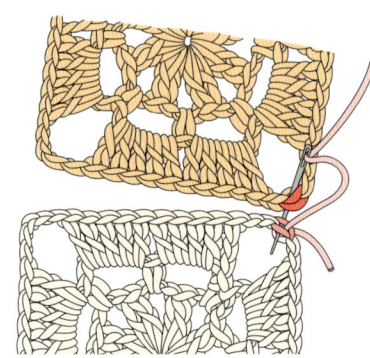

2 각 모티브의 사슬 머리를 줍고, 실을 당깁니다.

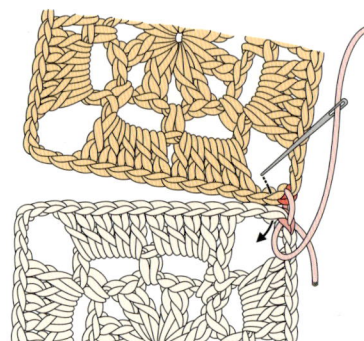

3 모티브의 모양이 구겨지지 않도록 적당히 실을 당기고서 다음 코를 줍습니다.

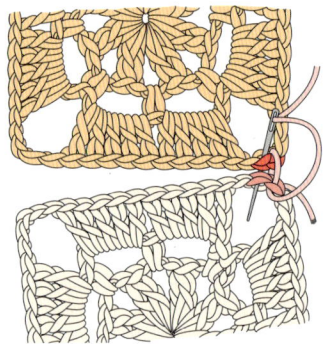

4 각 모티브의 사슬 머리를 줍고, 그렇게 한 땀을 뜰 때마다 실을 당깁니다.

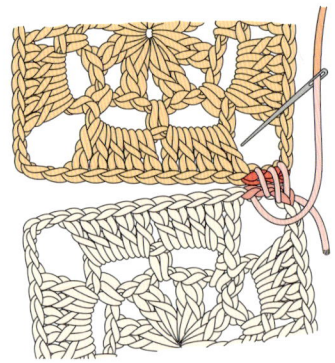

5 한길 긴뜨기 부분에서도 각 뜨개코의 머리를 줍습니다.

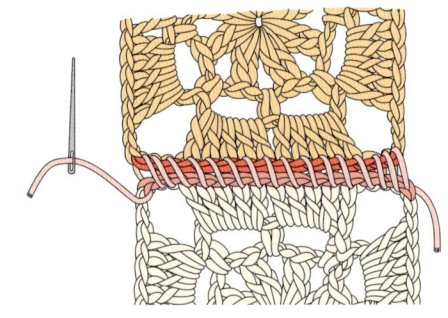

6 휘감은 실은 사선을 이룹니다. 다음 모서리 중앙의 사슬까지 연결한 모습입니다.

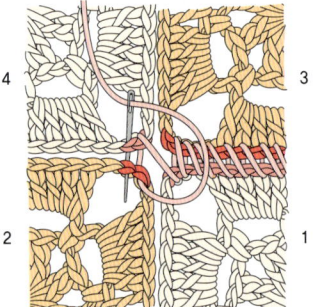

7 다음 2장도 같은 요령으로 바늘을 넣고 한 땀마다 실을 당깁니다.

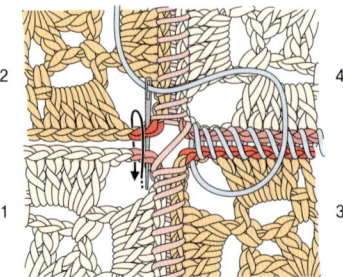

8 가로 방향으로 휘감고서 세로 방향도 같은 요령으로 감습니다.

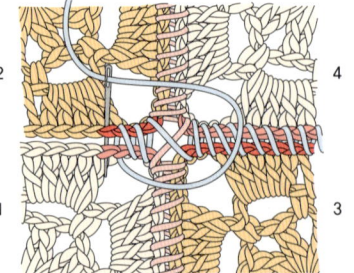

9 모서리에서는 구멍이 생기지 않게 가로방향 실과 세로방향 실을 교차해서 감습니다.

* 휘감던 실이 부족해지면 새 실을 같은 코에 걸고 다시 휘감습니다. 실 끝은 다 감은 후에 뜨개바탕 사이에 꿰어 정리합니다.

감아서 모티브 연결하기 2
(반코를 휘감을 때)

뜨개코 머리에서 실 1가닥만 주워 휘감는 방법입니다.
반코씩만 휘감기 때문에 코 전체를 휘감을 때보다 이음매가 얇습니다.

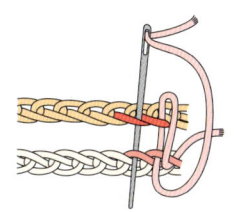 

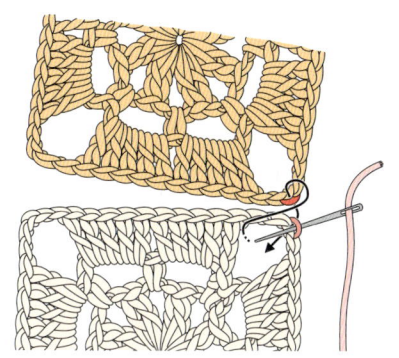

1 모티브 2장을 겉쪽이 위로 가도록 나란히 놓고, 모서리 중앙의 사슬 반코에 밑에서부터 바늘을 넣어 화살표와 같이 움직입니다.

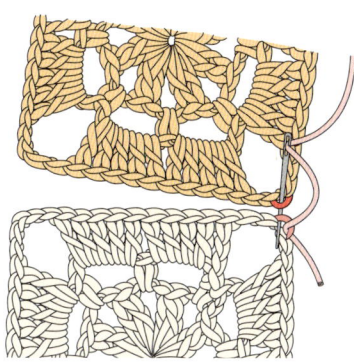

2 각 모티브의 바깥쪽 반코를 주워서 실을 당깁니다.

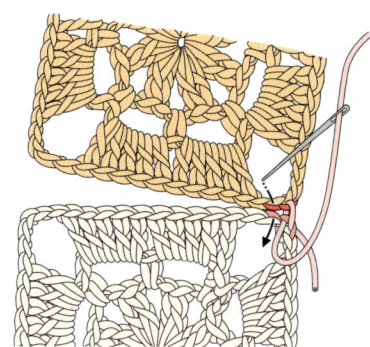

3 모티브의 모양이 구겨지지 않도록 적당히 실을 당기고, 다음 코를 줍습니다.

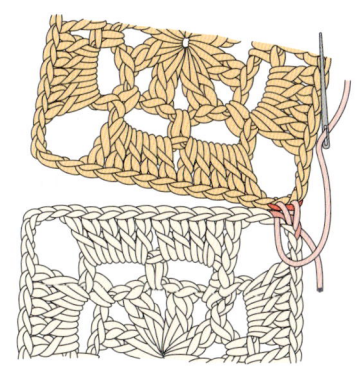

4 각 모티브의 사슬을 반코씩 줍고, 그렇게 한 땀을 뜰 때마다 실을 당깁니다.

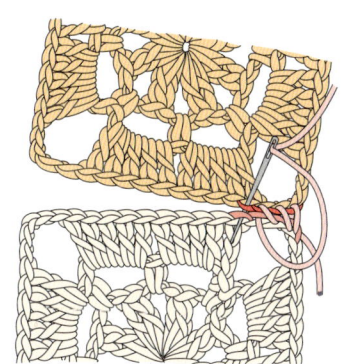

5 한길 긴뜨기 부분에서도 뜨개코 머리의 반코만 줍습니다.

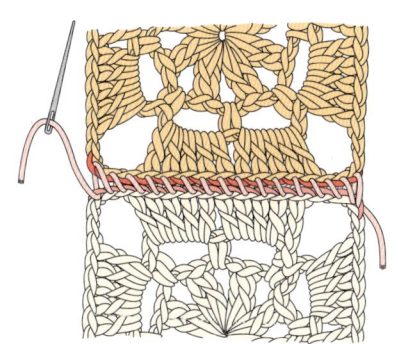

6 휘감은 실은 사선을 이룹니다. 다음 모서리의 가운데 사슬까지 휘감습니다.

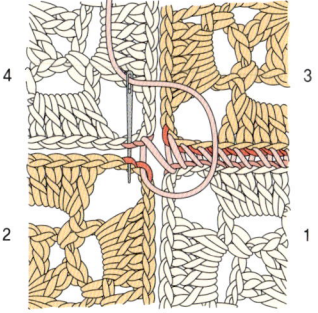

7 다음 2장도 같은 요령으로 주워서 한 땀을 뜰 때마다 실을 당깁니다.

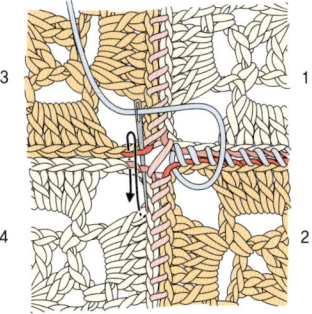

8 가로 방향으로 휘감고서 세로 방향도 같은 요령으로 감습니다.

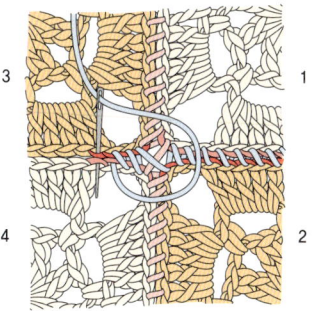

9 모서리에서는 구멍이 생기지 않게 가로 방향 실과 세로 방향 실을 교차해서 감습니다.

* 휘감던 실이 부족하면 새 실을 같은 코에 걸고 다시 휘감습니다. 실 끝은 다 감은 후에 뜨개바탕 사이에 꿰어 정리합니다.

STEP 5 모티브 연결하기 − 뜨면서 마지막 단에서 연결하기

모티브를 완성해나가면서 연결하는 방법입니다.
모티브의 수가 늘면 뜨개바탕도 커집니다. 큰 뜨개바탕이 이어진 채로 모티브를 완성하기는 어려우므로 되도록 모티브의 마지막 단에서 이어나갈 수 있도록 합니다.

빼뜨기로 모티브 연결하기

마지막 단의 사슬 고리를 뜨면서 빼뜨기로 연결하는 방법입니다.

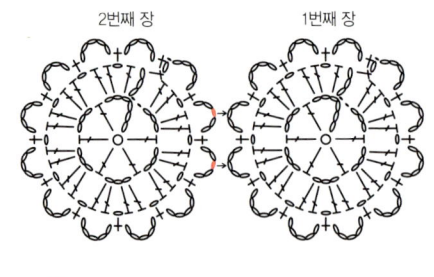

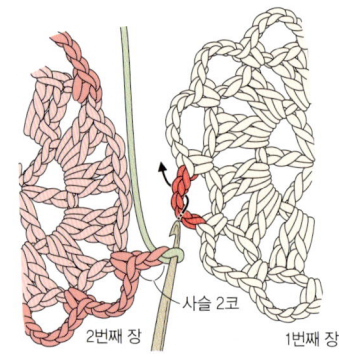

1 사슬 2코를 뜨고, 연결할 위치가 되었다면 실을 바늘의 앞에 두고서 1번째 장의 사슬 고리 겉에서부터 바늘을 넣습니다.

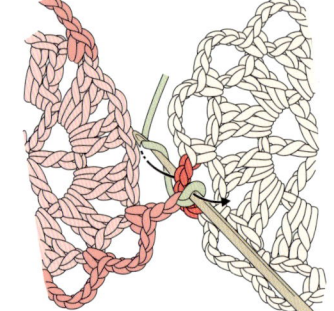

2 실을 걸어 빼냅니다.

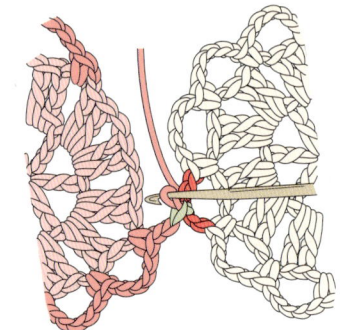

3 빼뜨기로 연결했습니다.

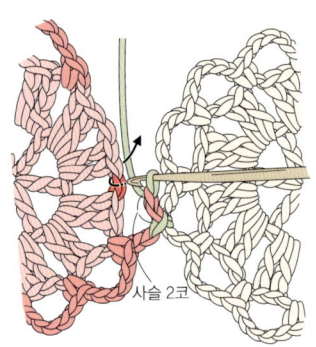

4 이어서 사슬 2코를 뜨고, 2번째 장의 모티브로 돌아와 화살표와 같이 바늘을 넣습니다.

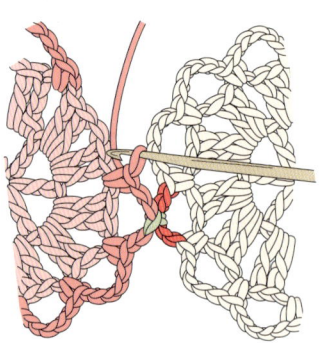

5 짧은뜨기를 합니다.

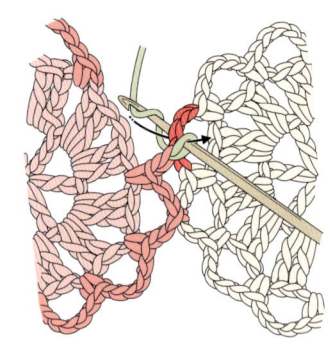

6 이어서 사슬 2코를 뜨고, 1~2와 같은 요령으로 1번째 장에 빼뜨기를 합니다.

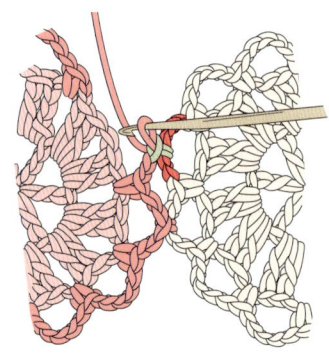

7 두 곳을 연결했습니다.

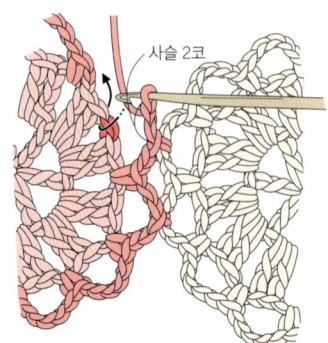

8 사슬 2코를 뜨고, 2번째 장의 모티브로 돌아와 짧은뜨기를 합니다.

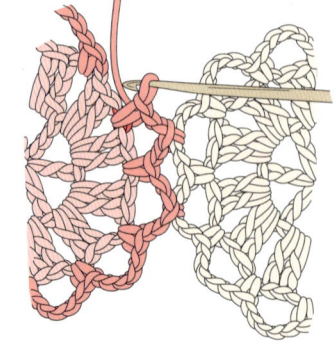

9 계속해서 모티브를 완성합니다.

빼뜨기로 모티브 4장 연결하기

4장을 연결할 때는 모서리를 연결하는 방법에 주의를 기울여야 합니다.
3번째, 4번째 장의 모티브를 1번째 장이 아닌 2번째 장에 연결하는 것이 요령입니다.

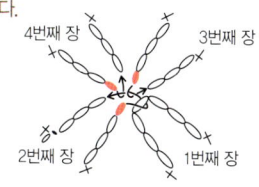

2번째 장

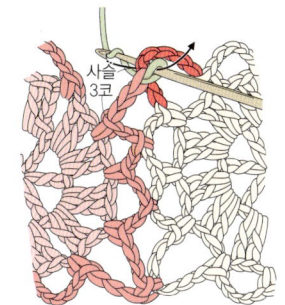
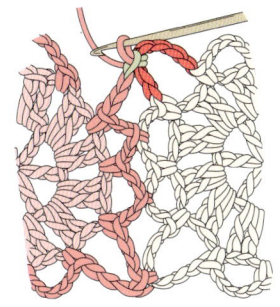

1 2번째 장 모티브의 마지막 단을 뜨면서 1번째 장의 사슬 고리를 주워 빼뜨기로 연결합니다 (126쪽 참조).

2 빼뜨기로 한 변이 연결되었습니다. 계속해서 2번째 장 모티브를 뜹니다.

3번째 장

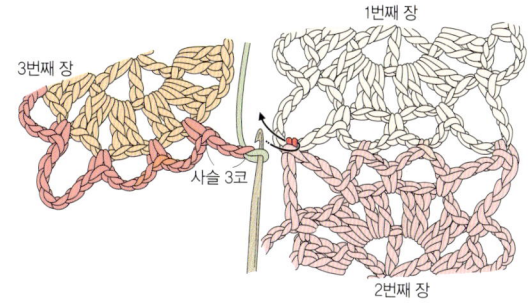

3 연결할 위치까지 떴다면 실을 바늘의 앞에 두고 1번째 장과 2번째 장을 이은 빼뜨기의 다리(실 2가닥)를 줍습니다.

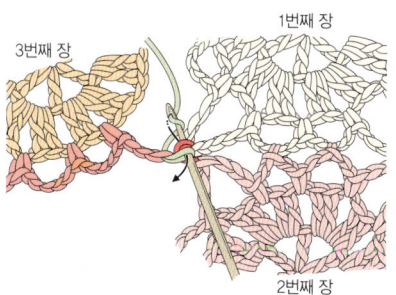
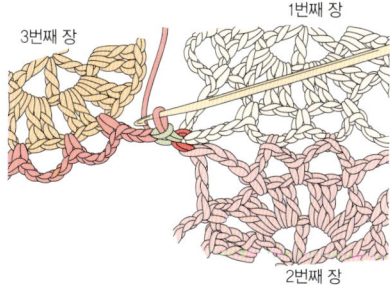
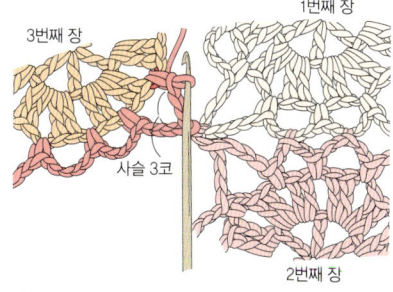

4 실을 걸어 빼냅니다.

5 3번째 장의 모서리가 연결되었습니다.

6 계속해서 사슬 3코를 뜨고, 3번째 장 모티브에 짧은뜨기를 합니다. 다음에는 1번째 장 모티브와 연결합니다.

4번째 장

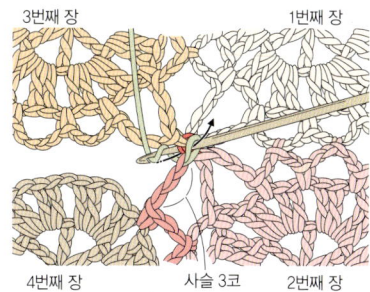
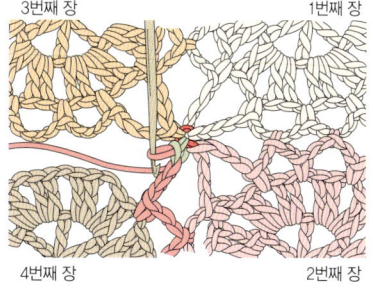
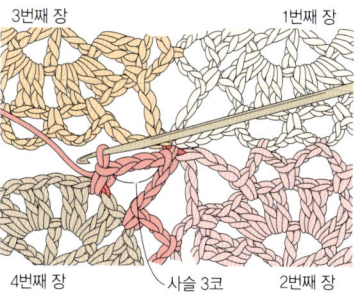

7 연결할 위치까지 떴다면 3과 같이 2번째 장 빼뜨기의 다리를 주워서 실을 걸어 빼냅니다.

8 4번째 장의 모서리가 연결되었습니다.

9 이어서 사슬 3코를 뜨고, 4번째 장 모티브에 짧은뜨기를 합니다. 다음은 3번째 장 모티브와 연결합니다.

STEP 5

짧은뜨기로 모티브 연결하기

빼뜨기로 연결할 때와 마찬가지로, 2번째 장 모티브의 마지막 단을 뜰 때 사슬 고리 중간에서 연결합니다.

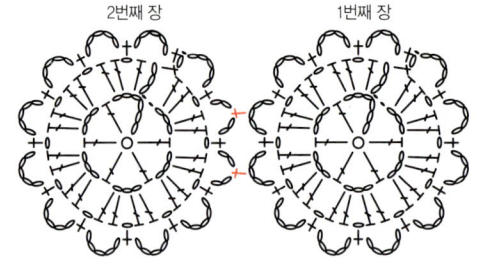

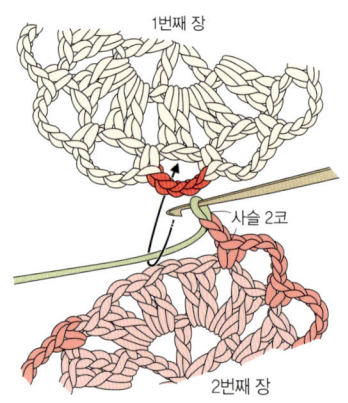

1 연결할 위치까지 떴다면 1번째 장의 사슬 고리에 화살표와 같이 바늘을 넣고,

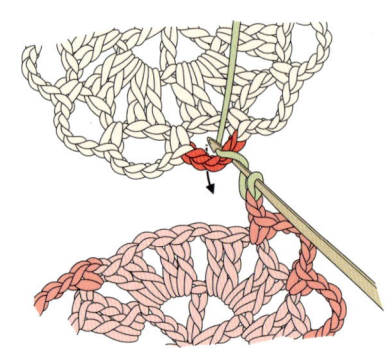

2 실을 걸어 빼냅니다.

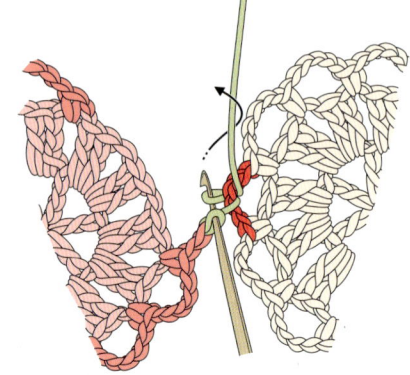

3 다시 그림과 같이 바늘을 움직여서,

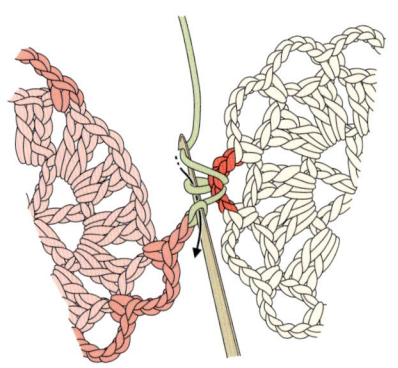

4 바늘에 실을 걸고 빼내어 짧은뜨기를 합니다.

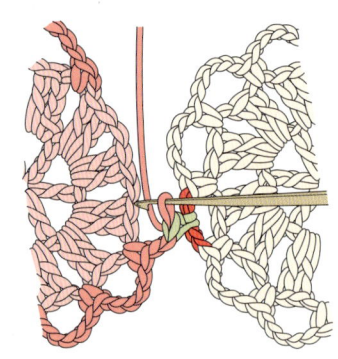

5 짧은뜨기로 연결했습니다.

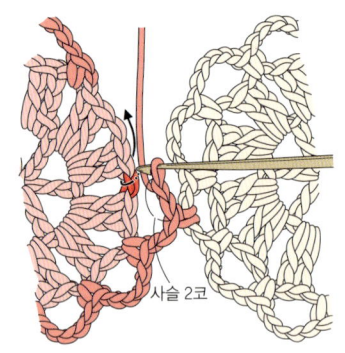

6 계속해서 사슬 2코를 뜨고 2번째 장 모티브로 돌아와서 짧은뜨기를 합니다.

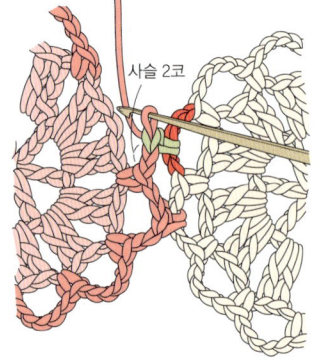

7 이어서 사슬 2코를 뜨고 1~4와 같은 요령으로 바늘을 넣어 짧은뜨기를 합니다.

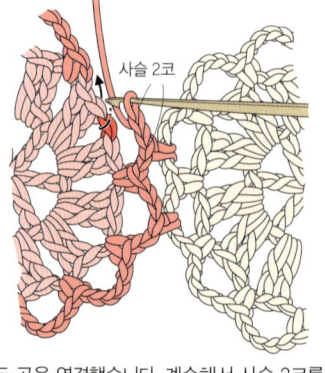

8 두 곳을 연결했습니다. 계속해서 사슬 2코를 뜨고 2번째 장 모티브로 돌아와 짧은뜨기를 합니다.

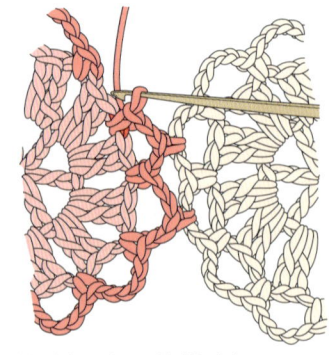

9 계속해서 모티브를 완성합니다.

짧은뜨기로 모티브 4장 연결하기

4장을 연결할 때는 빼뜨기로 연결할 때와 마찬가지로 모서리를 연결하는 방법에 주의를 기울여야 합니다. 3번째, 4번째 장을 1번째 장이 아닌 2번째 장에 연결하는 것이 요령입니다.

2번째 장

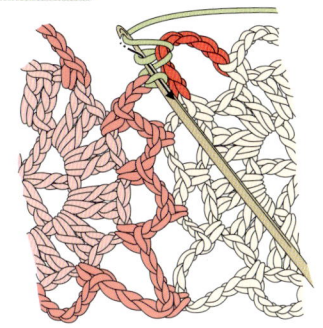

1 2번째 장 모티브의 마지막 단을 뜨면서 1번째 장의 사슬 고리를 주워 짧은뜨기로 연결합니다 (128쪽 참조).

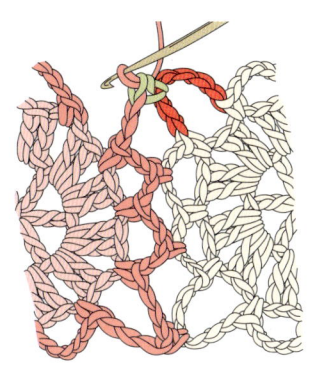

2 짧은뜨기로 한 변을 연결했습니다. 계속해서 2번째 장 모티브를 뜹니다.

3번째 장

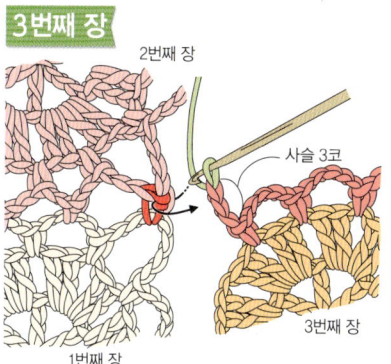

3 연결할 위치까지 떴다면 1번째 장과 2번째 장을 연결한 짧은뜨기의 다리(실 2가닥)를 주워서,

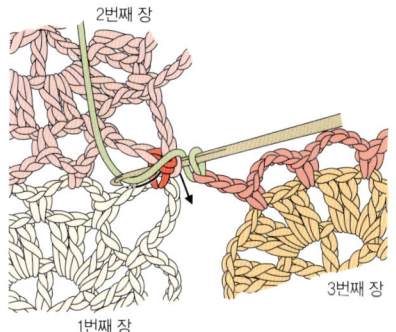

4 실을 걸어 빼냅니다.

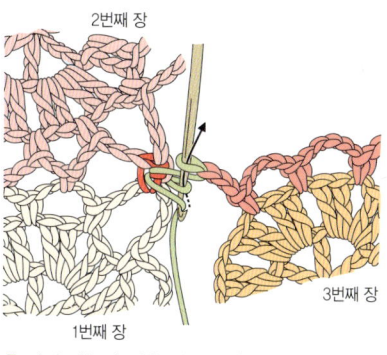

5 다시 바늘에 실을 걸고 고리 사이로 빼내어 짧은뜨기를 합니다.

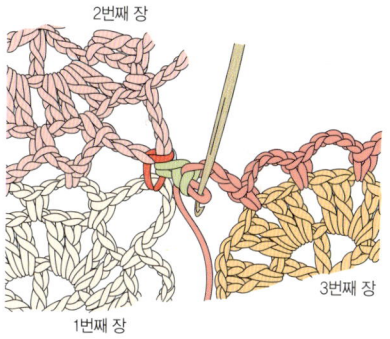

6 3번째 장의 모서리를 연결했습니다. 이어서 3번째 장 모티브를 1번째 장 모티브와 연결하면서 뜹니다.

4번째 장

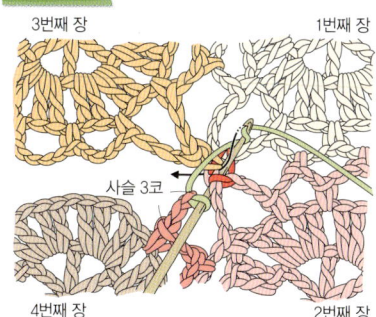

7 연결할 위치까지 떴다면 3과 같이 2번째 장의 짧은뜨기 다리를 주워서 실을 걸어 빼냅니다.

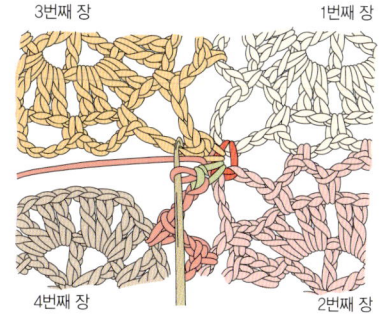

8 짧은뜨기를 합니다. 4번째 장의 모서리가 연결되었습니다.

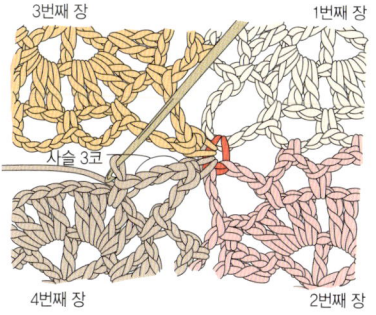

9 계속해서 사슬 3코를 뜨고 4번째 장 모티브에 짧은뜨기를 합니다. 다음은 3번째 장 모티브와 연결합니다.

한길 긴뜨기로 모티브 연결하기

한길 긴뜨기를 많이 사용한 모티브에 알맞은 방법으로 이음매가 튼튼합니다.
1번째 코는 일단 바늘에서 벗겨내 1번째 장 모티브로 빼내고, 다음 코부터는 1번째 장 한길 긴뜨기의 머리를 주워서 연결합니다.

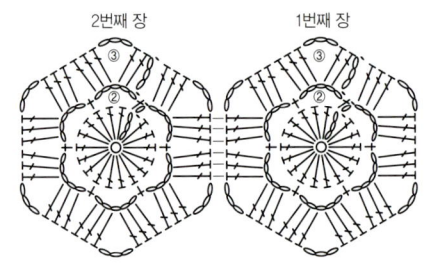

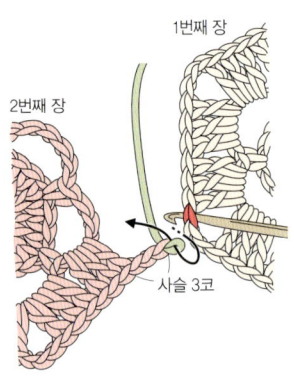

1 연결할 위치까지 떴다면 일단 바늘을 뺍니다. 1번째 장 한길 긴뜨기 옆에 있는 사슬코 머리를 주워서 2번째 장의 벗겨낸 코에 다시 바늘을 넣습니다.

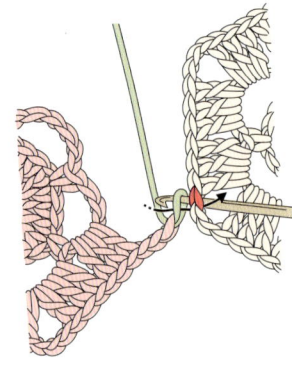

2 2번째 장의 코를 1번째 장으로 빼냅니다.

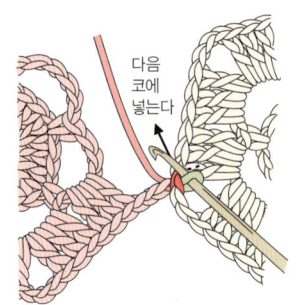

3 1번째 장의 다음 코인 한길 긴뜨기의 머리를 주워서,

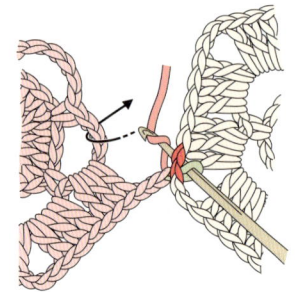

4 바늘에 실을 걸고 2번째 장에 바늘을 넣습니다.

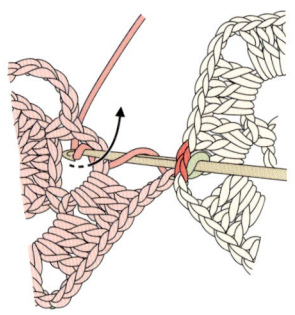

5 실을 걸어 빼냅니다.

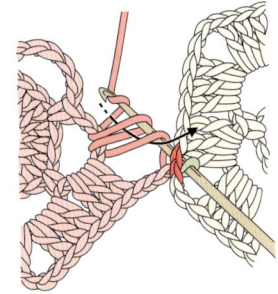

6 바늘에 실을 걸어 2개의 고리 사이로 빼냅니다.

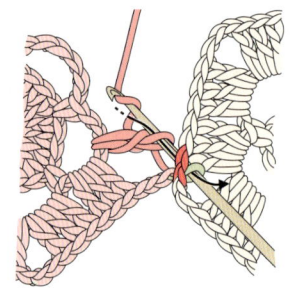

7 다시 바늘에 실을 걸고 2개의 고리 사이로 빼내어 한길 긴뜨기를 합니다.

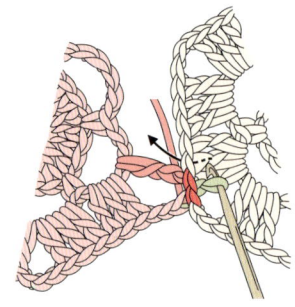

8 이어서 1번째 장의 다음 한길 긴뜨기 머리에 바늘을 넣고,

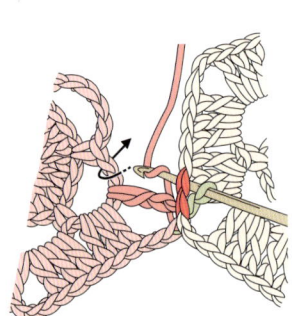

9 2번째 장에 한길 긴뜨기를 합니다.

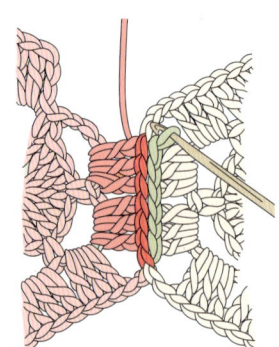

10 이어서 같은 요령으로 한길 긴뜨기를 합니다.

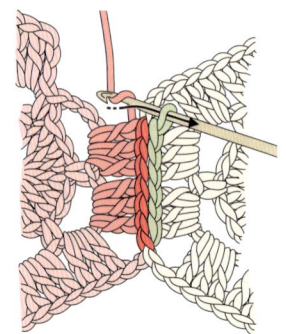

11 계속해서 사슬 3코를 뜨고 2번째 장으로 돌아옵니다.

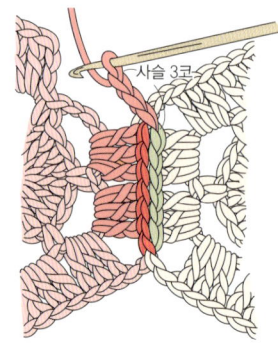

12 계속해서 모티브를 완성합니다.

꿰매기·잇기

2장의 뜨개바탕을 연결할 때 단과 단을 연결하면 '꿰매기'라고 하고,
코와 코를 연결하면 '잇기'라고 합니다.
'꿰매기'든 '잇기'든 코를 줍는 간격은 일정해야 합니다.
또한 너무 느슨하거나 빽빽하지 않도록 주의합니다.

빼뜨기로 꿰매기

양쪽 단의 반코씩 뜨기 때문에 이음매가 좁습니다.
이음매가 다소 쫀쫀하지만 쉽고 빠르게 꿰매는 방법입니다.

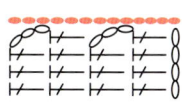  

겉에서 본 모습

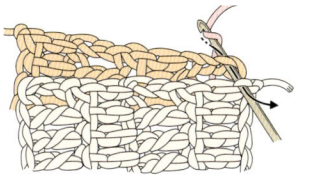 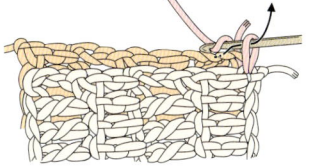 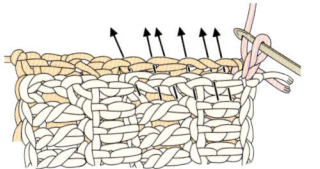 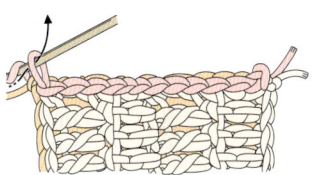

1 뜨개바탕 2장을 겉끼리 맞대고 각각의 기초코인 사슬코에 바늘을 넣어 실을 걸고 빼냅니다.

2 다시 실을 걸어 빼냅니다.

3 이어서 가장자리 코를 갈라가며 바늘을 넣고, 뜨면서 2장의 뜨개바탕을 연결합니다.

4 뜨개코의 높이에 따라 콧수를 조절해서 같은 간격으로 뜹니다. 끝에서는 실을 한 번 더 걸고 빼내어 코를 조입니다.

사슬뜨기와 빼뜨기로 꿰매기

꿰맬 위치를 쉽게 알아볼 수 있는 간단한 방법입니다.

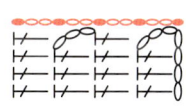  

겉에서 본 모습

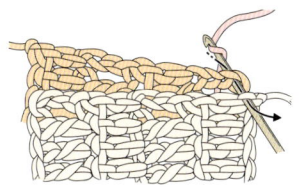 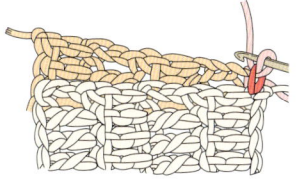 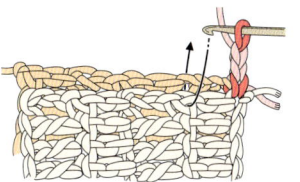 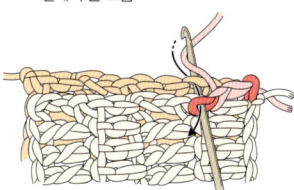

1 뜨개바탕 2장을 겉끼리 맞대고 각각의 기초코인 사슬코에 바늘을 넣어 실을 걸고 빼냅니다.

2 다시 실을 걸고 빼냅니다.

3 뜨개코의 높이만큼 사슬을 뜨고서 다음 뜨개코의 머리에 바늘을 넣습니다.

4 각각의 머리를 주워서 빼뜨기를 합니다.

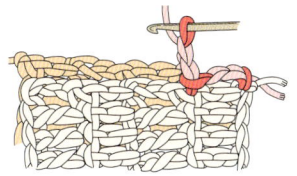 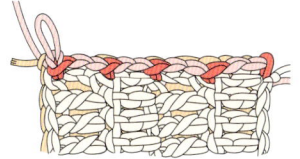

5 3~4를 반복하며 연결합니다.

6 끝에서는 한 번 더 실을 걸고 빼내 코를 조입니다.

> **'꿰매기'를 할 때는 가는 바늘로**
> '꿰매기'를 할 때는 뜨개코를 갈라서 떠야 하므로 1호 가는 바늘을 사용하는 것이 더 편합니다.

사슬뜨기와 짧은뜨기로 꿰매기

131쪽의 '사슬뜨기와 빼뜨기로 꿰매기'의 빼뜨기를 짧은뜨기로 바꾸어서 뜨면 됩니다. 꿰매는 자리가 두툼해집니다.

겉에서 본 모습

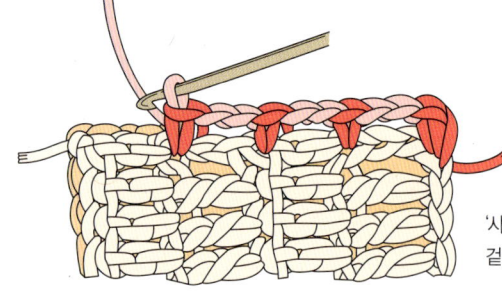

'사슬뜨기와 빼뜨기로 꿰매기'와 마찬가지로, 뜨개바탕을 겉끼리 맞대고 각각의 머리를 주워서 짧은뜨기를 합니다.

떠서 꿰매기

돗바늘을 사용해서 꿰맵니다. 뜨개코가 촘촘한 뜨개바탕에 알맞습니다.
이음매가 쫀쫀하고 좁습니다.

겉에서 본 모습

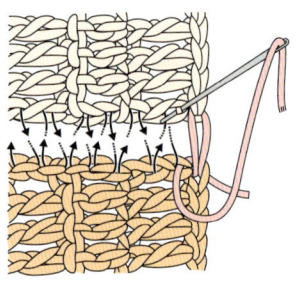
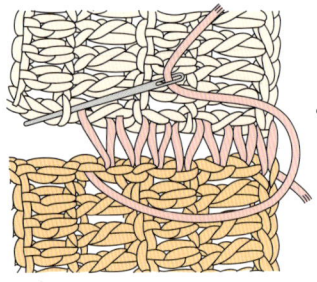
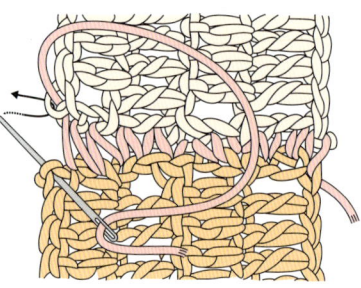

1 뜨개바탕의 겉이 위로 오도록 2장을 나란히 놓고, 가장자리 코를 갈라가며 바늘을 넣습니다.

2 실을 2가닥씩 교대로 뜨면서 꿰맵니다.

3 마지막에는 화살표와 같이 바늘을 넣습니다.

＊ 실제로는 꿰매는 실이 보이지 않을 정도로 1코마다 실을 당기며 꿰매야 합니다.

감아서 꿰매기 (감침질)

돗바늘을 사용해서 꿰맵니다. '감침질'이라고도 부릅니다.
이음매가 튼튼하기는 하지만 눈에 잘 띈다는 단점이 있습니다.

겉에서 본 모습

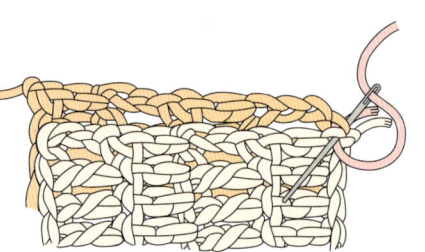
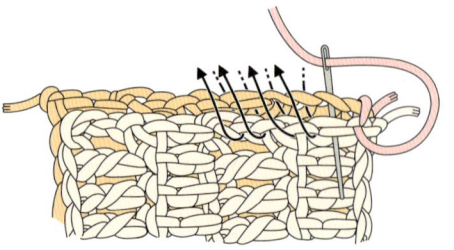

1 2장의 뜨개바탕을 겉끼리 맞대고 돗바늘을 각각의 기초코인 사슬코에 넣습니다.

2 바늘을 항상 같은 방향으로 넣어야 하고, 2장 모두 가장자리 코를 갈라가며 한길 긴뜨기 1단을 2~3회씩 감아줍니다.

3 끝에서는 같은 곳을 1~2회 정도 더 감아 이음매를 튼튼하게 하고, 안쪽으로 실을 정리합니다.

빼뜨기로 잇기

쉽고 빠르게 잇는 방법입니다.
빼낸 뜨개코가 겹쳐져서 이음매가 다소 두툼해집니다.

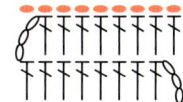  

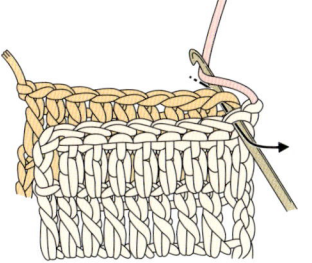

1 뜨개바탕 2장을 겉끼리 맞대고, 마지막 단 뜨개코의 머리를 줍니다.

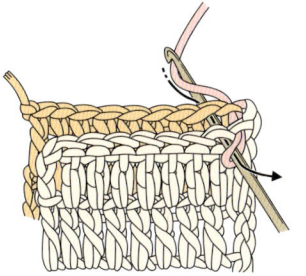

2 실을 걸어 빼냅니다(한쪽 뜨개바탕의 진행실로 이으면 좋습니다).

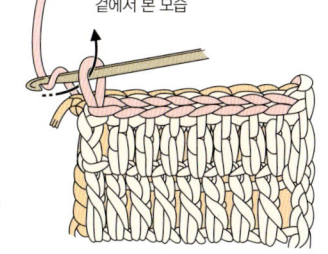

3 1코씩 빼뜨기로 이어나갑니다.

4 다 잇고 나면 한 번 더 실을 걸고 빼내어 코를 조입니다.

떠서 잇기

돗바늘을 사용해서 잇습니다. 이음매가 눈에 띄지 않고 튼튼합니다.

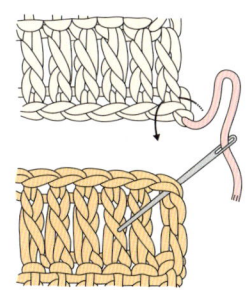 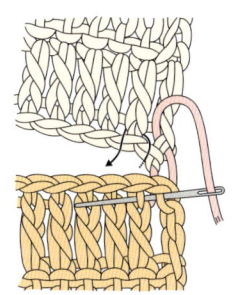 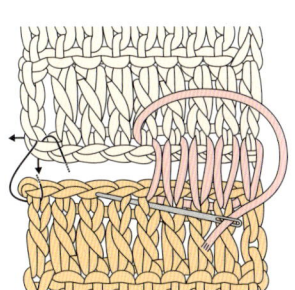

겉에서 본 모습

1 뜨개바탕의 겉이 위로 오도록 2장을 나란히 놓고, 한길 긴뜨기의 머리 안쪽에 바늘을 넣습니다(한쪽 뜨개바탕의 진행실로 이으면 좋습니다).

2 먼저 뒤쪽 뜨개바탕에서 1코를 줍고, 앞쪽 뜨개바탕에서 반코와 다음 반코를 줍습니다.

3 같은 요령으로 반복합니다.

* 실제로는 잇는 실이 보이지 않을 정도로 1코마다 실을 당기면서 이어야 합니다.

감아서 잇기 (감침질)

돗바늘을 사용해서 잇습니다. '감침질'이라고도 합니다.
모든 코를 맞대놓고 잇기 때문에 이음매가 매우 튼튼합니다.

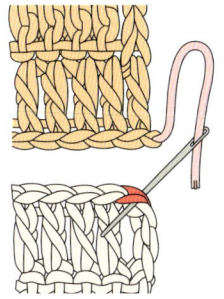 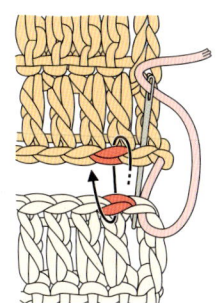 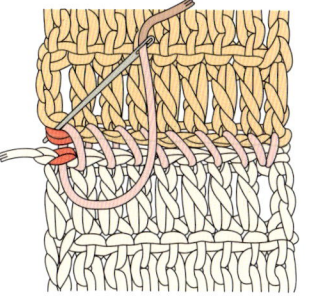

겉에서 본 모습

1 뜨개바탕의 겉이 위로 오도록 2장을 나란히 놓고, 각각의 마지막 단에서 뜨개코의 머리를 줍습니다(한쪽 뜨개바탕의 진행실로 이으면 좋습니다).
* 머리의 반코끼리 줍는 경우도 있습니다.

2 돗바늘을 항상 같은 방향으로 넣어가며 1코씩 잇습니다. 잇는 실이 그대로 드러나므로 간격과 모양이 일정하도록 당기는 힘을 조절해야 합니다.

3 끝에서는 같은 곳을 1~2회 정도 더 감아 이음매를 튼튼하게 하고, 안쪽으로 실을 정리합니다.

STEP 5 마무리 장식

작품에 많이 쓰이는 방울 장식과 술 장식을 소개합니다.

방울을 만드는 방법

방울은 모자의 정수리나 머플러의 가장자리 등 활용할 곳이 많은 장식입니다.
전용 방울 메이커를 사용하거나 두꺼운 종이를 이용해서 만듭니다.

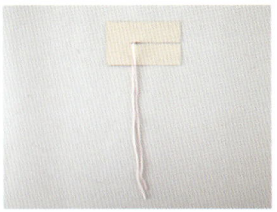

1 방울의 지름+약 2㎝의 길이로 두꺼운 종이를 자르고, 가운데에 가위집을 내서 별도의 실을 꿰어둡니다(쉽게 끊어지지 않는 실을 사용).

2 두꺼운 종이에 방울용 실을 감습니다.

3 지정된 횟수만큼 감습니다.

4 별도의 실로 방울의 중앙을 묶습니다.

5 방울의 중앙이 최대한으로 조여지도록 별도의 실을 꽉 묶습니다.

6 두꺼운 종이를 뺍니다.

7 종이를 빼낸 모습입니다.

8 양쪽의 고리를 자릅니다.

9 자른 모습입니다.

10 방울 모양이 되도록 다듬어줍니다.

11 완성됐습니다. 별도의 실은 방울을 뜨개바탕에 달 때 사용합니다.

술 장식을 다는 방법

술은 머플러에서 많이 쓰는 장식입니다.
술 장식 길이의 2배+매듭에 쓰이는 길이의 실을 필요한 가닥만큼 잘라서 준비합니다.

1 술 장식을 달 위치에 안쪽에서부터 바늘을 넣습니다.

2 술 장식용 실을 반으로 접어서 바늘에 걸고 빼냅니다.

3 빼낸 고리 안으로 실 끝을 넣습니다.

4 실 끝을 당겨서 고리를 조입니다. 모든 술 장식을 달고 나서 실 끝을 가지런하게 정리합니다.

단춧구멍과 단춧고리

뜨면서 만드는 방법과 나중에 돗바늘로 만드는 방법이 있습니다.
단춧구멍과 단춧고리 모두 구멍의 크기는 단추 지름의 80% 정도여야 합니다.
(뜨개바탕은 늘어나는 성질이 있어서 단추와 같은 크기로 만들면 너무 헐겁습니다.)

짧은뜨기로 만드는 단춧구멍

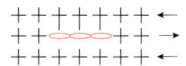

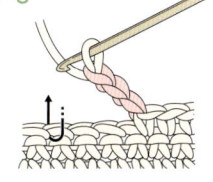
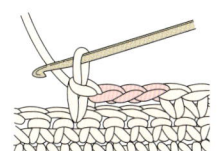
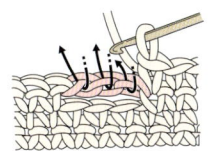
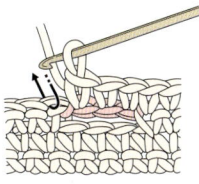

1 뜨는 도중 단춧구멍의 길이만큼 사슬뜨기를 합니다.

2 앞단의 코를 사슬과 같은 콧수만큼 걸러서 줍고, 이어서 짧은뜨기를 합니다.

3 다음 단은 사슬의 코산을 주워서 짧은뜨기를 합니다(다발을 주워서 뜰 때도 있습니다).

4 사슬 아래에 단춧구멍이 만들어졌습니다.

빼뜨기로 만드는 단춧고리

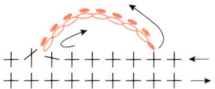

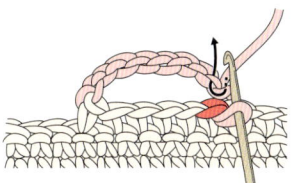
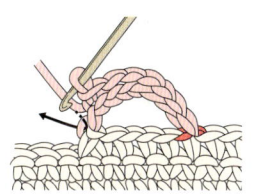

1 고리의 왼쪽까지 짧은뜨기를 합니다. 이어서 사슬을 뜨고, 일단 바늘을 빼서 짧은뜨기의 머리에 바늘을 넣어 코를 빼냅니다.

2 사슬의 코산을 주워서 빼뜨기를 합니다.

3 사슬의 모든 코산에 빼뜨기를 하고, 계속해서 짧은뜨기를 합니다.

짧은뜨기로 만드는 단춧고리

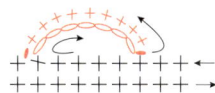

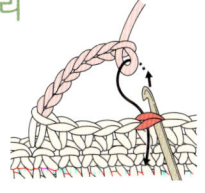
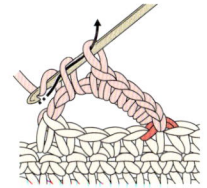
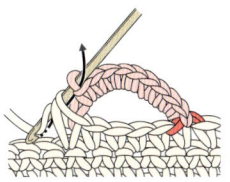
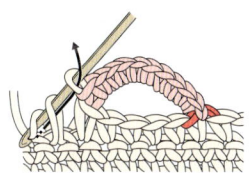

1 고리의 왼쪽까지 짧은뜨기를 합니다. 이어서 사슬을 뜨고, 일단 바늘을 빼서 짧은뜨기의 머리에 바늘을 넣어 코를 빼냅니다.

2 사슬뜨기로 뜬 고리를 다발로 주워서 짧은뜨기를 합니다.

3 고리 끝에서는 짧은뜨기의 머리 반코와 다리 1가닥을 주워서 빼뜨기를 합니다.

4 계속해서 짧은뜨기를 합니다.

버튼홀스티치로 만드는 단춧고리

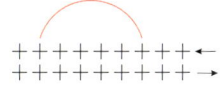

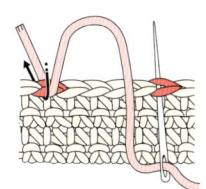
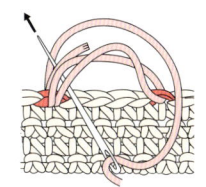
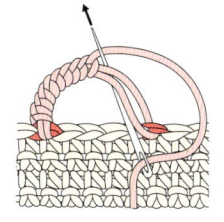
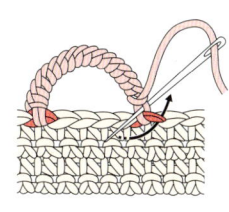

1 뜨개바탕을 다 뜨고서 별도의 실을 돗바늘에 꿰어 뜨개바탕에 적당한 길이로 겁니다.

2 실을 2번 걸어 심지로 삼고, 고리의 크기를 조절하여 버튼홀스티치를 합니다.

3 심지가 보이지 않도록 촘촘하게 스티치를 합니다.

4 마지막에는 화살표와 같이 바늘을 꿰어 조이고, 안쪽에서 실을 정리합니다.

끈을 뜨는 방법

사슬뜨기도 끈으로 사용되지만, 코바늘로 직접 다양한 모양의 끈을 뜰 수도 있습니다. 소품의 끈이나 볼레로의 장식 등 쓰임새가 다양합니다.

빼뜨기로 뜨는 끈 (이중사슬뜨기)

조금 넉넉하게 사슬을 떠놓고서 사슬의 코산에 빼뜨기를 하면서 되돌아옵니다.
사슬코가 2중으로 늘어서기 때문에 '이중사슬뜨기'라고도 부릅니다.
사슬은 나중에 풀어도 되므로(→67쪽) 조금 넉넉히 떠두는 편이 좋습니다.
손쉬운 방법이지만 사슬의 코산을 줍기가 좀 까다롭습니다.

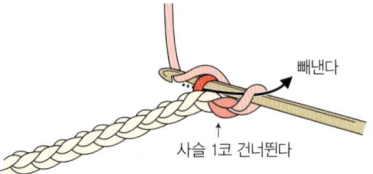

1 사슬뜨기를 뜨고, 각을 잡기 위해 사슬 1코를 걸러 다음 코의 코산에 바늘을 넣고 실을 걸어 빼냅니다.

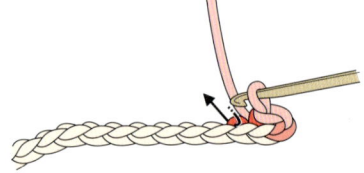

2 다음 코도 사슬의 코산에 바늘을 넣고,

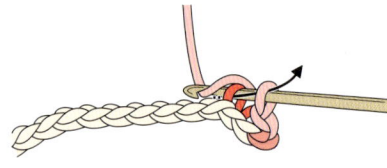

3 실을 걸어 빼냅니다.

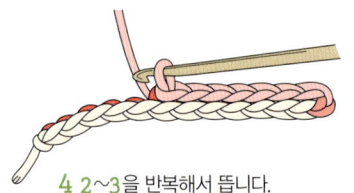

4 2~3을 반복해서 뜹니다.

스레드 끈

바늘에 실 끝을 걸어서 사슬뜨기를 뜹니다. 도톰한 끈을 쉽게 뜰 수 있으므로 알아두면 편리합니다.
완성된 모습은 빼뜨기로 만드는 끈과 비슷합니다.

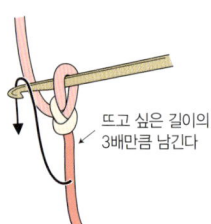

1 실 끝을 뜨고 싶은 길이의 약 3배만큼 남기고서 사슬뜨기의 첫 코를 뜹니다. 실 끝을 앞에서 뒤로 바늘에 겁니다.

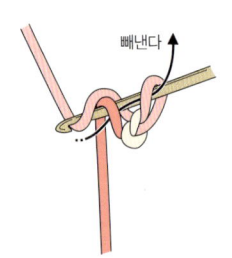

2 바늘에 실을 걸어 실 끝과 함께 빼냅니다. 2개의 고리(걸려 있는 실 끝도 고리 1개로 계산)로 빼냅니다.

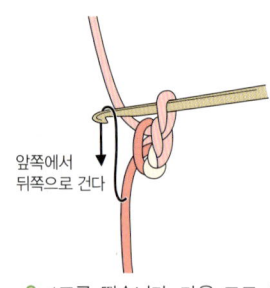

3 1코를 떴습니다. 다음 코도 실 끝을 앞에서 뒤로 걸고,

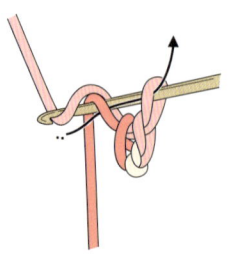

4 실을 걸어 2개의 고리 사이로 빼냅니다.

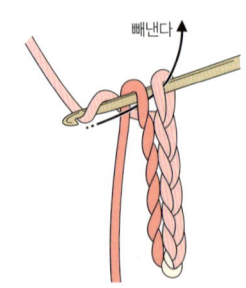

5 3~4를 반복해서 뜨고, 끝에서는 사슬코를 빼뜨기로 뜹니다.

이중사슬뜨기

사슬을 2줄로 나란히 뜬다고 생각하면 쉽습니다. 병행뜨기라고도 부릅니다.
좀 더 튼튼한 끈을 원할 때 적합합니다.

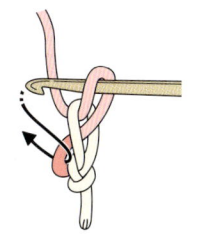

1 사슬을 1코 뜨고, 그 사슬의 코산에 바늘을 넣습니다.

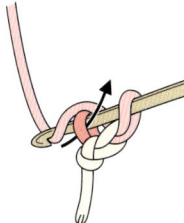

2 실을 걸어 빼냅니다.

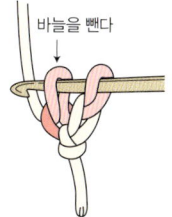

3 2에서 생긴 코에서 일단 바늘을 빼내고

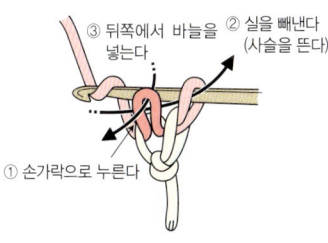

4 바늘을 뺀 코가 풀어지지 않도록 손가락으로 누르면서 사슬 1코를 뜹니다. 이어서 빈 사슬에 뒤에서 앞쪽으로 바늘을 넣고,

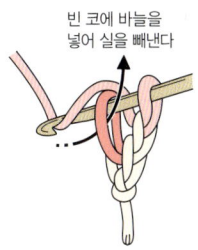

5 실을 걸어 빼냅니다.

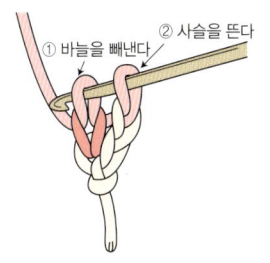

6 실을 빼낸 모습입니다. 3~5를 반복하면서 뜹니다.

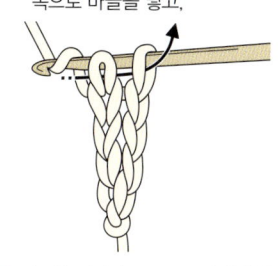

7 필요한 길이만큼 뜨고, 마지막에는 바늘에 남은 2코로 한 번에 빼냅니다.

새우뜨기

뜨개코가 새우의 마디처럼 생겼다고 하여 새우뜨기라고 부릅니다.
끈의 너비가 비교적 넓습니다. 어려워 보이지만 왼쪽으로 돌려가며 짧은뜨기만 뜨면 됩니다.

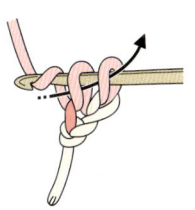

1 사슬 2코를 뜨고, 1번째 코의 반코와 코산을 주워서,

2 실을 빼냅니다. 바늘에 실을 걸어 2개의 고리 사이로 빼냅니다(짧은뜨기를 합니다).

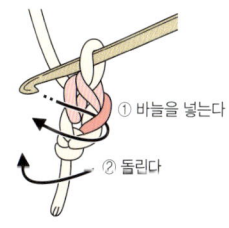

3 1의 사슬 중 2번째 코 반코에 바늘을 넣고, 그대로 뜨개바탕을 왼쪽으로 돌립니다.

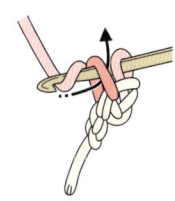

4 실을 걸어 빼내고,

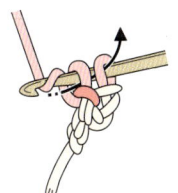

5 바늘에 실을 걸어 2개의 고리 사이로 빼냅니다(짧은뜨기를 합니다).

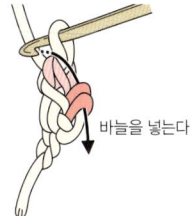

6 화살표와 같이 바늘을 넣어서 2개의 고리를 줍고,

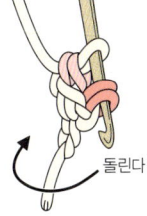

7 바늘을 넣은 채로 뜨개바탕을 왼쪽으로 돌립니다.

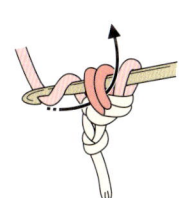

8 바늘에 실을 걸어 빼내고,

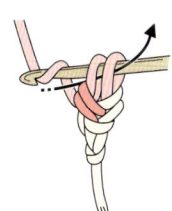

9 다시 바늘에 실을 걸어 2개의 고리 사이로 빼냅니다(짧은뜨기를 합니다).

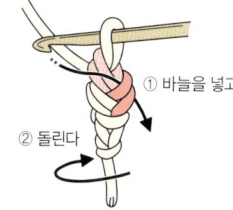

10 6~9를 반복합니다. 뜨개바탕을 왼쪽으로 돌리면서 짧은뜨기를 합니다. 마지막에는 그대로 빼뜨기를 합니다.

뜨개바탕을 정리하는 방법

뜨개바탕을 완성하고서 실을 정리했다면(→26쪽) 이제는 뜨개바탕을 정리할 차례입니다.

다림질하는 방법

다 뜬 뜨개바탕은 좀 구겨져 있습니다.
여기에 스팀다리미로 증기를 쐬어주면 모양이 반듯하게 살아납니다.
다림질의 온도는 실의 라벨(→14쪽)을 참조합니다.

다림질 전

다림질 후

뜨개바탕을 뒤집어 놓고, 좀 더 일정한 크기로 맞추고 싶다면 핀으로 고정합니다. 뜨개코가 눌리지 않도록 다리미를 살짝 띄워서 증기를 쐬어줍니다. 증기가 다 빠질 때까지 뜨개바탕을 움직이면 안 됩니다.

단추를 다는 방법

단추는 단춧구멍의 위치에 맞춰서 달고, 달 때는 단추의 구멍을 통과할 수 있는 돗바늘을 사용합니다.
뜨개바탕과 단추 사이에는 뜨개바탕의 두께만큼 실을 감아줍니다.
실은 뜨개바탕과 같은 실을 사용하고 실이 너무 굵을 때는 실을 나누어서 사용하면 좋습니다.
진주 단추처럼 단춧구멍이 겉으로 드러나지 않는 단추를 달 때도 요령은 같습니다.

일반적인 방법

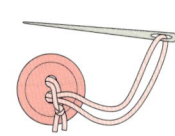
1 실이 2가닥이 되도록 매듭짓고, 단추의 뒤에서 바늘을 넣어 실 고리로 통과시킵니다.

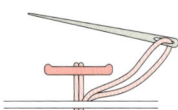
2 뜨개바탕에 단추를 달고, 뜨개바탕의 두께만큼 실기둥을 세웁니다.

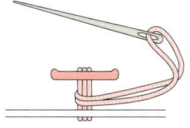
3 실기둥에 실을 몇 번 감습니다.

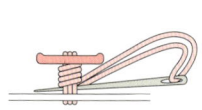
4 실기둥 사이로 바늘을 통과시킵니다.

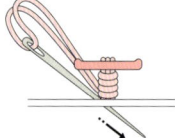
5 바늘을 뜨개바탕의 안쪽으로 넣습니다.

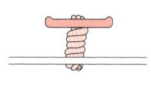
6 안쪽에서 매듭을 지어 정리합니다.

받침단추를 덧대어 달 때

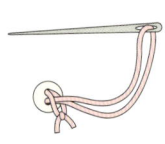
1 실이 2가닥이 되도록 매듭짓고, 받침단추의 뒤쪽에서 바늘을 넣어 실 고리로 통과시킵니다.

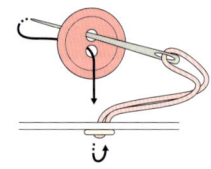
2 뜨개바탕에 받침단추를 달고, 단추에 실을 꿴 다음 받침단추로 돌아옵니다.

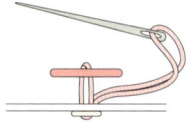
3 뜨개바탕의 두께만큼 실기둥을 세웁니다.

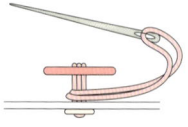
4 실기둥에 실을 몇 번 감습니다.

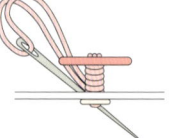
5 바늘을 뜨개바탕의 안쪽으로 넣습니다.

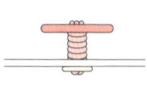
6 안쪽에서 매듭을 지어 정리합니다.

STEP 5 단추로 여미는 스누드

✤ 단추로 여미는 스누드

쉽게 뜰 수 있으면서
귀엽기까지 한 스누드입니다.
단추를 풀면 숄로 사용할 수 있습니다.
다양한 스타일링을 즐겨보세요.

디자인 / 소즈키 게이코 (鈴木敬子, pear)
사용한 실 / RichMore STAME (FINE)

뜨는 방법 144쪽

✲ 핸드워머 & 레그워머

똑같은 방법으로 뜨다가 길이만 바꾸면
핸드워머와 레그워머가 짠!
여러 가지 뜨개 기법이 섞여 있으므로
차분한 마음으로 도전해보세요.

디자인 / 오노유코(ucono)
사용한 실 / Hamanaka Exceedwooll 〈병태사〉

뜨는 방법 144쪽

STEP 5

✳ 튜닉

귀여움과 실용성을 모두 갖춘 튜닉입니다.
작품의 크기가 좀 크지만
뜨는 방법은 어렵지 않습니다.
끈기를 가지고 천천히 떠보세요.

디자인 / 쓰리타니 교코 (釣谷京子, buono buono)
사용한 실 / Hamanaka Alpaka Mohair Fine

뜨는 방법 148쪽

핸드워머 & 레그워머 ● 튜닉

✽ 구슬뜨기 베레모 & 코르사주

볼록한 구슬뜨기로 떠서 더욱 귀여워 보이는 베레모는
어떻게 스타일링을 하느냐에 따라 느낌이 달라집니다.
정수리에 방울 장식을 달거나 측면에 코르사주를 달아보세요.

디자인 / 쓰리타니 교코 (buono buono)
사용한 실 / Hamanaka Sonomono Alpaca Wool 〈병태사〉

구슬뜨기 베레모 & 코르사주 뜨는 방법

- **실** Hamanaka Sonomono Alpaca Wool 〈병태사〉 표백하지 않은 실(61) 85g [방울 장식] 표백하지 않은 실(61) 17g [코르사주] 갈색(63) 5g, 표백하지 않은 실(61)·베이지색(62) 각 2g
- **바늘** 코바늘 8/0호, 6/0호
- **기타** [방울] 길이 3cm의 옷핀 1개 [코르사주] 길이 3cm의 브로치 핀 1개
- **게이지** 가로세로 10cm 무늬뜨기 17.5코×6.5단
- **완성 치수** 머리둘레 52cm

뜨는 방법의 포인트

원형코를 만들고, 8/0호 바늘로 무늬뜨기를 합니다. 2단부터 테두리뜨기의 1번째 단까지는 단마다 기둥코의 위치를 옮긴 다음 뜹니다. 테두리뜨기를 할 때는 바늘을 6/0호로 바꾸어 짧은뜨기를 3단 뜹니다.
[코르사주] 원형코를 만들어서 사슬 1코로 기둥을 세운 다음, 짧은뜨기 1코, 사슬 3코, 한길 긴뜨기 2코, 사슬 3코, 짧은뜨기 1코로 뜹니다. 2단은 사슬 1코로 기둥을 세우고, 앞단 짧은뜨기의 다리 전체를 안쪽에서 주워 짧은 뒤걸어뜨기로 뜹니다. 계속해서 사슬 3코, 짧은 뒤걸어뜨기로 뜹니다. 3단은 사슬 1코로 기둥을 세우고서 앞단 사슬 고리를 다발로 주워 짧은뜨기 1코, 사슬 3코, 한길 긴뜨기 5코, 사슬 3코로 뜹니다. 4단은 2단과 같은 요령으로 사슬을 5코로 잡아서 뜹니다. 5단은 3단과 같은 요령으로 한길 긴뜨기의 콧수를 늘려가며 뜹니다. 코르사주의 토대는 원형코를 만들어서 짧은뜨기로 5단을 뜨면 됩니다.

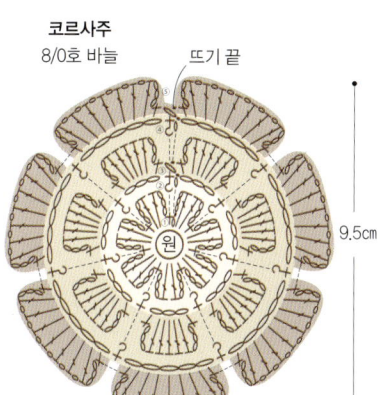

코르사주 8/0호 바늘 · 뜨기 끝 · 9.5cm

코르사주의 배색

5단	갈색
4단	베이지색
3단	베이지색
2단	표백하지 않은 실
1단	표백하지 않은 실

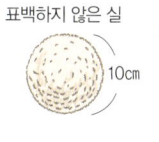

코르사주의 토대 8/0호 바늘 갈색 · 뜨기 끝 · 5cm

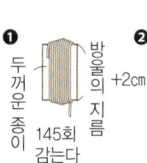

코르사주 마무리 방법
[안] 브로치 핀을 꿰매어 단다
토대를 겉끼리 맞대고 감침질로 단다

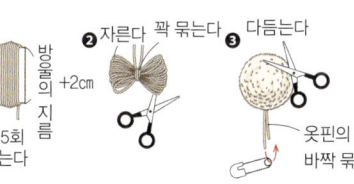

방울 장식을 만드는 방법
방울 표백하지 않은 실 10cm
① 두꺼운 종이 방울의 지름 +2cm 145회 감는다
② 자른다 꽉 묶는다
③ 다듬는다 옷핀의 뒤쪽에 걸어 바짝 묶는다

모자
표백하지 않은 실
21.5cm (14단)
(무늬뜨기) 8.0호 바늘
82cm (144코)
52cm (72코) 줍는다
전체(-72코) 6/0호 바늘
(짧은뜨기) 1.5cm (3단)

기호
- ○ 사슬뜨기 (→18쪽)
- ● 빼뜨기 (→25쪽)
- + 짧은뜨기 (→20쪽)
- 긴 3코 구슬뜨기 (→69쪽)
- 짧은 뒤걸어뜨기 (→90쪽)
- 짧은 2코 늘려뜨기 (→53쪽)

각 단의 콧수

9~14단	144코	
8단	144코	(+12코)
7단	132코	(+36코)
6단	96코	(+12코)
5단	84코	(+36코)
4단	48코	(+6코)
3단	42코	(+12코)
2단	30코	(+12코)
1단	18코	

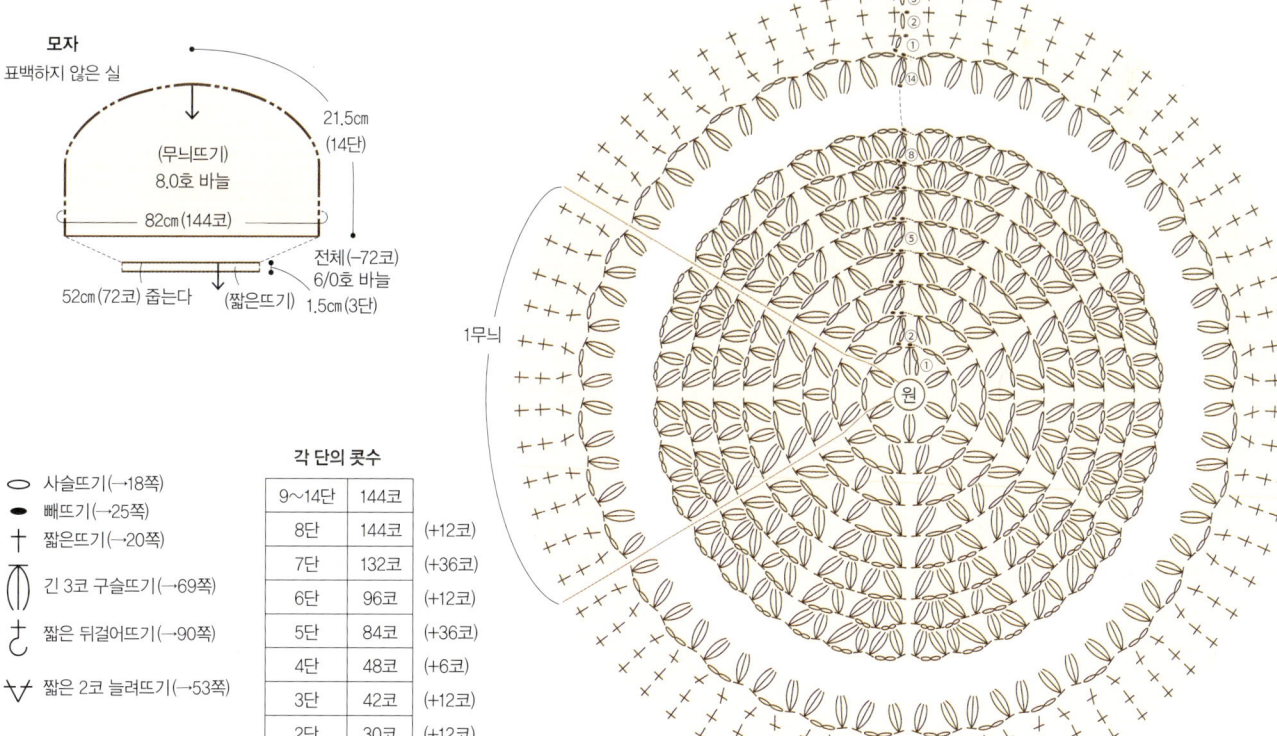

【 단추로 여미는 스누드 뜨는 방법 】 Photo 139쪽

뜨는 방법의 포인트

- 실 RichMore STAME〈FINE〉빨간색(308) 180g
- 바늘 코바늘 6/0호
- 기타 지름 18mm의 단추 7개
- 게이지 가로세로 10㎝ 무늬뜨기 21코×10단
- 완성 치수 너비 33.5㎝, 길이 115㎝

기초코로 사슬 71코를 뜨고, 1단은 사슬의 반코와 코산을 주워서 뜹니다. 2단부터는 앞단의 다발을 주워서 뜨는데, 가장자리의 한길 긴뜨기만 앞단 기둥코의 3번째 사슬에서 반코와 코산을 주워 뜹니다. 무늬뜨기로 115단을 뜹니다. 단추를 달아 마무리합니다.

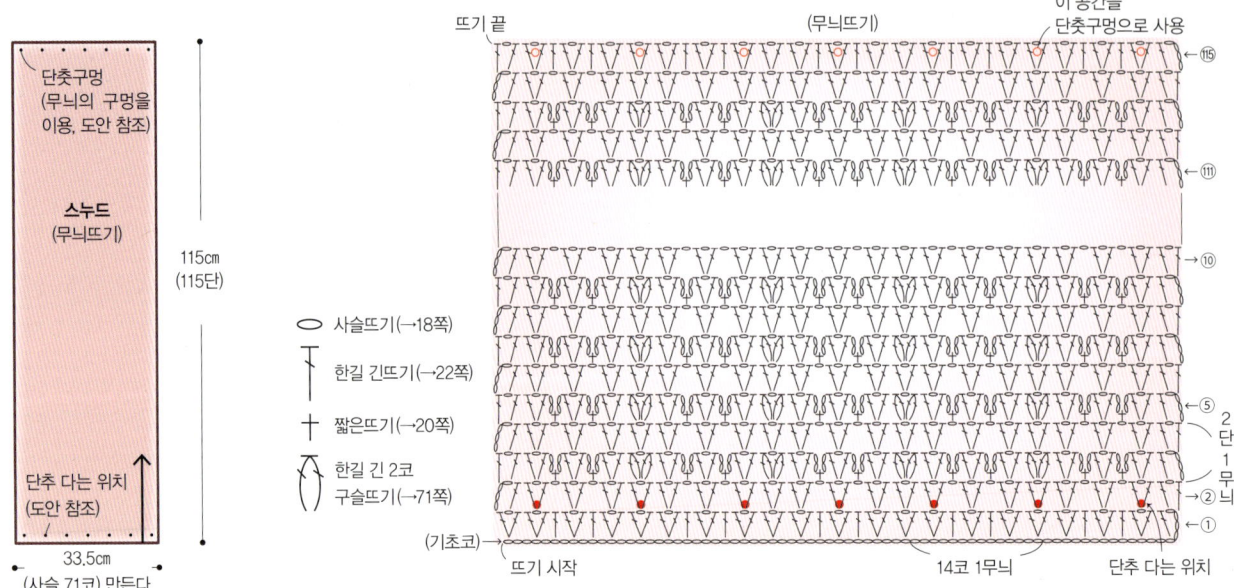

【 핸드워머 & 레그워머 뜨는 방법 】 Photo 140쪽

뜨는 방법의 포인트

- 실 Hamanaka Exceedwooll〈병태〉[핸드워머] 노란색(316) 60g, [레그워머] 회색(327) 190g
- 바늘 코바늘 5/0호
- 게이지 가로세로 10㎝ 무늬뜨기 20코×9단
- 완성 치수 [핸드워머] 손바닥 둘레 20㎝, 길이 16.5㎝ [레그워머] 다리 둘레 30㎝, 길이 33㎝

사슬을 떠서 원형코를 만들고, 사슬의 반코와 코산을 주워서 무늬뜨기로 '핸드워머'는 8단, '레그워머'는 23단을 뜬 다음에 테두리뜨기A로 2단을 뜹니다. 기초코의 반대쪽에서 반코를 주워 테두리뜨기B로 6단을 뜹니다.

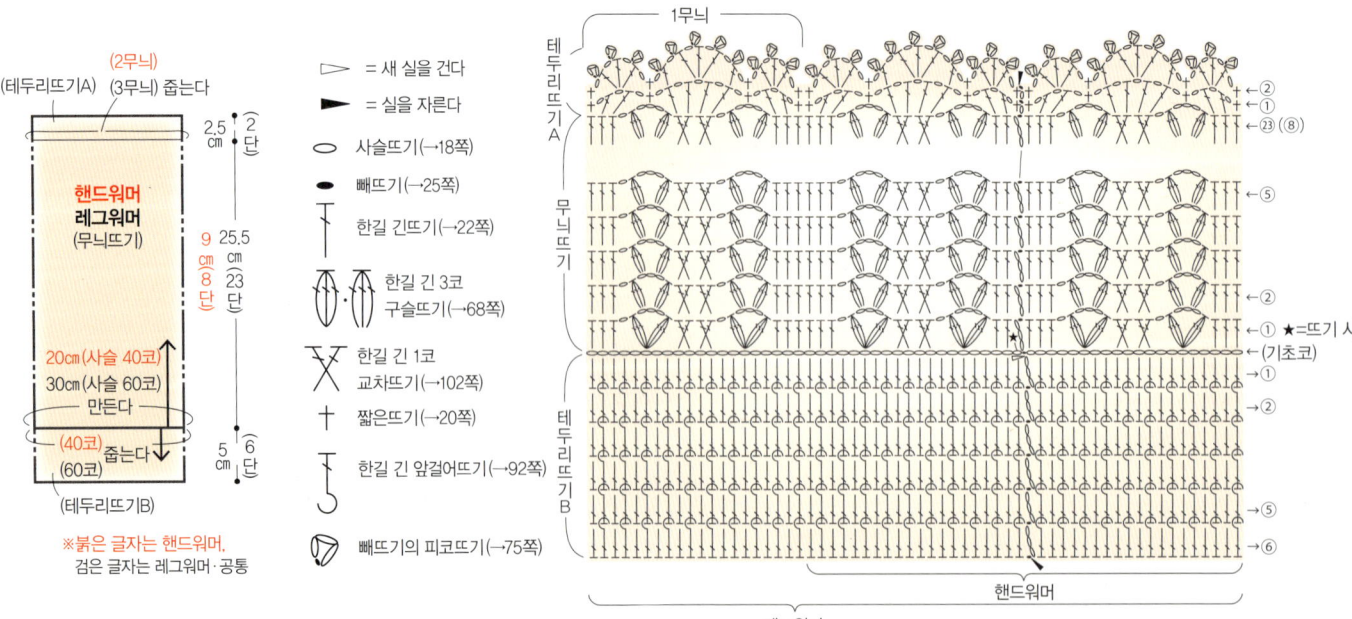

※붉은 글자는 핸드워머.
검은 글자는 레그워머·공통

【비즈뜨기 동전 지갑 & 비즈 볼 목걸이 뜨는 방법】 Photo 113쪽

✱ **실** [동전 지갑] Olympus Emmy Grande 〈Bijou〉 하늘색(L201) 15g
[목걸이] Olympus Emmy Grande 〈Herbs〉 아이보리색(732) 8g, 주황색(171) 2g

✱ **기타** [동전 지갑] 9cm 라운드 프레임(은색) 1개, 둥글고 큰 비즈(은색) 1716개, 기본 라운드형 클래스프 1개, O링(작은 것) 1개, 체인 3.5cm
[목걸이] 둥글고 큰 비즈(주황색) 88개·(금색) 48개, 둥글고 작은 비즈(아이보리색) 450개

✱ **바늘** 코바늘 2/0호   ✱ **완성 치수** 도안 참조

뜨는 방법의 포인트

동전 지갑 실에 비즈를 꿰어놓고 나서 뜹니다. 원형코를 만들고, 1단은 짧은뜨기를 6코 뜹니다. 2단부터는 비즈를 넣어가면서 짧은 이랑뜨기를 하고, 마지막 단에서는 비즈를 넣지 않고 뜹니다. 비즈가 보이는 면을 겉으로 하여 프레임에 반박음질로 답니다.

목걸이 비즈 볼은 아이보리색 실에 아이보리색 비즈를 90개 꿰어놓고 나서 원형코를 만들어 뜹니다. 똑같은 비즈 볼을 5개 뜹니다. 끈은 주황색 실에 주황색 비즈 22개, 금색 비즈 24개, 오렌지색 비즈 44개, 금색 비즈 24개, 오렌지색 비즈 22개의 순서로 꿰어놓고 나서 사슬 90코를 뜨고, 비즈를 넣어가며 사슬뜨기를 합니다. 단의 끝까지 떴다면 이번에는 사슬 반코와 코산을 주워서 빼뜨기로 뜨고, 중간부터는 비즈를 넣어가며 뜹니다. 비즈 볼을 끈에 달아줍니다.

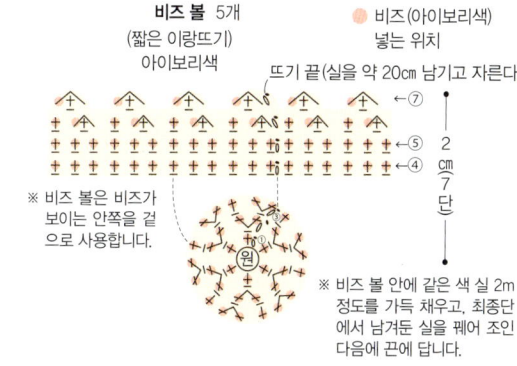

비즈 볼 5개 (짧은 이랑뜨기) 아이보리색
● = 비즈(아이보리색) 넣는 위치
뜨기 끝(실을 약 20cm 남기고 자른다)

※ 비즈 볼은 비즈가 보이는 안쪽을 겉으로 사용합니다.
※ 비즈 볼 안에 같은 색 실 2m 정도를 가득 채우고, 최종단에서 남겨둔 실을 꿰어 조인 다음에 끈에 답니다.

각 단의 콧수

7단	6코	(-6코)
6단	12코	(-6코)
5단	18코	
4단	18코	
3단	18코	(+6코)
2단	12코	(+6코)
1단	6코	

◯ 사슬뜨기 (→18쪽)
● 빼뜨기 (→25쪽)
+ 짧은뜨기 (→20쪽)
† 짧은 이랑뜨기 (→88쪽)
V 짧은 이랑뜨기 2코 늘려뜨기 (→53, 88쪽)
∧ 짧은 이랑뜨기 2코 모아뜨기 (→62, 88쪽)

끈 주황색   ● = 비즈(주황색) 넣는 위치   ● = 비즈(금색) 넣는 위치

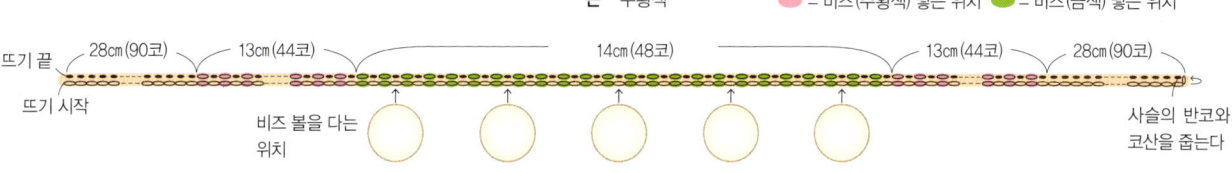

28cm(90코) — 13cm(44코) — 14cm(48코) — 13cm(44코) — 28cm(90코)
뜨기 끝 / 뜨기 시작 / 비즈 볼을 다는 위치 / 사슬의 반코와 코산을 줍는다

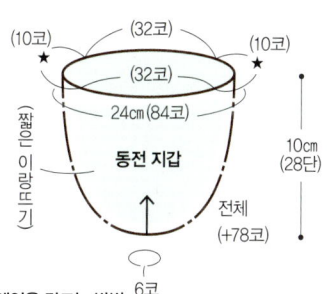

(10코) (32코) (10코)
(32코)
24cm(84코)
동전 지갑
10cm(28단)
짧은 이랑뜨기
전체 (+78코)
6코

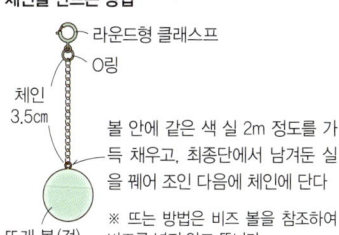

체인을 만드는 방법
라운드형 클래스프
O링
체인 3.5cm
뜨개 볼(겉)

※ 볼 안에 같은 색 실 2m 정도를 가득 채우고, 최종단에서 남겨둔 실을 꿰어 조인 다음에 체인에 단다
※ 뜨는 방법은 비즈 볼을 참조하여 비즈를 넣지 않고 뜹니다.

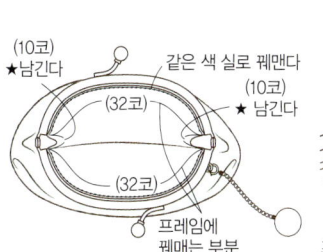

(10코) ★남긴다
같은 색 실로 꿰맨다
(10코) ★남긴다
(32코)
(32코)
프레임에 꿰매는 부분

프레임(안쪽)
뜨개바탕
프레임 안쪽에 뜨개바탕을 대고, 같은 색 실로 그림과 같이 꿰매어 단다

※ 동전 지갑은 비즈가 보이는 안쪽을 겉으로 사용합니다.

동전 지갑 (짧은 이랑뜨기)   ● = 비즈(은색) 넣는 위치

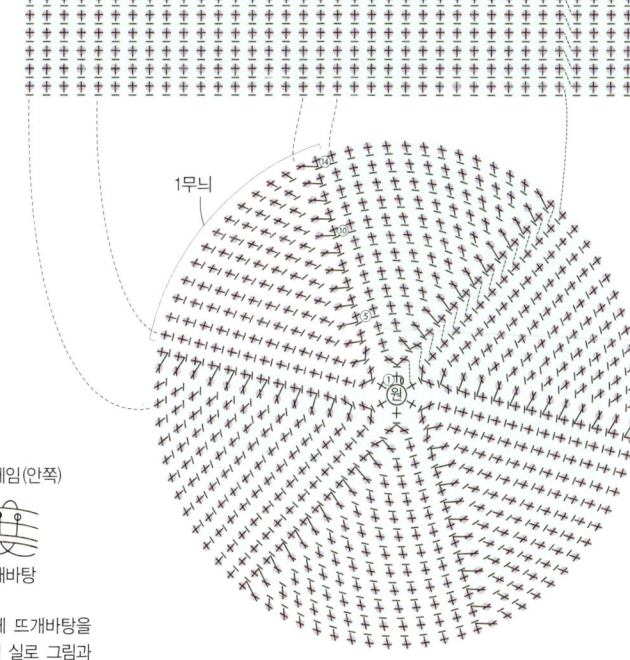

1무늬
뜨기 끝

각 단의 콧수

28단 ~ 15단	84코	
14단	84코	(+6코)
13단	78코	(+6코)
12단	72코	(+6코)
11단	66코	(+6코)
10단	60코	(+6코)
9단	54코	(+6코)
8단	48코	(+6코)
7단	42코	(+6코)
6단	36코	(+6코)
5단	30코	(+6코)
4단	24코	(+6코)
3단	18코	(+6코)
2단	12코	(+6코)
1단	6코	

【 모티브 무릎 덮개 뜨는 방법 】 Photo 115쪽

- 실 RichMore SPECTRE MODEM〈FINE〉 황토색(308) 140g, 파란색(312)·초록색(310)·겨자색(309)·벽돌색(324) 각 30g
- 바늘 코바늘 6/0호
- 모티브 크기 7.5cm×7.5cm
- 완성 치수 68.5cm×46cm

뜨는 방법의 포인트

모티브는 원형코를 만들어서 뜨기 시작하고, 1단마다 색을 바꾸어서 뜹니다(단의 끝에서 마지막 빼뜨기를 할 때 실을 바꿉니다). 배색을 바꾸어 54장을 뜨고, 황토색 실로 반코씩 휘감아 연결합니다. 황토색 실로 테두리뜨기를 합니다.

모티브 배색

	A(5장)	B(5장)	C(5장)	D(5장)	E(5장)	F(5장)	G(4장)	H(4장)	I(4장)	J(4장)	K(4장)	L(4장)
3단	황토색	황토색	황토색	황토색	황토색	황토색	황토색	황토색	황토색	황토색	황토색	황토색
2단	파란색	겨자색	파란색	벽돌색	초록색	겨자색	벽돌색	초록색	겨자색	파란색	벽돌색	초록색
1단	겨자색	파란색	초록색	파란색	겨자색	벽돌색	초록색	파란색	초록색	벽돌색	겨자색	벽돌색

모티브 연결하기, 테두리뜨기

- ◯ 사슬뜨기(→18쪽)
- ● 빼뜨기(→25쪽)
- ▷ = 새 실 걸기
- ─ = 감침질(반코)
- ┬ 한길 긴뜨기(→22쪽)
- ✝ 짧은뜨기(→20쪽)
- ▶ = 실을 자른다
- ① 테두리뜨기

【 배색 무늬 가방 뜨는 방법 】 Photo 114쪽

- **실** Puppy British Eroika 베이지색(143) 170g, 빨간색(116) 35g
- **바늘** 코바늘 7/0호
- **기타** 지름 3.5mm×길이 33cm의 비닐 튜브 2개
- **게이지** 가로세로 10cm 짧은 이랑뜨기 20코×18단
- **완성 치수** 너비 25cm, 깊이 26.5cm(손잡이 제외)

뜨는 방법의 포인트

기초코로 사슬 33코를 뜨고, 양쪽에서 코를 주워 짧은 이랑뜨기로 바닥을 둥글게 뜨는데, 측면의 늘려뜨기 부분과 두께도 맞추고 뜨개바탕도 튼튼하게 하기 위해서 별도로 베이지색 실을 넣어가며 뜹니다. 측면은 짧은 이랑뜨기로 배색 무늬를 넣어가며 24단을 뜨고, 계속해서 베이지색 실을 넣어가며 23단을 뜹니다(119, 120쪽 참조).
이어서 손잡이를 뜹니다. 먼저 기초코로 사슬 6코를 뜨고서 짧은뜨기로 76단을 뜹니다. 이것을 세로로 반을 접고, 비닐 튜브를 심지로 넣어서 가방과 연결합니다.

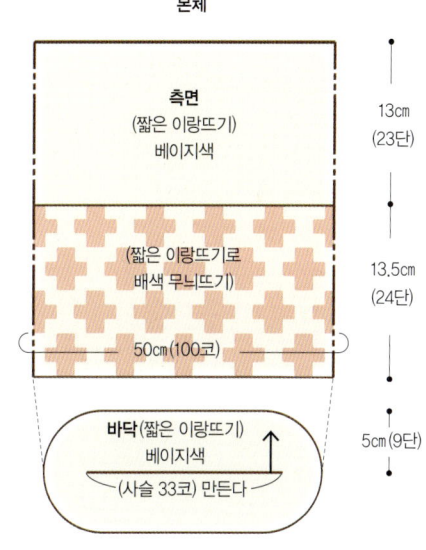

STEP 5 모티브 무릎 덮개 뜨는 방법 • 배색 무늬 가방 뜨는 방법

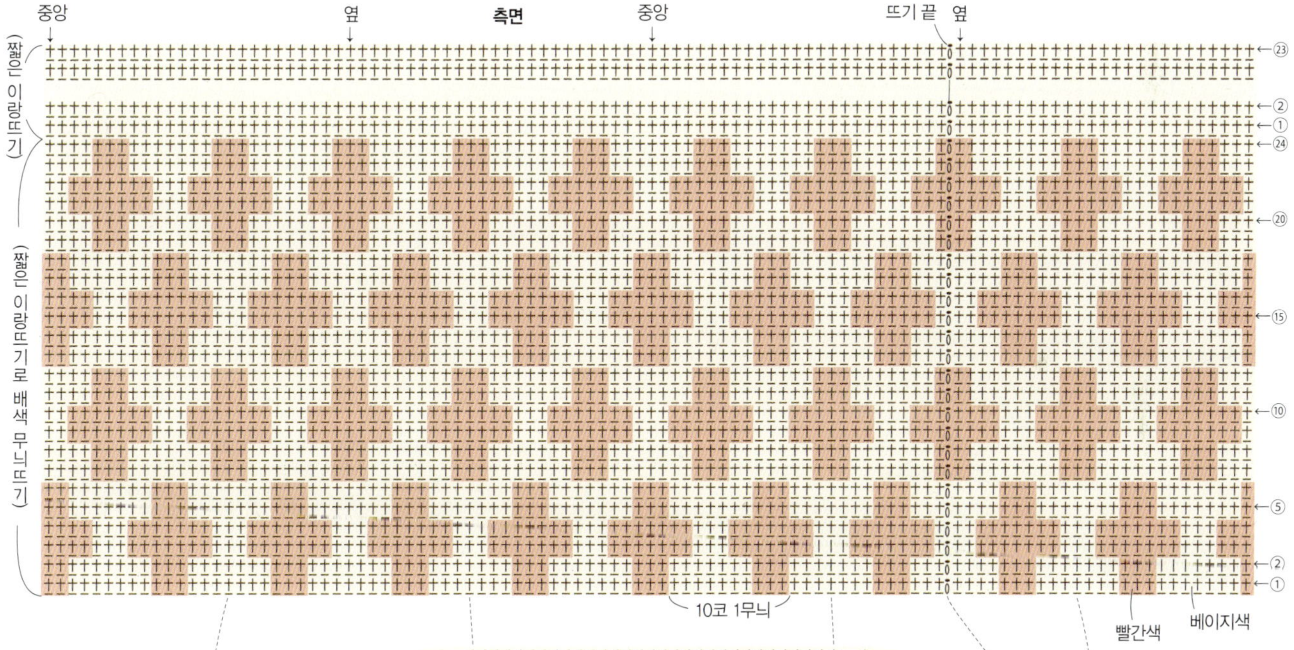

바닥의 콧수		
9단	100코	(+4코)
8단	96코	(+4코)
7단	92코	(+4코)
6단	88코	(+4코)
5단	84코	(+4코)
4단	80코	(+4코)
3단	76코	(+4코)
2단	72코	(+4코)
1단	68코	

○ 사슬뜨기(→18쪽)
● 빼뜨기(→25쪽)
＋ 짧은뜨기(→20쪽)
＋ 짧은 이랑뜨기(→88쪽)
∨ 짧은 2코 늘려뜨기(한 코에서)(→53쪽)

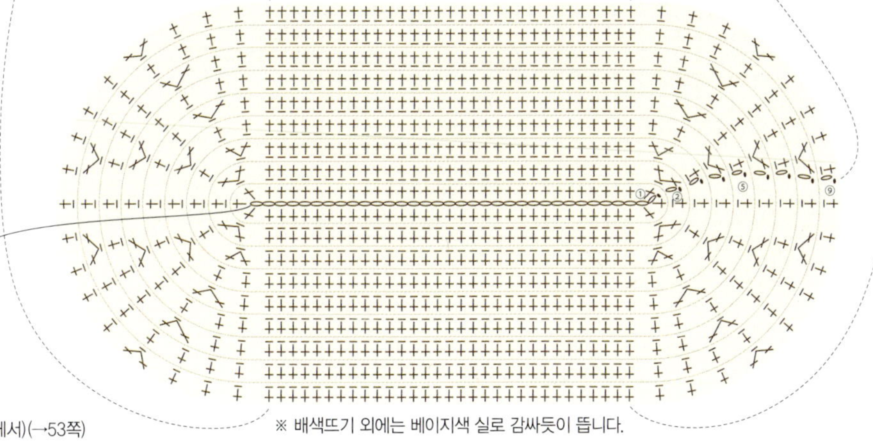

※ 배색뜨기 외에는 베이지색 실로 감싸듯이 뜹니다.

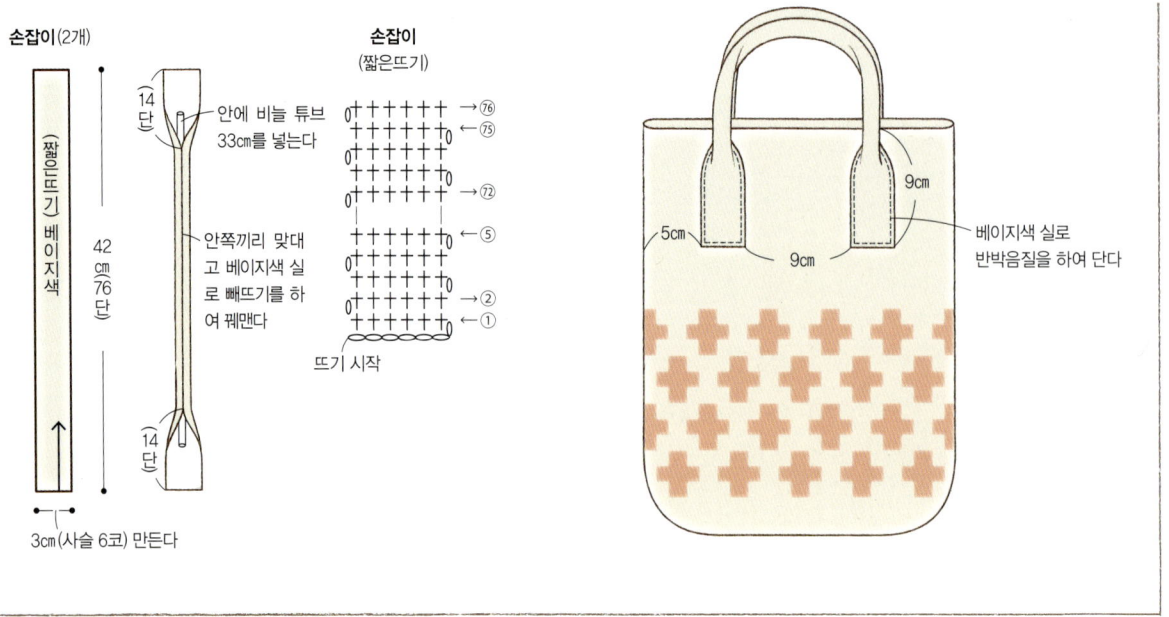

튜닉 뜨는 방법 Photo 141쪽

- 실 Hamanaka Alpaka Mohair Fine 분홍색(11) 220g
- 바늘 코바늘 4/0호, 5/0호, 6/0호
- 게이지 가로세로 10㎝ 무늬뜨기A 26코×10단
  B 26코×10.5단 (4/0호 바늘)
- 완성 치수 가슴둘레 92㎝, 옷 길이 80㎝

뜨는 방법의 포인트

뒤판 요크, 앞판 요크 모두 기초코로 사슬 121코를 뜨고서 무늬뜨기A로 뜹니다. 6단을 뜨고서 일단 실을 자르고 도중에 새 실을 걸어서 10단을 뜬 다음, 좌우 어깨를 나누어 남은 10단을 각각 뜹니다.

기초코의 반대쪽에서 코를 주워 무늬뜨기B로 치마 부분을 뜨는데, 18단을 뜰 때마다 바늘을 바꾸어 게이지를 조정하며 뜹니다. 어깨는 감아서 잇고, 옆선은 사슬뜨기와 빼뜨기로 꿰맵니다. 이어서 목둘레와 진동둘레의 짧은뜨기를 합니다.

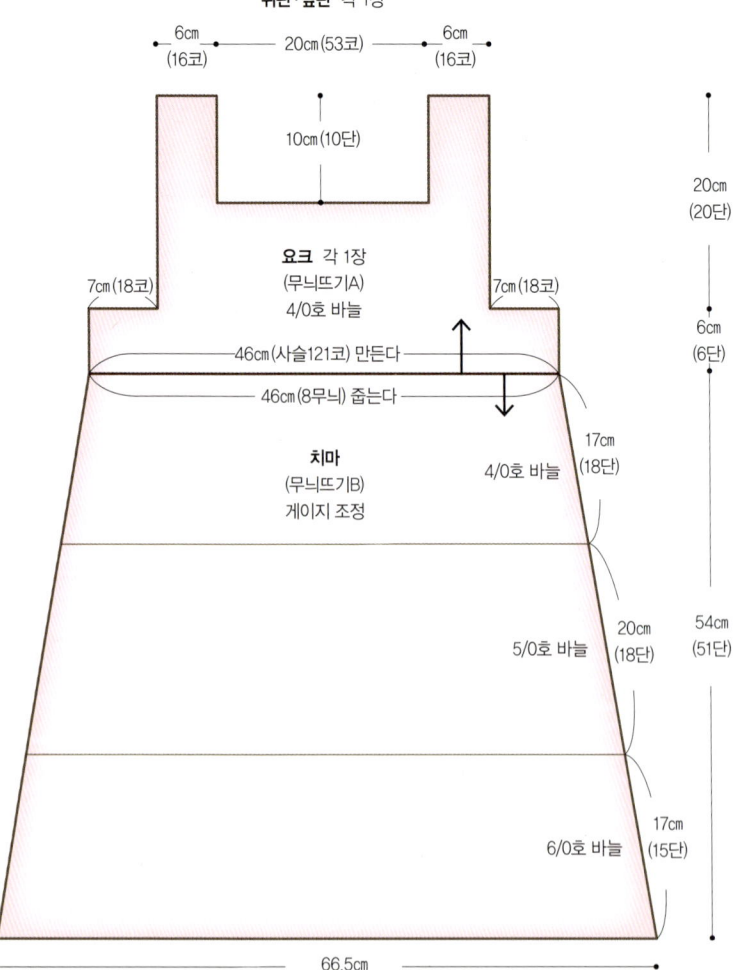

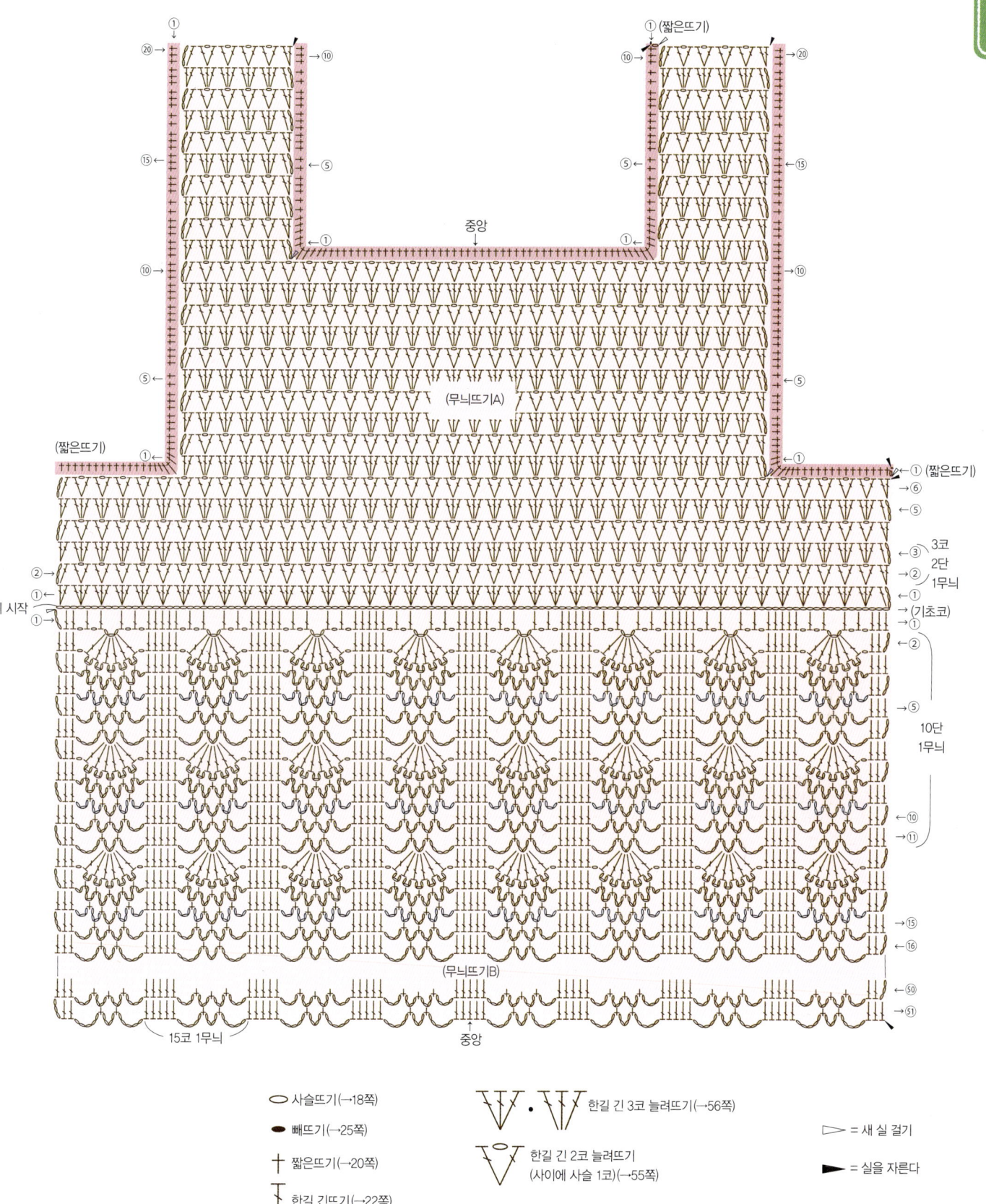

Index 색인

ㄱ

감아뜨기…86
감아서 꿰매기…132
감아서 모티브 연결하기 1 (코 전체를 휘감을 때)…124
감아서 모티브 연결하기 2 (반코를 휘감을 때)…125
감아서 잇기…133
감침질…132, 133
게이지에 관하여…29
구슬뜨기 베레모…142
구슬뜨기 베레모 뜨는 방법…143
그 밖의 도구…13
기둥코…27
기둥코 없이 소용돌이 모양으로 뜨기…45
기초코를 너무 많이 떴어요!(기초코를 푸는 방법)…97
기초코(사슬코)를 줍는 방법…19
기호를 보는 방법…57
긴뜨기…24
긴 1코 교차뜨기…103
긴 2코 구슬뜨기…71
긴 2코 늘려뜨기(한 코에서)…58
긴 2코 늘려뜨기(코 아래에서)…58
긴 2코 모아뜨기…64
긴 2코 변형 구슬뜨기…71
긴 3코 구슬 2코 모아뜨기…101
긴 3코 구슬뜨기(짧은뜨기의 다리에)…109
긴 3코 구슬뜨기(코 아래에서)…69
긴 3코 구슬뜨기(한 코에서)…69
긴 3코 늘려뜨기(코 아래에서)…59
긴 3코 늘려뜨기(한 코에서)…59
긴 3코 모아뜨기…64
긴 3코 변형 구슬뜨기(코 아래에서)…70
긴 3코 변형 구슬뜨기(한 코에서)…70
긴 5코 팝콘뜨기(한 코에서)…99
긴 뒤걸어뜨기…91
긴 앞걸어뜨기…91
긴 이랑뜨기(원형뜨기)…89

ㄴ

네길 긴뜨기…86
니트 링을 사용할 때…119

ㄷ

다림질하는 방법…138
'다발'을 줍는다고요?…57
단을 알아보기 쉽게 단수링을 걸어요…45
단추로 여미는 스누드…139
단추로 여미는 스누드 뜨는 방법…144
단추를 다는 방법…138
도일리…76
도일리 뜨는 방법…78
돗바늘에 실을 꿰는 방법…13
되돌아 짧은뜨기…94
두길 긴 1코 교차뜨기…103
두길 긴 5코 구슬뜨기(한 코에서)…100
두길 긴 5코 팝콘뜨기(한 코에서)…100
두길 긴뜨기…85
두길 X자뜨기…106
떠서 꿰매기…132
떠서 잇기…133
뜨개코의 기본을 알아두자…66
뜨개 기호를 보는 방법…27
뜨개 기호의 기본 법칙…66
뜨개 도안과 작품 설명 페이지를 보는 방법…28
뜨개 도안을 보는 방법…28
뜨개바탕의 겉과 안…73
뜨개코는 비스듬하다…73
뜨개코의 높이…27
뜨개코의 머리와 다리…66
뜨개코의 세부 명칭…17
뜨기 끝에서 실을 묶는 방법…26
뜰 때의 손놀림…17

ㄹ

라벨 보는 방법…14
레이스 코바늘에 관하여…13

ㅁ

모눈뜨기 도일리…34
모눈뜨기 도일리 뜨는 방법…35
모티브 무릎 덮개…115
모티브 무릎 덮개 뜨는 방법…146
모티브 숄칼라…77
모티브 숄칼라 뜨는 방법…79
모티브 찻잔 받침…50
모티브 찻잔 받침 뜨는 방법…51
미완성 뜨개코…66

ㅂ

바구니 가방…48
바구니 가방 뜨는 방법…49
바늘 돌려서 짧은뜨기…96
바늘방석…34
바늘방석 뜨는 방법…35
바늘을 쥐는 방법…17
방울 장식을 만드는 방법…134
배색 무늬 가방…114
배색 무늬 가방 뜨는 방법…147
버튼홀스티치로 만드는 단춧고리…135
변형 되돌아 짧은뜨기(반코 줍기)…94
변형 되돌아 짧은뜨기(한 코 줍기)…95
변형 한길 긴 1코 교차뜨기(오른코 뒤)…104
변형 한길 긴 1코 교차뜨기(왼코 뒤)…104
변형 한길 긴 1코와 3코 교차뜨기(오른코 뒤)…105
변형 한길 긴 1코와 3코 교차뜨기(왼코 뒤)…105
비즈 볼 목걸이…113
비즈 볼 목걸이 뜨는 방법…145
비즈뜨기 동전 지갑…113
비즈뜨기 동전 지갑 뜨는 방법…145
비즈를 꿰는 방법…116
비즈를 넣어 뜨는 방법…117
빼뜨기…25
빼뜨기로 꿰매기…131
빼뜨기로 뜨는 끈…136
빼뜨기로 만드는 단춧고리…135
빼뜨기로 모티브 4장 연결하기…127
빼뜨기로 모티브 연결하기…126
빼뜨기로 잇기…133
빼뜨기의 피코뜨기(사슬뜨기에서)…75
빼뜨기의 피코뜨기(짧은뜨기에서)…75
빼뜨기의 피코뜨기(한길 긴뜨기에서)…75

ㅅ

사슬뜨기…18
사슬뜨기로 원형코 만들기 1…42
사슬뜨기로 원형코 만들기 2…43
사슬뜨기와 빼뜨기로 꿰매기…131, 132
사슬뜨기와 짧은뜨기로 꿰매기…132
사슬뜨기의 크기…19
사슬의 겉과 안…19
사슬의 뜨기 시작(간단한 방법)…18
사슬코는 기초코가 된다…19
삼각 숄…80

삼각 숄 뜨는 방법…81 ✖
새 실을 어떻게 걸어요?…82 ★
새우뜨기…137 ★
세길 긴뜨기…85 ●
손가락에 실을 감아 원형코 만들기
(원형뜨기의 기초코 1)…38 ★
술 장식을 다는 방법…134 ★
스레드 끈…136 ★
실 돌려서 짧은뜨기…96 ●
실 끝으로 원형코 만들기(원형뜨기의 기초코 2)…41 ★
실 끝이 짧을 때…26 ★
실과 바늘의 관계…15
실에 관하여…14
실을 거는 방법…17
실을 잇는 방법…97 ★
실을 정리하는 방법…26 ★
실타래에서 실 끝 찾기…16

ㅇ

아직 뜨는 중인데 실을 다 썼어요!(실을 잇는 방법)…97 ★
안끼리 맞대고 짧은뜨기로 모티브 연결하기…123 ★
역Y자뜨기…107 ●
왼손잡이인 사람은?…67 ★
원형뜨기의 기초코
1. 손가락에 실을 감아 원형코 만들기…38 ★
원형뜨기의 기초코 2. 실 끝으로 원형코 만들기…41 ★
원형뜨기의 뜨기 끝을 깨끗하게 마무리하는 방법
(짧은뜨기일 때)…45 ★
원형뜨기의 뜨기 끝을 깨끗하게 마무리하는 방법
(한길 긴뜨기일 때)…47 ★
원형코가 자꾸 뭉개져요!…41 ★
이럴 때는?…41, 97
이중사슬뜨기…136, 137 ★

ㅈ

줄무늬 뜨는 방법…122 ★
짧은 2코 늘려뜨기(한 코에서)…53 ●
짧은 2코 늘려뜨기(한 코에서·사이에 사슬 1코)…53 ●
짧은 2코 모아뜨기…62 ●
짧은 2코 모아뜨기(가운데 1코 건너뜨기)…62 ●
짧은 3코 늘려뜨기(한 코에서)…53 ●
짧은 3코 모아뜨기…62 ●
짧은 뒤걸어뜨기…90 ●
짧은뜨기…20 ●
짧은뜨기로 만드는 단춧고리…135 ★
짧은뜨기로 만드는 단춧구멍…135 ★
짧은뜨기로 모티브 연결하기…128 ★
짧은뜨기로 모티브 4장 연결하기…129 ★
짧은뜨기의 배색뜨기(실을 가로로 걸치기)…118 ★
짧은뜨기의 배색뜨기에서 무늬를 예쁘게 뜨려면…119 ★
짧은 링뜨기…110 ●
짧은 앞걸어뜨기…90 ●
짧은 이랑뜨기…87 ●
짧은 이랑뜨기(왕복뜨기)…88 ●
짧은 이랑뜨기(원형뜨기)…88 ●
짧은 이랑뜨기로 뜬 배색 무늬…119 ★
짧은 피코뜨기…74 ●

ㅊ

찻잔 받침…30, 50 ✖
찻잔 받침 뜨는 방법…31, 51 ✖
찻잔 받침 뜨는 방법(Lesson)…32 ✖
칠보뜨기…111 ●

ㅋ

코르사주…142 ✖
코르사주 뜨는 방법…143 ✖
'코를 가른다'고요?…57
코를 줍는 방법(테두리뜨기에서)…82 ★
코바늘에 관하여…12
콧수와 단수를 세는 방법…29

ㅌ

타원형으로 뜨기…44 ★
테두리뜨기를 하는 방법…82 ★
튜닉…141 ✖
튜닉 뜨는 방법…148 ✖

ㅍ

팝콘뜨기의 특징…99
피코뜨기…74 ●

ㅎ

한길 긴뜨기…22 ●
한길 긴 1코 교차뜨기…102 ●
한길 긴 1코 교차뜨기(사이에 사슬 1코)…102 ●
한길 긴 2코 구슬뜨기…71 ●
한길 긴 2코 구슬뜨기(짧은뜨기의 다리에)…109 ●
한길 긴 2코 늘려뜨기(코 아래에서)…54 ●
한길 긴 2코 늘려뜨기
(코 아래에서·사이에 사슬 1코)…55 ●
한길 긴 2코 늘려뜨기(한 코에서)…54 ●
한길 긴 2코 늘려뜨기
(한 코에서·사이에 사슬 1코)…55 ●
한길 긴 2코 모아뜨기…63 ●
한길 긴 3코 구슬 2코 모아뜨기…101 ●
한길 긴 3코 구슬뜨기(코 아래에서)…68 ●
한길 긴 3코 구슬뜨기(한 코에서)…68 ●
한길 긴 3코 늘려뜨기(짧은뜨기와 같은 코에)…108 ●
한길 긴 3코 늘려뜨기(짧은뜨기의 다리에)…108 ●
한길 긴 3코 늘려뜨기(코 아래에서)…56 ●
한길 긴 3코 늘려뜨기(한 코에서)…56 ●
한길 긴 3코 모아뜨기…63 ●
한길 긴 4코 늘려뜨기
(코 아래에서·사이에 사슬 1코)…61 ●
한길 긴 4코 늘려뜨기
(한 코에서·사이에 사슬 1코)…61 ●
한길 긴 4코 모아뜨기…65 ●
한길 긴 5코 구슬뜨기(코 아래에서)…72 ●
한길 긴 5코 구슬뜨기(한 코에서)…72 ●
한길 긴 5코 늘려뜨기(코 아래에서)…60 ●
한길 긴 5코 늘려뜨기(한 코에서)…60 ●
한길 긴 5코 모아뜨기…65 ●
한길 긴 5코 팝콘뜨기(코 아래에서)…98 ●
한길 긴 5코 팝콘뜨기(한 코에서)…98 ●
한길 긴뜨기로 둥글게 떠보자(손가락에 실을 감아
원형코를 만들어서 뜨기 시작할 때)…46 ★
한길 긴뜨기로 모티브 연결하기…130 ★
한길 긴 뒤걸어뜨기…92 ●
한길 긴 링뜨기…110 ●
한길 긴 앞걸어 1코 교차뜨기(사이에 사슬 1코)…93 ●
한길 긴 앞걸어 2코 늘려뜨기…93 ●
한길 긴 앞걸어뜨기…92 ●
한길 긴뜨기의 배색뜨기(실을 가로로 걸치기)…120 ★
한길 긴뜨기의 배색뜨기(실을 세로로 걸치기)…121 ★
한길 긴 이랑뜨기(원형뜨기)…89 ●
한길 긴 X자뜨기…106 ●
핸드워머 & 레그워머…140 ✖
핸드워머 & 레그워머 뜨는 방법…144 ✖

ABC

Y자뜨기…107 ●

ICHIBAN YOKU WAKARU SHIN KAGI-BARI-AMI NO KISO (NV70260)
Copyright © NIHON VOGUE-SHA 2014
All rights reserved.
First published in Japan in 2014 by Nihon Vogue Co., Ltd.
Photographer : Yukari Shirai, Satomi Ochiai, Martha Kawamura
Designers of the projects : Hiromi Endo, Yuko Ono, Shizukudo, Keiko Suzuki, Kyoko Tsuritani, Aya Yumeno

This Korean edition is published by arrangement with Nihon Vogue Co., Ltd, Tokyo
in care of Tuttle-Mori Agency, Inc., Tokyo through Botong Agency, Seoul.

이 책의 한국어판 저작권은 Botong Agency를 통한 저작권자와의 독점 계약으로 한스미디어가 소유합니다.
저작권법에 의하여 한국 내에서 보호를 받는 저작물이므로 무단전재와 복제를 금합니다.

쉽게 배우는
새로운 코바늘 손뜨개의 기초

1판 1쇄 발행 | 2016년 6월 27일
1판 9쇄 발행 | 2025년 11월 10일

지은이 일본보그사 편
옮긴이 김현영
펴낸이 김기옥

라이프스타일팀장 이나리
편집 장윤선, 김민주
마케터 이지수
지원 고광현, 김형식

디자인 푸른나무디자인
인쇄·제본 민언프린텍

펴낸곳 한스미디어(한즈미디어(주))
주소 121-839 서울시 마포구 양화로 11길 13(서교동, 강원빌딩 5층)
전화 02-707-0337 | 팩스 02-707-0198 | 홈페이지 www.hansmedia.com
출판신고번호 제 313-2003-227호 | 신고일자 2003년 6월 25일

ISBN 979-11-6007-851-0 13590

책값은 뒤표지에 있습니다.
잘못 만들어진 책은 구입하신 서점에서 교환해 드립니다.